应用型本科院校"十二五"规划教材/经济管理类

Cost Accounting

成本会计

主 编 周 航 孟 岩
副主编 哈今华 张永力 曹燕红

哈尔滨工业大学出版社
HARBIN INSTITUTE OF TECHNOLOGY PRESS

内容简介

本书既包含了常规成本会计教材的主要内容,即成本会计的职能、内容与工作组织,成本核算的基本要求和一般程序,成本核算的主要会计科目、生产费用要素的归集和分配,产品成本计算的基本方法和辅助方法及其应用的阐述,同时也加大了成本报表编制、成本分析等成本会计职能与方法的阐述力度,突出了成本管控方面的会计职能及其履行的理论与方法的介绍。为使成本会计的成本分析与控制职能得以充分发挥,本书还在成本会计体系中恰当地引入了标准成本系统,使之与成本核算的基本方法配合,使成本核算的辅助方法和成本分析的功能得以强化。另外本书还较为系统地引入了适应高新技术发展、竞争全球化的经济环境和战略管理需要的作业成本法,使成本会计的体系和内容得以扩充,形成了本书创新的成本会计框架与内容体系。

本书作为一本应用型本科院校教材不仅适用于会计及相关经济管理专业教学,也可作为财务工作者的工作实践参考图书。

图书在版编目(CIP)数据

成本会计/周航,孟岩主编.—哈尔滨:哈尔滨工业大学出版社,2012.3

应用型本科院校"十二五"规划教材

ISBN 978-7-5603-3513-1

Ⅰ.①成… Ⅱ.①周… ②孟… Ⅲ.①成本会计-高等学校-教材 Ⅳ.①F234.2

中国版本图书馆 CIP 数据核字(2012)第 027335 号

策划编辑	杜 燕 赵文斌
责任编辑	李广鑫
出版发行	哈尔滨工业大学出版社
社 址	哈尔滨市南岗区复华四道街10号 邮编150006
传 真	0451-86414749
网 址	http://hitpress.hit.edu.cn
印 刷	黑龙江省委党校印刷厂
开 本	787mm×960mm 1/16 印张17 字数366千字
版 次	2012年3月第1版 2012年3月第1次印刷
书 号	ISBN 978-7-5603-3513-1
定 价	30.80元

(如因印装质量问题影响阅读,我社负责调换)

《应用型本科院校"十二五"规划教材》编委会

主　任　修朋月　竺培国

副主任　王玉文　吕其诚　线恒录　李敬来

委　员　（按姓氏笔画排序）

　　　　丁福庆　于长福　马志民　王庄严　王建华
　　　　王德章　朱建华　刘金祺　刘宝华　刘通学
　　　　刘福荣　关晓冬　李云波　杨玉顺　吴知丰
　　　　张幸刚　陈江波　林　艳　林文华　周方圆
　　　　姜思政　柴玉华　庹　莉　韩毓洁　藏玉英

序

哈尔滨工业大学出版社策划的《应用型本科院校"十二五"规划教材》即将付梓,诚可贺也。

该系列教材卷帙浩繁,凡百余种,涉及众多学科门类,定位准确,内容新颖,体系完整,实用性强,突出实践能力培养。不仅便于教师教学和学生学习,而且满足就业市场对应用型人才的迫切需求。

应用型本科院校的人才培养目标是面对现代社会生产、建设、管理、服务等一线岗位,培养能直接从事实际工作、解决具体问题、维持工作有效运行的高等应用型人才。应用型本科与研究型本科和高职高专院校在人才培养上有着明显的区别,其培养的人才特征是:①就业导向与社会需求高度吻合;②扎实的理论基础和过硬的实践能力紧密结合;③具备良好的人文素质和科学技术素质;④富于面对职业应用的创新精神。因此,应用型本科院校只有着力培养"进入角色快、业务水平高、动手能力强、综合素质好"的人才,才能在激烈的就业市场竞争中站稳脚跟。

目前国内应用型本科院校所采用的教材往往只是对理论性较强的本科院校教材的简单删减,针对性、应用性不够突出,因材施教的目的难以达到。因此亟须既有一定的理论深度又注重实践能力培养的系列教材,以满足应用型本科院校教学目标、培养方向和办学特色的需要。

哈尔滨工业大学出版社出版的《应用型本科院校"十二五"规划教材》,在选题设计思路上认真贯彻教育部关于培养适应地方、区域经济和社会发展需要的"本科应用型高级专门人才"精神,根据黑龙江省委书记吉炳轩同志提出的关于加强应用型本科院校建设的意见,在应用型本科试点院校成功经验总结的基础上,特邀请黑龙江省9所知名的应用型本科院校的专家、学者联合编写。

本系列教材突出与办学定位、教学目标的一致性和适应性,既严格遵照学科体系的知识构成和教材编写的一般规律，又针对应用型本科人才培养目标及与之相适应的教学特点，精心设计写作体例，科学安排知识内容，围绕应用讲授理论，做到"基础知识够用、实践技能实用、专业理论管用"。同时注意适当融入新理论、新技术、新工艺、新成果，并且制作了与本书配套的PPT多媒体教学课件，形成立体化教材，供教师参考使用。

《应用型本科院校"十二五"规划教材》的编辑出版，是适应"科教兴国"战略对复合型、应用型人才的需求，是推动相对滞后的应用型本科院校教材建设的一种有益尝试，在应用型创新人才培养方面是一件具有开创意义的工作，为应用型人才的培养提供了及时、可靠、坚实的保证。

希望本系列教材在使用过程中，通过编者、作者和读者的共同努力，厚积薄发、推陈出新、细上加细、精益求精，不断丰富、不断完善、不断创新，力争成为同类教材中的精品。

黑龙江省教育厅厅长

前　言

　　成本是商品价值的主要组成部分,是企业在生产经营中所耗费的资金总和。不同的经济环境,不同的行业特点,对成本的内涵有不同的理解。成本的内容往往要服从于管理的需要。随着社会经济的发展,企业管理要求的提高,成本的概念和内涵在不断地发展、变化,人们所能感受到的成本范围在逐渐地扩大。在实际工作中,企业经过一定时期的生产经营以后,要将经营收入与相关的成本、费用进行配比,以确定利润或亏损。因此,做好成本核算工作,加强成本管理,努力降低成本,无论对提高企业的微观经济效益,还是对提高国民经济的宏观经济效益,都是非常重要的。

　　成本会计是随着商品经济的发展而逐步形成和完善起来的。最早的成本会计起源于英国,后来传入美国及其他国家。工业革命后的英国是资本主义最发达的国家,英国会计人员为了满足管理上的需要,进而对成本进行研究。起初是在会计账簿之外用统计方法来计算成本,后来为了提高成本计算的精确性,适应企业各方面对成本信息的需求,将成本流转的描述与复式簿记相结合,便形成了成本会计。成本会计是会计学的一个分支,是以成本为对象的一种专业会计。从最基础的层面讲,成本会计是为了求得产品的总成本和单位成本而核算全部生产费用的会计,更进一步讲成本会计是一个估算、跟踪和控制产品和服务成本的流程。成本会计具有反映与监督两大基本职能,这两大基本职能是辩证统一、相辅相成的,具体包括成本考核、成本预测、成本决策、成本计划、成本控制等内容。

　　在技术进步日新月异、经济发展全球化的环境中,适应现代企业日常经营管理与战略竞争的需要,灵活地运用成本会计的方法,更好地发挥成本会计在经济管理中的作用,有着重要的意义。本书在此背景之下,提纲挈领地阐述了成本会计的基本理论与一般概念,系统全面地介绍了成本会计职能实施所需要的主要技术方法及具体应用案例,为了适应企业生存、盈利与竞争发展的需要,引入了除成本核算方法之外的大量成本分析、控制与评价的思路与方法,使得本书的结构体系更加顺应成本会计的发展趋势,使本书所呈现的技术方法更加满足学生能力培养和企业实际应用的需求。

　　本书由哈尔滨德强商务学院教授周航和东北石油大学副教授孟岩担任主编。本书各章编写分工如下:第一章由哈尔滨德强商务学院讲师张永力编写,第二章和第九章由哈尔滨商业大学讲师哈今华编写,第三章和第四章由东北石油大学副教授孟岩编写,第五章由黑龙江旅游职业技术学院副教授曹艳红编写;第六章由哈尔滨德强商务学院教师唐献凤编写,第七章、第八章由周航编写。

　　由于编者水平有限,加之时间仓促,疏漏之处敬请批评指正,以利于本书的改进与完善。

编　者
2012 年 2 月

目 录

第一章 成本会计的基本理论 … 1
- 第一节 成本的含义及作用 … 2
- 第二节 成本会计的对象 … 5
- 第三节 成本会计的职能、内容与工作组织 … 6
- 本章小结 … 13
- 自测题 … 14

第二章 成本核算基础 … 16
- 第一节 成本核算的基本要求 … 17
- 第二节 成本核算的一般程序 … 20
- 第三节 成本核算的主要会计账户 … 23
- 第四节 费用分类 … 25
- 本章小结 … 30
- 自测题 … 31

第三章 生产费用在各种产品之间的分配和期间费用的核算 … 32
- 第一节 生产费用要素的归集和分配 … 33
- 第二节 辅助生产费用的归集和分配 … 52
- 第三节 制造费用的归集和分配 … 66
- 第四节 损失性费用的归集和分配 … 72
- 第五节 期间费用的核算 … 77
- 本章小结 … 83
- 自测题 … 84

第四章 生产费用在完工产品和在产品之间的分配 … 90
- 第一节 在产品数量的核算 … 91
- 第二节 完工产品和在产品之间分配费用的方法 … 94
- 本章小结 … 106
- 自测题 … 106

第五章 产品成本计算的基本方法 … 111
- 第一节 产品成本计算方法的选择 … 112

第二节　产品成本计算的品种法……………………………………… 115
　　第三节　产品成本计算的分批法……………………………………… 123
　　第四节　产品成本计算的分步法……………………………………… 127
　　本章小结………………………………………………………………… 141
　　自测题…………………………………………………………………… 142

第六章　产品成本计算的辅助方法………………………………………… 144
　　第一节　产品成本计算的分类法……………………………………… 145
　　第二节　产品成本计算的定额法……………………………………… 154
　　本章小结………………………………………………………………… 165
　　自测题…………………………………………………………………… 165

第七章　标准成本法………………………………………………………… 168
　　第一节　标准成本法概述……………………………………………… 168
　　第二节　标准成本的制定……………………………………………… 172
　　第三节　成本差异的计算和分析……………………………………… 175
　　第四节　标准成本法的账务处理……………………………………… 182
　　本章小结………………………………………………………………… 190
　　自测题…………………………………………………………………… 191

第八章　作业成本法………………………………………………………… 194
　　第一节　作业成本法概述……………………………………………… 195
　　第二节　作业成本法的基本要素与一般程序………………………… 205
　　第三节　成本动因与作业成本控制…………………………………… 212
　　本章小结………………………………………………………………… 222
　　自测题…………………………………………………………………… 223

第九章　成本报表与成本分析……………………………………………… 225
　　第一节　成本报表的作用、种类和特点……………………………… 226
　　第二节　成本报表的编制……………………………………………… 228
　　第三节　成本报表分析的作用和方法………………………………… 238
　　第四节　成本报表分析的内容………………………………………… 243
　　本章小结………………………………………………………………… 257
　　自测题…………………………………………………………………… 258

参考文献……………………………………………………………………… 260

Chapter 1

成本会计的基本理论

【学习要点及目标】

本章阐述成本会计的一些基础理论问题。通过本章学习,学生应明确成本的经济实质,了解成本在企业经济管理中的重要作用;重点掌握成本会计的对象;理解和掌握成本会计的职能和各项具体内容;掌握成本会计应遵循的主要原则,明确成本会计人员的职责和权限;了解成本会计机构的设置和成本会计法规和制度所包括的内容。

【引导案例】

Chevron和BP在石油业中是竞争对手,但在后勤保障方面却携手合作。它们已与GATX的后勤部结成战略联盟,由其向Chevron和BP遍布美国的6 500个服务站供应轮胎、电池及其他附件(TBA)。共同的努力可以使Chevron和BP减少60%的TBA分配中心,提高运输、人员和其他与分配有关的工作效率,而且降低了成本,改善了服务。

当Chevron或BP的服务站需要轮胎、电池或附件时,分别向各自的公司发出订单。公司每天下午把订单电传给GATX。GATX通过其复杂的行车路线软件确定分配路线,把订单电传给分布在美国各地的五个分配中心。第二天,分配中心把货物包装好,装到GATX的卡车上,GATX共有100辆卡车。下一日,卡车按行车路线表把货物送到订货的服务站。

Chevron和BP得到了什么?其管理人员认为雇用像GATX这样在后勤和分配方面专业化的公司,更为经济高效,因为它们具有更好的系统以及规模经济。外购至少为其减少了25%的运输费用,达几千万美金。同时,交货更为迅捷,反应更快。你认为,成本控制对于企业竞争的意义是什么?企业应该如何对成本进行核算和管理?

第一节 成本的含义及作用

一、成本的含义

成本是一个典型的价值范畴,一般来说,成本是为了达到特定目的所失去或放弃的资源。这里的"资源",不仅包括作为生产资料和生活资料的天然资料,还包括人类加工的物质资料以及人力资料等。成本的经济实质可以概括为:生产经营过程中所耗费的生产资料的价值和劳动者为自己劳动所创造的价值的货币表现,也就是企业在生产经营中所耗费的资金总和。

在实际工作中,企业经过一定时期的生产经营以后,要以经营收入与相关的成本、费用进行配比,以确定利润或亏损。因此,加强成本管理,努力降低成本,无论对提高企业的微观经济效益,还是对提高国民经济的宏观经济效益,都是非常重要的。要做好成本核算,有效地进行成本管理,必须先要充分认识成本的含义。

(一) 理论成本

成本是一个价值范畴,是商品价值的组成部分,是商品经济发展到一定阶段的产物。马克思曾指出"劳动不是一切财富的源泉",劳动的收益也不是"不折不扣的劳动所得",而是要"有折有扣"。因为劳动者必须与一定的生产资料结合,才能创造出物质财富。马克思称这里的"生产资料"为物化劳动c。当从劳动产品的价值中扣除物化劳动c后,就是活劳动新创造的价值(净产值),而这一部分仍不能对劳动者实行"不折不扣的劳动所得",还要有另一些扣除,即必须有一部分剩余(m)用于扩大再生产;还有一部分用于保证劳动力(v)的再生产。因此,马克思认为:商品w的价值,用公式来表示是$w = c + v + m$,如果我们从这个产品价值中减去剩余价值,那么,商品价值中剩下来的,只是一个在生产要素上耗费的资本价值$c + v$的等价物或补偿物。可见商品价值w由三部分组成:一是已被消耗的劳动对象的转移价值和已被磨损的劳动资料的转移价值,即生产资料的转移价值c;二是劳动者的必要劳动所创造的价值v;三是劳动者的剩余劳动所创造的价值m。因此按马克思的成本理论,成本的经济内涵即为商品生产过程中的物化劳动和活劳动的耗费,即马克思劳动价值理论$w = c + v + m$中的$c + v$。这一经济内涵说明成本是企业维持简单再生产的补偿尺度,若按成本提供的补偿尺度得不到满足,企业简单再生产就无法进行。

这一理论是对成本的高度概括,这种描述成本的客观经济内涵的成本概念,称为"理论成本"。

尽管社会主义市场经济与资本主义市场经济存在着许多区别,但二者都是商品经济。在社会主义市场经济中,企业作为自主经营、自负盈亏的商品生产和经营者,其基本的经营目标就是向社会提供商品,满足社会的需要,同时要以产品的销售收入抵偿自己在商品的生产经营中所支出的各种费用,并取得盈利,只有这样,企业和社会才能得以发展。因此商品价值、成本、利润等经济范畴,在社会主义市场经济中,仍然有其存在的客观必然性。

在社会主义市场经济中,产品的价值仍然由三部分组成:已消耗的生产资料转移的价值(c);劳动者为自己劳动所创造的价值(v);劳动者为社会创造的价值(m)。从理论上讲,前两部分即$c+v$,是商品价值中的补偿部分,它构成理论成本。

(二) 产品成本

在财务会计中,成本是为取得资产或某种利益发生的资金耗费,如将各种资产的购置支出定义为资产的取得成本。成本的实质是价值牺牲或利益放弃,主要表现为资金的耗费,目的是为了形成资产。所以,成本是一个资产的计价概念,而不是一个独立的会计要素。

在成本会计中,成本是指对企业生产经营过程中各种经济资源价值牺牲进行对象化计算的数额。生产经营过程,也是各种经济资源的价值牺牲或耗费过程。在这个过程中,企业为了获得一定形式的资产,就必须投入人、财、物资源。这些资源经过一定的生产经营转换(如制造加工阶段),变换为另一种形态的资产(如产成品、半成品或在产品)。那么,为了正确确定产品这项资产的价值,就必须以产品为对象,对制造加工过程中所耗费的各种经济资源进行系统的确认、计量和归集以计算其取得成本。在制造企业中,由于生产经营的阶段性特别明显,成本计算在不同的阶段具有不同的成本计算对象。例如在原材料采购阶段,其成本计算对象就是企业所采购的各种原材料,据此所计算的成本称为原材料的采购成本;在生产阶段,其成本计算对象就是企业所生产的各种产品,据此所计算的成本称为产品生产成本。

(三) 管理成本

管理成本是新经济形势下,因管理的需要而产生的成本概念。马克思认为:生产行为本身,就它的一切要素来说,也是消费行为。因此,在商品经济条件下,耗费和补偿是对立统一体。耗费是生产经营者个人的事情,而补偿则是社会过程,并非由生产经营者本人主观决定,这就迫使生产经营者必须加强成本管理,力求以较少的耗费来寻求最大的补偿,获取最大限度的利润,这就确定了成本在管理中的地位,即管理成本是企业为了一定的目的而付出的(或可能付出的) 用货币测定的价值牺牲。这是 1951 年美国会计学会对成本下的定义,这个定义使成本无论从外延还是内涵上都远远超出了理论成本和现实成本概念的范围。这样,对企业生产经营者来说,为预测、决策所需要的变动成本、固定成本、边际成本、机会成本,为控制、考核所需要的可控成本、责任成本、质量成本等,都作为企业的管理成本而纳入成本范畴。

在成本会计中,产品成本是它的核心概念。从成本的一般含义出发,我们可以将产品成本定义为:产品成本是指企业为了生产一定种类和数量的产品而发生的生产耗费。事实上,产品成本属于成本,但成本并不等于产品成本。由于成本与管理结合密切,成本的内容往往要服从于管理的需要,因此,成本是一个发展的概念。随着社会经济的发展,企业管理要求的提高,成本概念和内涵都在不断地发展、变化,人们所能感受到的成本范围逐渐地扩大。从其过程结构上看,它已不仅仅只是局限于生产过程的成本,而是伴随着产品的设计、开发、生产、销售和使用的全过程。从其内容结构上看，它已不仅仅只是考虑与生产、销售和售后服务相关的直接消耗的物化劳动和活劳动的价值，而是对事前、事中、事后成本的一种全面考虑。就所涉及的对象而言，成本又是一个含义既广又深的综合性概念。它已不仅仅只是人们所熟悉的生产成本问题，而是随着会计管理职能的逐渐扩大所引入的诸如质量成本、差别成本、边际成本、机会成本、战略成本和环境成本等众多新型的成本范畴。

二、成本的作用

成本的经济实质决定了成本在企业的经济管理中具有十分重要的作用，主要表现如下：

（一）成本是补偿生产耗费的尺度

为了保证再生产的不断进行，企业必须对生产耗费进行补偿，而成本就是衡量其补偿份额大小的尺度。如果企业不能按照成本足额补偿生产耗费，就会出现资金短缺，再生产就不能按原有的规模进行，更谈不上扩大再生产。另外，成本也是判断生产经营耗费与企业获取纯利润的依据，在一定收入中，成本越低，企业的纯利润就越大。可见，作为补偿生产耗费的尺度，成本对经济发展有重大作用。

（二）成本是综合反映企业工作质量的重要指标

成本是一项综合性的经济指标。企业经营管理中各方面工作的质量和业绩，如生产工艺过程合理与否、固定资产利用程度的好坏、原材料的节约与浪费、劳动生产率的高低、产品质量的优劣、企业供产销的衔接是否协调等，都会直接或间接地对成本费用产生影响，都可以在成本这项综合性的经济指标上反映出来。因而，企业可以通过对成本的计划、控制、监督、考核和分析，有效地促进企业各部门加强经营管理，充分挖掘潜力，降低成本费用，提高经济效益。

（三）成本是制定产品价格的重要依据

在商品经济中，产品价格是产品价值的货币表现，产品价格应符合产品价值，这是企业定价应遵循的基本规律。但企业无法直接计算其价值，而只能计算其成本，通过成本来间接地反映价值。因此，成本是制定价格的重要基础。当然，制定产品价格是一项极其复杂的工作，应考虑许多因素，如市场竞争情况、各种产品的比价关系、产品的供求关系、国家的价格政策等。

（四）成本是企业进行决策的重要依据

在市场经济条件下，企业为了提高其市场竞争能力和经济效益，需要在企业的生产经营过程中进行各项正确的生产经营决策。而在生产经营决策过程中，必须考虑成本这个重要因素，因为成本的高低直接影响经济效益水平。成本是经营预测、经营决策的重要依据，是决策方案不可缺少的重要因素。

（五）成本是企业竞争的主要手段

在市场经济条件下，企业的竞争主要是价格与质量的竞争，而价格的竞争归根到底是成本的竞争。只有成本低才能售价低,并有盈利。企业效益高低,竞争能力强弱,在很大程度上取决于其成本的高低,如果一个企业的个别成本低于社会的平均成本,该企业在竞争中就占有较大优势。因此,控制成本是企业竞争的重要手段。

第二节 成本会计的对象

成本会计的对象与财务会计的对象是密切相关的。财务会计的对象,是指财务会计反映和监督的内容,总体来说,就是各单位的资金运动。类似地,成本会计的对象,就是指成本会计反映和监督的内容,总体来说,就是各单位与成本有关的资金运动。明确成本会计的对象,对于确定成本会计的任务,研究和运用成本会计的方法,更好地发挥成本会计在经济管理中的作用,有着重要的意义。

从理论上讲,成本所包括的内容,也就是成本会计应该反映和监督的内容。但为了更加详细、具体地了解成本会计的对象,还必须结合企业的具体生产经营过程和现行企业会计准则的有关规定加以说明。下面以工业企业为例,说明成本会计应反映和监督的内容。

工业企业的基本生产经营活动是生产和销售工业产品。在产品的直接生产过程中,即从原材料投入生产到产成品制成的产品制造过程中,一方面制造出产品来,另一方面要发生各种各样的生产耗费。这一过程中的生产耗费,概括地讲,包括劳动资料与劳动对象等物化劳动耗费和活劳动耗费两大部分。其中房屋、机器设备等作为固定资产的劳动资料,在生产过程中长期发挥作用,直至报废而不改变其实物形态,但其价值则随着固定资产的磨损,通过计提折旧的方式,逐渐地、部分地转移到所制造的产品中去,构成产品生产成本的一部分;原材料等劳动对象,在生产过程中或者被消耗掉,或者改变其实物形态,其价值也随之一次性转移到新产品中去,也构成产品生产成本的一部分;生产过程是劳动者借助于劳动工具对劳动对象进行加工、制造产品的过程,通过劳动者对劳动对象的加工,才能改变原有劳动对象的使用价值,并且创造出新的价值来。其中劳动者为自己劳动所创造的那部分价值,则以薪酬形式支付给劳动者,用于个人消费,因此,这部分工资也构成产品生产成本的一部分。具体来说,在产品的制造过程中发生的各种生产耗费,主要包括原料及主要材料、辅助材料、燃料等的支出,生产单位(如分厂、车间)固定资产的折旧,直接生产人员及生产单位管理人员的薪酬以及其他一些货币支出等。所有这些支出,就构成了企业在产品制造过程的全部生产费用,而为生产一定种类、一定数量产品而发生的各种生产费用支出的总和就构成了产品的生产成本。上述产品制造过程中各种生产费用的支出和产品生产成本的形成,就是成本会计所应反映和监督的主要内容。

在产品的销售过程中,企业为销售产品也会发生各种各样的费用支出。例如,应由企业负担的运输费、装卸费、包装费、保险费、展览费、差旅费、广告费,以及为销售本企业商品而专设的销售机构的职工薪酬、业务费等。所有这些为销售本企业产品而发生的费用,构成了企业的销售费用。销售费用也是企业在生产经营过程中所发生的一项重要费用,它的支出及归集过程,也应该成为成本会计所反映和监督的内容。

企业的行政管理部门为组织和管理生产经营活动,也会发生各种各样的费用。例如,企业行政管理部门人员的薪酬、固定资产折旧、差旅费、业务招待费、办公费等。这些费用可统称为管理费用。企业的管理费用,也是企业在生产经营过程中所发生的一项重要费用,其支出及归集过程,也应该成为成本会计所反映和监督的内容。

此外,企业为筹集生产经营所需资金也会发生一些费用。例如,利息净支出、汇兑净损失、金融机构的手续费等。这些费用可统称为财务费用。财务费用亦是企业在生产经营过程中发生的费用,它的支出及归集过程也应该属于成本会计反映和监督的内容。

上述销售费用、管理费用和财务费用,与产品生产没有直接联系,而是按发生的期间归集,直接计入当期损益的,因此,它们构成了企业的期间费用。

综上所述,按照现行会计准则的有关规定,可以把工业企业成本会计的对象概括为:工业企业生产经营过程中发生的产品生产成本和期间费用。

商品流通企业、交通运输企业、施工企业、农业企业等其他行业企业的生产经营过程虽然各有其特点,但按照现行会计准则的有关规定,从总体上看,它们在生产经营过程中所发生的各种费用,同样是部分地形成了企业的生产经营业务成本,部分作为期间费用直接计入当期损益。因此,从现行会计准则的有关规定出发,可以把成本会计的对象概括为:企业生产经营过程中发生的生产经营业务成本和期间费用。

以上按照现行会计准则的有关规定,对成本会计的对象进行了概括性的阐述。但成本会计不仅应该按照现行会计准则的有关规定为企业正确确定利润和进行成本管理提供可靠的生产经营业务成本和期间费用信息,而且应该从企业内部经营管理的需要出发,提供多方面的成本信息。例如,为了进行短期生产经营的预测和决策,应计算变动成本、固定成本、机会成本和差别成本等;为了加强企业内部的成本控制和考核,应计算可控成本和不可控成本;为了进一步提高成本信息的决策相关性,还可以计算作业成本,等等。上述按照现行会计准则的有关规定所计算的成本(包括生产经营业务成本和期间费用)可称为财务成本;为企业内部经营管理的需要所计算的成本,可称为管理成本。因此,成本会计的对象,总括地说应该包括各行业企业的财务成本和管理成本。

第三节 成本会计的职能、内容与工作组织

一、成本会计的概念

成本会计是会计学的一个分支,是以成本为对象的一种专业会计。成本会计是随着商品

经济的发展而逐步形成和完善起来的。最早的成本会计起源于英国,后来传入美国及其他国家。当时英国是资本主义最发达的国家,其工业革命的完成,带来了生产技术和生产关系的巨大变化,机器劳动代替了手工劳动,工厂代替了手工工场;企业的生产规模逐渐扩大,出现了竞争,生产成本开始得到普遍的重视。英国会计人员为了满足管理上的需要,对成本进行研究,起初是在会计账簿之外,用统计方法来计算成本。此时,成本会计处于萌芽状态。之后,为了提高成本计算的精确性,适应企业各方面对成本信息的需求,将成本会计与复式簿记相结合,便形成了成本会计。

二、成本会计的职能

(一) 反映职能

反映职能是成本会计的首要职能。成本会计的反映职能,就是从价值补偿的角度出发,反映生产经营过程中各种费用的支出,以及生产经营业务成本和期间费用等的形成情况,为经营管理提供各种成本信息的功能。就成本会计反映职能的最基本方面来说,是以已经发生的各种费用为依据,为经营管理提供真实的、可以验证的成本信息,从而使成本分析、考核等工作建立在有客观依据的基础上。随着社会生产的不断发展,经营规模的不断扩大,经济活动情况的日趋复杂,在成本管理上需要加强计划性和预见性。因此,对成本会计提出了更高要求,需要通过成本会计为经营管理提供更多的信息,即除了要提供能反映成本现状的核算资料外,还要提供有关预测未来经济活动的成本信息资料,以便于正确地做出决策和采取措施,达到预期的目的。由此可见,成本会计的反映职能,从事后反映发展到了分析预测未来。只有这样,才能满足经营管理的需要,才能更好地发挥其在经营管理中的作用。

(二) 监督职能

成本会计的监督职能,是指按照一定的目的和要求,通过控制、调节、指导和考核等,监督各项生产经营耗费的合理性、合法性和有效性,以达到预期的成本管理目标的功能。

在社会主义市场经济中,任何企业为了达到自己预期的经营目标,不仅要制订计划、分配资源和组织计划的实施,而且必须进行有效的监督,以使各项经济活动符合有关规定的要求。成本会计的监督是会计监督的重要组成内容,是对经济活动进行监督的一个重要方面。

成本会计的监督,包括事前、事中和事后监督。首先,成本会计应从经济管理对降低成本、提高经济效益的要求出发,对企业未来经济活动的计划或方案进行审查,并提出合理化建议,从而发挥对经济活动的指导作用;在反映各种生产经营耗费的同时,进行事前的监督,即以国家的有关政策、制度和企业的计划、预算及规定等为依据,对有关经济活动的合理性、合法性和有效性进行审查,限制或制止违反政策、制度和计划、预算等的经济活动,支持和促进增产节约、增收节支的经济活动,以实现提高经济效益的目的。其次,成本会计要通过成本信息的反馈,进行事中、事后的监督,也就是通过对所提供的成本信息资料的检查分析,控制和考核有关经济活动,从中及时总结经验,发现问题,提出建议,促使有关方面采取措施,调整经济活动,使其按照规定的要求和预期的目标进行。

成本会计的反映和监督两大职能是辩证统一、相辅相成的。没有正确、及时的反映,监督就失去了存在的基础,就无法在成本管理中发挥制约、控制、指导和考核等作用;而只有进行有效的监督,才能使成本会计为管理提供真实可靠的信息资料,使反映的职能得以充分的发挥。可见,只有把反映和监督两大职能有机地结合起来,才能更为有效地发挥成本会计在管理中的作用。

三、成本会计的内容

成本会计作为一项管理经济的活动,在生产经营过程中发挥着重要作用。由于现代成本会计与管理紧密联系,因此,它实际上贯穿于成本管理的各个环节。现代成本会计的主要内容包括:成本预测、成本决策、成本计划、成本控制、成本核算、成本分析、成本考核和成本检查。

(一) 成本预测

成本预测就是根据与成本有关的各种数据、可能发生的变化和将要采取的各种措施,采用一定的专门方法,对未来的成本水平及其变化趋势作出科学的预测。

通过成本预测,有助于企业管理人员了解成本发展的前景,可以减少生产经营管理的盲目性,提高成本费用降低的自觉性,充分挖掘成本、费用降低的潜力。

在成本决策之前先进行成本预测,可以为成本决策提供数据,有助于正确地确定目标成本,编制成本计划;在成本计划执行过程中,经常进行成本预测,可以及时掌握成本、费用变化的趋势,从而有效地进行成本控制,保证成本计划的有效执行。

(二) 成本决策

成本决策是指根据成本预测提供的数据和其他有关资料,在拟定的若干个与生产经营和成本有关的方案中,采用一定的专门方法对各项方案进行可行性分析,选取最优方案,确定目标成本的过程。

进行成本决策、确定目标成本是编制成本计划的前提,也是进行成本事前控制、提高经济效益的重要途径。

(三) 成本计划

成本计划是根据成本决策所确定的目标成本以及有关资料,以书面文件的形式,具体规定在计划期内为完成生产经营任务所需支出的成本费用,并提出达到该成本水平所应采取的各项措施的一种规划。

成本计划是降低成本费用的具体目标的依据,也是进行成本控制、成本分析和成本考核的依据。成本计划的制订,不仅仅是成本会计人员和企业管理人员的职责,还应充分调动企业各部门的积极性,共同献计献策,确定各车间、部门成本降低的目标,然后确定企业的总体成本目标。所以,成本计划的编制过程,也是进一步挖掘降低成本费用潜力的过程。

（四）成本控制

成本控制是指根据成本计划对在实际生产经营过程中发生的成本费用进行审核,并加以控制,将其限制在计划成本之内,防止超支、浪费和损失,以保证成本计划执行的一种行为。

成本控制是成本计划能否完成的关键。只有在成本费用发生时,审查各项支出是否符合标准,控制不合理成本费用的发生,揭示成本费用脱离定额或计划的差异,并分析形成差异的原因,从而采取措施降低成本费用,保证成本计划的完成。这种成本控制也称成本的事中控制。

为了更全面、有效地控制成本,在进行成本预测、成本决策和编制成本计划的过程中,也应进行成本控制,以保证确定的目标成本和成本计划既先进又切实可行。这种成本控制也称成本的事前控制。

（五）成本核算

成本核算是指对生产经营过程中实际发生的成本费用进行归集和分配,从而确定各成本计算对象的总成本和单位成本,并进行相应的账务处理的过程。

成本核算可以审核各项费用的支出,实施事中监督,促进企业降低成本费用;可以对成本计划执行结果进行事后反映,提供真实的数据资料;可以计算实际成本费用脱离定额(或计划)的差异,为加强成本事中控制、事中分析提供数据资料。

（六）成本分析

成本分析是根据成本核算提供的成本费用数据和其他有关资料,与目标成本、上年同期实际成本、本期计划成本或定额成本、历史先进水平以及国内外同行业的最高水平进行比较和分析,确定成本差异,并分析产生差异的原因,查明成本费用超支的责任,以便采取措施,降低成本费用,提高经济效益。

成本分析一般在期末定期进行,也可以配合成本费用的事中核算进行。成本分析提供的信息应及时反馈,以便对实际成本费用中存在的超支、浪费和损失及时采取措施,对成本计划、消耗定额本身存在的问题,及时按照规定修改调整。

通过成本分析,可以为成本考核提供依据,为未来成本的预测和决策,以及编制新的成本计划提供资料。

（七）成本考核

成本考核是指在成本分析的基础上,定期对成本计划的执行结果及有关指标实际完成情况进行评价和考核。

为了实行成本考核,企业应建立相应的成本责任制度,各责任人(部门、单位、执行人)都是成本考核的对象。企业在编制成本计划时,应将各成本计划指标进行分解,落实到企业内部各责任人,并作为考核各责任人的依据。成本考核一般应与一定的奖励制度相结合,以充分调动各考核对象努力完成目标成本的积极性。同时,在考核时,成本责任应以各责任人所能控制的成本为界限,剔除不可控因素的影响。

(八)成本检查

成本检查是成本监督的一种形式,它通过对企业成本管理各项工作的检查,揭露矛盾,明确责任,保证成本制度和财经纪律的贯彻执行,改进成本管理。成本检查可以由企业外部有关机构进行,也可由企业内部专门人员执行,既可以定期检查,也可以突击检查。

成本检查的内容一般包括:企业成本管理责任制的建立和执行情况,成本管理基础工作是否健全和完善,成本核算方法程序是否正确,数据是否真实,成本数据所反映的生产费用支出是否合理合法,是否遵守了成本开支范围,成本计划及其执行情况等。

上述八个方面的内容互相联系、互相依存,构成了成本会计工作的有机整体。成本预测是成本决策的前提和依据,成本决策又是成本预测的目的。成本计划是成本决策所确定的成本目标的量化标准,同时又是成本控制、成本分析和成本考核的依据。成本控制是对成本计划执行中所出现偏差的调控,是保证成本决策目标实现的手段。成本核算通过对产品(或商品、劳务)成本和期间费用的核算,可以反映成本计划的执行结果,考核成本决策目标是否实现。成本核算和成本计划信息是成本分析的依据,成本分析则可以查明成本计划的完成情况和实际脱离计划的原因,寻找降低成本、节约费用的途径。成本考核依据成本计划、成本核算和成本分析的信息对责任者进行考核和评价,是实现成本决策目标、强化成本核算作用的重要手段。成本检查是成本核算的继续和深化,是保证成本核算信息的真实性、合法性、合理性的重要手段。

四、成本会计工作组织

科学地组织成本会计工作,是发挥成本会计作用,保证会计工作质量的重要前提。成本会计的工作组织是指根据成本会计的特点,设置成本会计的机构,制定成本会计的规章制度,配备成本会计人员等,以保证成本会计工作合理、有效进行的一系列会计组织工作。

(一)成本会计工作组织的原则

一般说来,企业应根据本单位生产经营的特点、生产规模的大小和成本管理的要求等具体情况来组织成本会计工作。具体说来,必须遵循以下几项主要的原则。

1. 成本会计工作必须与技术相结合

成本是一项综合性的经济指标,它受多种因素的影响。其中产品的设计、加工工艺等技术是否先进、在经济上是否合理,是产品成本高低的决定性因素。在传统的成本会计工作中,会计部门多注重产品加工中的耗费,而对产品的设计、加工工艺、质量、性能等与产品成本之间的联系则考虑较少,甚至有的成本会计人员不懂基本的技术问题;相反,工程技术人员考虑产品的技术方面的问题多,而对产品的成本则考虑较少。这种成本会计工作与技术工作的脱节,使得企业在降低产品成本方面受到很大限制,成本会计工作也往往仅限于事后算账,只起到提供核算成本资料的作用。因此,为了在提高产品质量的同时不断地降低成本,提高企业经济效益,在成本会计工作的组织上应贯彻与技术相结合的原则,这不仅要求工程技术人员要懂得相关的成本知识,树立成本意识,成本会计人员也必须改变传统的知识结构,具备正确进行成本预测、参与经营决策相适应的生产技术方面的知识。只有这样,才能在成本管理上实现经济与技术的结合,才能使成本会计工作真正发挥其应有的作用。

2. 成本会计工作必须与经济责任制相结合

为了降低成本,实行成本管理上的经济责任制是一条重要的途径。由于成本会计工作是一项综合性的价值管理工作,涉及面宽、信息灵,因此,企业应摆脱传统上只注重成本会计事后核算作用的片面性,充分发挥成本会计的优势,将其与成本管理上的经济责任制有机地结合起来,这样可以使成本管理工作收到更好的效果。例如,在实行成本分级分口管理的情况下,应使成本会计工作处于中心地位,由其具体负责组织成本指标的制定、分解落实,日常的监督检查,成本信息的反馈、调节以及成本责任的考核、分析、奖惩等工作。又如,为了配合成本分级分口管理,不仅要搞好厂一级的成本会计工作,而且应该完善各车间的成本会计工作,使之能进行车间成本的核算和分析等工作,并指导和监督班组的日常成本管理工作,从而使成本会计工作渗透到企业生产经营过程的各个环节,更好地发挥其在成本管理经济责任制中的作用。

3. 成本会计工作必须建立在广泛的职工群众基础之上

不断挖掘潜力,努力降低成本,是成本会计的根本性目标。但各种耗费是在生产经营的各个环节中发生的,成本的高低取决于各部门、车间、班组和职工的工作质量。同时,各级、各部门的职工群众最熟悉生产经营情况,最了解哪里有浪费现象,哪里有节约的空间。因此,要加强成本管理,实现降低成本的目标,不能仅靠几个专业人员,必须充分调动广大职工群众在成本管理上的积极性和创造性。为此,成本会计人员还必须做好成本管理方面的宣传工作,经常深入实际了解生产经营过程中的具体情况,与广大职工群众建立起经常性的联系;吸收广大职工群众参加成本管理工作,增强广大职工群众的成本意识和参与意识,以便互通信息,掌握第一手资料,从而把成本会计工作建立在广泛的职工群众基础之上。

(二) 成本会计机构

企业的成本会计机构,是在企业中直接从事成本会计工作的机构。由于成本会计工作是会计工作的一部分,因而企业的成本会计机构一般是企业会计机构的一部分。以工业企业为例,厂部的成本会计机构一般设在厂部会计部门中,是厂部会计处的一个科,或者厂部会计科的一个组。厂部供、产、销等职能部门和下属生产车间等,可以设置成本会计组或者配备专职或兼职的成本会计或成本核算人员,这些单位的成本会计机构或人员,在业务上都应接受厂部成本会计机构的指导和监督。

1. 成本会计机构设置的原则

企业在设置成本会计机构时,应充分考虑企业自身规模的大小、生产经营业务的特点、会计人员的素质、企业机构的设置等具体条件,满足国家对成本会计工作的要求,而且应在保证成本会计工作质量的前提下,尽量节约成本会计工作的时间和费用,提高成本会计工作的效率。同时,成本会计的机构设置要有利于成本管理经济责任制的落实。

2. 成本会计机构的组织分工

成本会计机构的组织分工,可以按成本会计的职能分工,例如将厂部成本会计科分为成本核算和成本分析等小组;也可以按成本会计的对象分工,例如分为产品成本和经营管理费用等小组。为了科学地组织成本会计工作,还应按照分工建立成本会计岗位责任制,使每一项成本会计工作都有人负责。

企业内部各级成本会计机构之间的组织分工,有集中核算和分散核算两种方式。

(1) 集中核算。集中核算方式是指成本会计工作中的核算、分析等各方面工作,主要由厂部成本会计机构集中进行;车间等其他单位中的成本会计机构或人员只负责登记原始记录和填制原始凭证,对它们进行初步的审核、整理和汇总,为厂部进一步工作提供资料。在这种方式下,车间等其他单位大多只配备专职或兼职的成本会计或核算人员。

采用集中核算方式,厂部成本会计机构可以比较及时地掌握企业有关成本的全面信息,便于集中使用电子计算机进行成本数据处理,还可以减少成本会计机构的层次和成本会计人员的数量。但不便于实行责任成本核算,不便于直接从事生产经营活动的各单位和职工及时掌握本单位的成本信息,因而不利于调动他们自我控制成本和费用、提高经济效益的积极性。

(2) 分散核算。分散核算方式是指成本会计工作中的核算和分析等方面工作,由车间等其他单位的成本会计机构或人员分别进行。厂部成本会计机构负责对各下属成本会计机构或人员进行业务上的指导和监督,并对全厂成本进行综合的核算、分析等工作。

分散核算方式的优缺点与集中核算方式的优缺点恰好相反。

企业应该根据规模大小,内部各单位经营管理的要求,以及这些单位成本会计人员的数量和素质,从有利于充分发挥成本会计工作的职能作用、提高成本会计工作的效率出发,确定采用哪一种核算方式。大中型企业一般采用分散核算方式,中小型企业一般采用集中核算方式。为了扬长避短,也可以在一个企业中结合采用两种方式,即对某些单位采用分散核算方式,而对另一些单位则采用集中核算方式。

(三) 成本会计人员

在企业成本会计机构中,配备一定数量和素质的成本会计人员,是做好成本会计工作的决定性因素。为了充分发挥会计人员的积极性和主动性,保证会计工作任务的全面完成,国家规定了会计人员的技术职称以及会计人员的职责和权限。这些规定也完全适用于成本会计人员。

根据成本会计工作组织形式的要求,大中型企业厂部的成本会计机构负责人,是企业成本会计工作的领导者和组织者,应该在企业总会计师和会计主管人员的领导下,负责抓好成本预测、计划、控制、核算、分析和考核等基本环节;车间成本组或成本核算员应该是专职的,在车间主任和厂部成本会计机构的双重领导下,负责车间成本核算和成本分析等工作;班组成本核算员一般由有一定专业水平的工人兼职,他们在车间成本会计人员的指导下制定与车间成本有关的定额、指标,组织班组职工参加成本管理,并核算和分析班组成本。小型企业成本会计人员配备可视企业具体情况,一般宜在集中核算方式的基础上考虑。

(四)成本会计法规和制度

成本会计制度是管理和从事成本会计工作必须遵守的规范,是会计法规和制度的重要组成部分。应该按照统一领导、分级管理的原则制定成本会计制度。企业除了必须遵守《会计法》、《企业会计准则》、《企业财务通则》、行业会计制度和企业会计制度外,还应结合本企业生产经营的特点和管理要求,制定本企业的成本会计制度、规章或办法,作为企业进行成本会计工作最具体、最直接的依据。

1. 中华人民共和国会计法

《会计法》的立法宗旨是规范会计行为,保证会计资料真实、完整,加强经济管理和财务管理,提高经济效益,维护社会主义市场经济秩序。它是会计法律制定中层次最高的法律规范,是指导会计工作的最高准则。

2. 国家统一的会计制度

财政部按照《企业会计准则》的要求,在企业会计的各项具体准则实施的同时,还制定了《企业会计制度》。企业的成本会计工作,还必须遵循《企业会计制度》的有关规定。

3. 企业成本制度

企业根据《企业会计准则》和《企业会计制度》,结合本企业具体条件自行制定会计制度。企业的成本会计工作,是本企业会计工作的重要组成部分,企业的成本会计工作也应符合本企业会计制度的规定。

本章小结

成本是一个价值范畴,是商品价值的组成部分,是商品经济发展到一定阶段的产物。在成本会计中,产品成本是它的核心概念,是指企业为了生产一定种类和数量的产品而发生的生产耗费。成本的经济实质决定了成本在经济管理中具有十分重要的作用。成本会计的对象,就是指成本会计反映和监督的内容。按照现行会计准则的规定,工业企业成本会计的对象可以概括为:生产经营过程中发生的产品生产成本和期间费用。考虑到企业经营管理和决策对成本信息的多方面需要,成本会计的对象,应该包括财务成本和管理成本。成本会计具有反映和监督两大基本职能。成本会计的内容包括成本的预测、决策、计划、控制、核算、考核和分析。企业应根据生产经营的特点、生产规模的大小和成本管理的要求等来组织成本会计工作。成本会计工作的组织,主要包括设置成本会计机构,配备必要的成本会计人员,制定科学、合理的成本会计制度等。

自 测 题

一、单项选择题

1. 成本的经济实质是（　　）。
   A. 生产经营过程中所耗费生产资料转移价值的货币表现
   B. 劳动者为自身劳动所创造价值的货币表现
   C. 劳动者为社会劳动所创造价值的货币表现
   D. 企业在生产经营过程中所耗费的资金的总和

2. 实际工作中,产品成本通常是指产品的（　　）。
   A. 全部成本　　　B. 制造成本　　　C. 固定成本　　　D. 变动成本

3. 成本会计的任务主要决定于（　　）的要求。
   A. 企业经营管理　　　　　　　B. 成本核算
   C. 成本决策　　　　　　　　　D. 成本考核

4. 大中型企业的成本会计组织形式,一般采取（　　）的方式。
   A. 集中核算　　　B. 分散核算　　　C. 统一领导　　　D. 分级管理

5. 成本会计最基本的任务和中心环节是（　　）。
   A. 进行成本预测,编制成本计划
   B. 审核和控制各项费用的支出
   C. 进行成本核算,提供实际成本的核算资料
   D. 参与企业的生产经营决策

二、多项选择题

1. 产品的理论成本应包括（　　）。
   A. 耗费的生产资料价值
   B. 劳动者为自身劳动所创造的价值
   C. 劳动者为社会劳动所创造的价值
   D. 以上都正确

2. 成本在企业经济管理中的作用有（　　）。
   A. 价值尺度　　　B. 业绩指标　　　C. 定价基础　　　D. 决策依据

3. 成本会计的内容包括（　　）。
   A. 成本预测、决策　　　　　　B. 成本核算
   C. 成本计划　　　　　　　　　D. 成本控制
   E. 成本分析、考核　　　　　　F. 成本检查

4. 一般来说,企业应根据本单位（　　）等具体情况及条件来组织成本会计工作。
   A. 生产规模的大小　　　　　　B. 生产经营业务的特点

C. 成本管理的要求　　　　　　　　D. 企业机构的设置
E. 成本计算方法
5. 成本会计机构内部的组织分工包括(　　)。
A. 按成本会计的职能分工　　　　　B. 按成本会计的对象分工
C. 按核算方式分工　　　　　　　　D. 按组织原则分工
6. 分散核算方式的优点主要有(　　)。
A. 便于车间掌握和控制产品成本
B. 有利于实行责任成本核算
C. 及时掌握企业有关成本的全面信息
D. 有利于调动提高经济效益的积极性

三、判断题

1. 成本的经济实质，是企业在生产经营过程中所耗费资金的总和。(　　)
2. 确定成本的开支范围应以成本的经济实质为理论依据。(　　)
3. 不同行业企业的生产经营过程不同，其成本会计的具体对象却是相同的。(　　)
4. 成本预测和成本决策是成本会计的最基本的任务。(　　)
5. 企业必须配备必要的具有成本会计专业知识的人员从事成本会计工作。(　　)
6. 企业在制定成本会计制度时，对国家有统一规定的一般不得擅自变更或修改。(　　)

四、名词解释

1. 成本
2. 成本预测
3. 成本控制
4. 集中核算
5. 分散核算
6. 成本会计制度

五、简答题

1. 简述成本的含义和作用。
2. 成本会计的对象是什么？
3. 成本会计的内容有哪些？成本会计各内容之间有何关系？
4. 成本会计工作的组织形式有哪两种？各有何优缺点？
5. 成本会计制度的内容一般应包括哪几个方面？

第二章 Chapter 2

成本核算基础

【学习要点及目标】

本章学习的目标在于了解企业成本核算应满足的基本要求;掌握各种费用的划分界限;掌握生产费用按经济内容和经济用途的分类,并熟悉生产费用的其他分类;掌握进行成本核算需要设置的会计科目,熟悉成本核算的一般程序。本章学习的重点是成本核算的基本程序,难点是各种支出、费用、成本界限的划分。

【引导案例】

某高校财会专业教师哈老师近日接到毕业生刘姣同学的联系,称其目前在一家电子产品制造企业承担成本核算和管理工作。她对于当前的工作缺乏了解,希望能和老师进行交流探讨,并简要介绍了工作单位的概况:这家企业的主要业务是为国际某知名电子产品做代工生产,按订单组织生产。该同学所在的制造处下设四个生产单位,实质是产品的四步生产过程。每个单位单独核算成本。人工、原材料、机物料消耗、固定资产以及运输储存都会产生成本费用。当前企业的成本管控首先关注物料方面,生产单位对于物料消耗只有请购权,而不能进行实际采购,由企业统一采购。生产单位只对物料用量进行管控,并关注原材料和其他消耗品的库存能量及库存周转时间。生产用设备一部分是企业自有设备,另一部分由客户提供。客户提供的设备企业不计提折旧,但要为其支付维修和维护的费用。在刘姣同学实习期间,她只负责记录流水账,统计每天发生的费用。现在她开始思考,每天因为产品生产会有各种成本费用的发生,如何分清各种成本类别?不同生产单位的成本费用是否要统一结算?不同批次、不同型号的产品总成本和单位成本分别是多少?如何做好成本的核算工作?

第一节　成本核算的基本要求

成本核算是成本会计的基本任务。做好成本核算工作,对于降低企业成本和费用,提高企业生产经营管理水平,正确处理企业与各方利益相关者之间的关系,具有极其重要的意义。成本核算是否正确,对企业的生产经营决策具有重大影响。准确、及时地核算成本,是现代成本管理的基本要求。因此,为了充分体现成本核算在成本管理中的作用,在成本核算实践中应满足以下各项要求。

一、算管结合,算为管用

成本核算应当与加强企业经营管理相结合,所提供的成本信息应当满足企业经营管理和决策的需要。受科学管理思想的影响,成本控制的观念逐渐强化,成本核算开始关注各级经营管理层的责任及其履行情况,期望能对经营管理活动产生积极的影响。而管理实践发展也十分迫切地提出成本核算支持管理经营决策的要求。由此可见,成本核算与企业经营管理的结合可以概括为以下两个方面。

（一）有助于管理者提高决策水平

成本核算可以向企业管理当局提供重要信息,如定价、存货价值、盈亏评价等,为他们做出决策提供依据。

（二）有利于事前计划、事中控制和事后考评

成本核算的历史信息,既可以为编制预算提供保证,也可以与企业制定的标准成本进行差异分析,进行成本控制,并根据成本执行情况进行绩效考评。

二、正确划分各种费用的界限

工业企业生产过程中会发生各项费用,成本的核算过程就是生产费用的归集分配、再归集再分配的过程。为了正确进行生产费用的归集与分配,保证成本与费用核算的正确性、合法性和合理性,必须正确划分以下五个方面的费用界限。

（一）正确划分收益性支出与资本性支出的界限

收益性支出,是指企业单位在经营过程中发生,其效益仅与本会计年度相关,因而由本年收益补偿的各项支出。这些支出发生时,都应记入当年有关成本费用科目,如材料费用、人工费用、水电费用等。资本性支出是指受益期超过一年或一个营业周期的支出,即发生该项支出不仅是为了取得本期收益,而且也是为了取得以后各期收益。因此,这部分支出应由各收益年度分期承担,如购置固定资产、无形资产所发生的支出。在会计核算中首先将资本性支出与收益性支出加以区分,然后将收益性支出计入费用账户,作为当期损益列入损益表;将资本性支

出计入资产账户,作为资产列入资产负债表。资本性支出与收益性支出划分的目的是按照权责发生制和配比原则的要求,合理确定支出性质,正确计算当期利润。

(二) 正确划分生产费用与期间费用的界限

工业企业的生产费用是企业的生产部门在生产产品、提供劳务过程中发生,并由产品成本负担的费用。它与产品销售收入相配合,只有在产品销售实现时才形成产品销售成本,计入企业的损益。因此,本月发生的生产费用计入产品生产成本,但并不一定都计入当月损益,也有可能在月末形成存货。期间费用是企业行政管理部门、销售部门和福利部门等非生产单位在经营过程中发生的各项费用,它们与产品的生产没有直接关系,与一定期间密切相关,在其发生时不计入产品成本而直接计入当期损益。企业应以费用是否与产品有关、是否计入产品成本为标准,正确划分生产费用与期间费用界限。

(三) 正确划分各月份的费用界限

为了贯彻权责发生制原则,按月分析和考核产品成本和期间费用计划的执行情况,正确计算各月损益,还应将生产费用和期间费用在各个月份之间进行划分。本月发生、应由本月承担的成本费用,都应在本月入账,本月支付。对于本月支付,但应由本月和以后各月受益的费用,应分摊计入本月以及以后各月的费用中。本月虽未支付,但本月已受益的成本费用,应预提计入本月的成本费用中。为了正确划分各个会计期间的费用界限,要求企业不得提前结账,将本月费用作为下月费用处理;也不能延后结账,将下月费用作为本月费用处理。

(四) 正确划分各种产品成本的界限

如果企业同时生产多种产品,则为了正确计算各种产品的成本,必须将应计入本期产品成本的生产费用在各种产品之间正确地进行划分。产品在生产过程中直接消耗的生产费用,如直接生产某种产品所消耗的材料和人工费用,应在费用发生时在相关凭证上注明所消耗的成本对象,直接计入该种产品的成本中。属于多种产品共同发生,不能直接计入某种产品成本的生产费用,如固定资产折旧费、车间管理人员工资和机物料消耗等,则应先将费用归集在一起,然后采用适当的分配方法,分配计入这几种产品成本中。从实践中看,只有划分不同产品的成本界限,才能将其实际成本与计划成本、标准成本相比较,发现生产中的超支或结余情况,加强成本控制。

(五) 正确划分完工产品和在产品成本的界限

由于产品生产周期与会计核算期往往并不一致,在月末计算产品成本时,既可能存在已经全部完工的完工产品,也可能存在未全部完工、尚需继续加工的在产品。因此企业在月末计算产品成本时,如果该种产品已全部完工,就应全部计入该种完工产品成本中。如果该种产品都未完工,则生产这种产品的各项生产费用之和,就应全部计入该种产品的月末在产品成本中。如果该种产品部分完工、部分在产,则应将为生产该种产品的各项生产费用,采用适当的分配方法在完工产品与在产品之间合理分配,分别计算完工产品成本和月末在产品成本。

在实际工作中,上述产品成本费用界限的划分,贯穿在产品成本核算工作的始终。费用的划分过程,就是费用的归集与分配过程,也是产品成本的计算过程。只有正确划分上述费用界限,才能正确计算产品成本。

三、做好各项基础工作

成本核算涉及面广、内容复杂、工作量大,在划清以上费用界限的同时还必须搞好成本核算原始记录,计量、验收、盘存制度,定额管理制度,内部结算制度,才有可能保证成本核算的正确性。做好成本核算的基础准备工作,是成本核算和管理得以顺利进行的前提条件。

(一)建立健全原始记录制度

原始记录是在经济业务发生时取得或填制的、直接反映生产经营活动的原始资料,是成本核算的原始依据。例如,生产记录、设备利用情况记录、材料收发领用情况的记录和产品入库与销售情况的记录等。成本计算结果的可靠性和有效性,主要取决于原始记录的真实性、正确性和及时性。成本核算人员应会同企业各职能部门,如计划统计部门、生产部门、人力资源部门、物流部门等,健全原始记录制度,组织有关人员认真做好原始记录的登记、传递、审核和保管工作,以便正确、及时地为成本核算和其他有关方面提供可靠和准确的原始信息。

(二)建立健全定额管理制度

定额是在合理的劳动组织和正常的生产条件下,预先规定完成单位合格产品的消耗资源数量的标准,它是制订成本计划的基础,是分析和考核成本水平的依据。企业生产过程中凡是能制定定额的各种消耗,都要制定合理、可行的消耗定额,实行定额管理,审核各项耗费是否合理,借以降低成本费用。也可以根据产品的原材料和工时的定额消耗量或定额费用作为分配实际费用的标准。定额制定后要保持相对的稳定,但随着生产的发展、技术的进步、劳动生产率的提高,对不适宜的定额要定期修订。同时,定额制定后,还要采取相应的组织措施,定期检查分析,以保证定额的贯彻执行。

(三)建立健全计量验收制度

计量验收,是对企业各项财产物资的收、发、领、退进行正确的数量计算的过程。它是成本管理的基础工作,具体内容包括:①计量检测手段和方法;②计量验收管理的要求;③计量验收人员的责任和奖惩办法等。例如,对于所有入库货品须先由品检部门进行检验,检验合格的货品才能办理入库。库管员应准确清点数量,如实填写回仓单。生产部门的领料必须根据生产工单领料,仓管应严格按生产工具的数量领料。对于生产工单下单数多,而分次领的生产工单必须在车间保存联上注明每次领的数量,领料单上须注明生产工单号。未按生产工单领完料前,仓管必须保存生产工具。计量工具要经常校正和维修,以便准确地计量各种物资消耗。企业存货应定期或不定期进行盘点和清查。只要完善健全的计量验收制度,才能保证成本计算的正确性,也是保护企业财产安全完整的有效措施。

(四) 建立健全内部结算价格制度

在工业企业的产品成本核算工作中,为了分清企业内部各单位的经济责任,便于分析和考核企业内部各单位成本计划的完成情况和管理业绩,企业对于生产中所使用的原材料、辅助材料、燃料、自制半成品以及修理用备件等,规定内部结算价格。内部结算价格,是企业内部各核算单位实行"独立核算,自计盈亏"的价值尺度。建立和完善内部结算价制度,对原材料、辅助材料、燃料和动力等物资和劳务制定合理的内部交换价格,对于实行成本控制,正确处理企业内部单位之间的经济利益具有重要的作用。各企业内部核算的对象、定价原则不尽一样。内部转移价格可根据企业的计划成本、计划成本加成利润、实际成本、市场价格以及双方协商价格等加以制定。

四、正确确定财产物资的计价和价值结转方法

企业的生产经营过程,同时也是财产物资的耗费过程。在生产中,原材料等实物形态逐渐地转变成了在产品、半产品和产成品等形态,同时直接材料、直接人工和制造费用等价值也逐渐转移到产成品中。因此,这些财产物资的计价和价值结转方法是否恰当,会对成本计算的正确与否产生重要影响。企业财产物资计价和价值结转方法主要包括:固定资产原值的计算方法、折旧方法、折旧率的种类和高低;固定资产与低值易耗品的划分标准;材料成本的组成内容、材料按实际成本进行核算时发出材料单位成本的计算方法、材料按计划成本进行核算时材料成本差异率的种类、采用分类差异时材料类距的大小等;低值易耗品和包装物价值的摊销方法、摊销率的高低及摊销期限的长短等。为了正确计算成本,对于各种财产物资的计价和价值的结转,应严格执行国家统一的会计制度。各种方法一经确定,应保持相对稳定,不能随意改变,以保证成本信息的可比性。

五、根据生产特点和管理要求,采用适当的成本计算方法

产品成本是在生产过程中形成的,由于产品的生产组织和工艺过程不同,对成本管理的要求不同,因此应该采用不同的成本计算方法。在成本核算实际工作中,有品种法、分批法、分步法等多种方法,企业必须根据生产特点和成本管理要求选择适合本企业特点的方法。一般来说,成本计算方法的选择,首先应考虑本企业行业类型和工艺技术流程的特点,考虑生产组织的方式和方法;其次还应考虑管理上对成本计算资料的需求;同一企业可以采用多种成本计算方法,在同一产品的不同生产环节也可采用不同的成本计算法。

第二节 成本核算的一般程序

成本核算的一般程序是指对企业在生产经营过程中发生的各项生产费用和期间费用,按照成本核算的要求,逐步进行归集和分配,最后计算出各种产品的生产成本和各项期间费用的

基本过程。根据前述的成本核算要求和生产费用、期间费用的分类,可将成本核算的一般程序归纳如下。

一、确定成本核算对象

(一) 成本核算对象的含义

要进行成本核算,必须确定成本核算对象。成本核算对象的确定涉及以下几个方面:成本发生对应的产品、成本发生的部门以及成本核算期。不仅不同企业生产同类产品的成本不同,而且同一企业生产的同一产品其不同月份的成本也不同。因此,不能认为成本核算对象就是指对什么产品而言,而应该在确定计算什么产品的成本的同时,确定该种产品是在什么地点、什么时期生产出来的。因此企业可根据本企业生产经营特点及管理需要选择适合于本企业的成本核算对象,并据以开设生产成本明细账。

(二) 企业生产经营特点及管理需要对成本核算对象的影响

各企业生产的产品种类繁多,生产部门设置大小不一,生产周期时限不同,由此企业的生产特点千差万别。但根据企业生产的共性,企业的生产特点可进行如下分类:

1. 按生产步骤分类

企业产品生产按其生产步骤可分为单步骤生产与多步骤生产两种类型。单步骤生产是指生产过程持续不可间断,或者必须在同一生产地点生产而不能分散在不同地点。前者如供电企业,后者如采掘类企业。这类生产的周期较短。多步骤生产是指生产过程由众多可以间断的加工步骤组成的,可以由几个车间或企业,在不同的时间和地点协作进行生产。多步骤生产又可进一步分为连续式生产和装配式生产。连续式生产是指对投入生产的原材料,要按顺序依次经过各生产步骤的加工,才能成为产成品,如冶金、纺织、造纸、服装、搪瓷等。装配式生产是指先将原材料分别加工为零件、部件,再将零件、部件装配为产成品的生产,如机械制造、车辆制造、仪表制造等。

2. 按产品生产组织分类

企业生产按其产品生产组织特点可分为大量、大批生产和小批、单件生产。大量、大批生产是指不断地重复生产稳定品种的产品,各种产品的生产往往成批地重复进行,如冶金、纺织、发电、采掘、造纸、酿酒等生产。小批、单件生产是指按照用户的要求,生产个别批次、性质特殊的产品的生产,如重型机械制造、大型电机制造、船舶制造、精密仪器制造、专用设备制造等。小批、单件生产的企业或车间,生产的产品品种规格较多,而且很少重复生产。

企业生产经营特点不同,因此对于成本管理的要求也有所不同。企业在组织成本核算时,要以满足企业经营管理的需要为前提,从成本管理要求出发确定成本核算的对象。在大量大批单步骤生产,或大量大批多步骤生产但成本管理上不要求按步骤核算成本时,成本核算对象就是全厂某月份生产的某种产成品。在大量大批多步骤生产,成本管理要求按步骤核算成本时,成本核算对象就是各步骤某月份生产的半成品和产成品。单件小批生产,不论单步骤还是多步骤生产,成本核算对象通常是全厂生产的某一批产成品。综上所述,企业应根据生产经营特点和成本管理的需求不同而选择产品品种、产品批别或产品生产步骤等作为成本核算对象。成本核算对象的确定直接影响了成本计算方法的选择,企业基本的成本计算方法包括品种法、分批法和分步法等,企业根据已确定的成本核算对象对费用进行归集和分配,以计算出企业的生产成本。

二、在各成本核算对象之间归集和分配生产费用

企业在生产过程中发生的要素费用包括材料、燃料、动力、人工、折旧等,应按照成本核算对象和费用发生的用途、地点和部门等,填制实际发生的各项费用的原始凭证,如领料单、工资结算单和折旧计算表等,并根据原始凭证或原始凭证汇总表编制各种要素费用分配表,如原材料费用分配表、人工费用分配表和折旧费用分配表等。通过要素费用的归集和分配,可以将本期发生的各项生产费用中属于产品应承担的部分计入如"基本生产成本"、"辅助生产成本"、"制造费用"、"废品损失"、"停工损失"等产品成本核算相关账户,非产品承担的部分计入"管理费用"、"销售费用"等账户,从而划分计入产品成本和不计入产品成本的费用界限。归集在"辅助生产成本"账户的费用,应按受益对象和所耗用数量,编制辅助生产费用分配表,并据以登记"基本生产成本"和"制造费用"等账户。各基本生产车间的制造费用归集后,应编制制造费用分配表,分配记入本车间的各种产品成本中,计入"基本生产成本"账户。归集和分配生产费用的具体步骤可表述如下:

(1) 根据各项费用分配表,按费用的用途分别登记"基本生产成本"、"辅助生产成本"、"制造费用"、"废品损失"、"停工损失"、"管理费用"、"销售费用"等明细账。

(2) 根据"辅助生产成本"明细账编制"辅助生产费用分配表",然后记入"基本生产成本"、"制造费用"、"废品损失"等明细账。

(3) 根据"制造费用"明细账归集的基本生产车间制造费用编制"制造费用分配表",然后记入"基本生产成本"明细账。

(4) 根据"废品损失"明细账编制"废品损失分配表",记入"基本生产成本"明细账。

(5) 根据"停工损失"明细账编制"停工损失分配表",然后记入"基本生产成本"明细账(不设"停工损失"账户单独核算停工损失的企业,本步骤可省略)。

三、在完工产品和在产品之间分配生产费用

经过上述费用的归集与分配过程,各成本核算对象应负担的生产费用已全部计入相关产品成本账户中。如当月产品全部完工,该种产品所归集的生产费用即为完工产品成本;如果全部产品未完工,则为期末在产品成本;如果既有完工产品又有期末在产品,则其所承担的产品生产费用应采用一定的分配方法在完工产品和在产品之间进行分配,以确定本期完工产品实

际总成本和单位成本,并将完工验收入库的完工产品成本从"基本生产成本"账户结转至"库存商品"账户。实际上,本步骤就是前面所讲的划分完工产品和期末在产品的费用界限。

产品生产费用在完工产品和期末在产品之间进行分配需要注意以下问题:一是分配的费用数额是该对象承担的全部产品生产费用的合计数,即期初在产品成本加上本期发生的产品生产费用;二是企业应当根据产品的生产特点(如在产品数量的多少,在产品各月变化的大小,各项费用在成本中所占的比重等)考虑成本管理的要求与现实条件,选择既合理又简便的分配方法,在完工产品和在产品之间进行分配。

从上述内容中可见,产品成本核算的一般程序就是生产费用不断归集和分配的过程,也是不断划分几个费用界限的过程。其账务处理程序如图2.1所示。

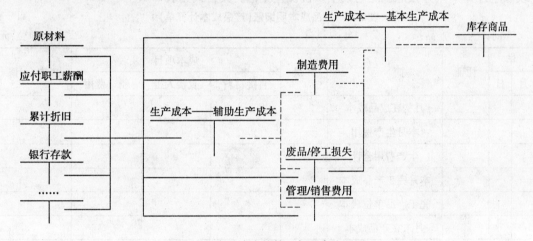

图2.1 产品成本核算一般程序流程图

第三节 成本核算的主要会计账户

为了满足企业成本核算的需要,反映和监督企业生产经营过程中发生的各项成本费用,必须设置有关成本费用账户,建立完整的成本核算账户体系。工业企业一般设置"生产成本"、"制造费用"、"管理费用"、"销售费用"等成本费用类账户。此外,企业如果单独核算废品损失和停工损失,还可增设"废品损失"和"停工损失"账户。

一、"生产成本"账户

为了核算产品成本,要设置"生产成本"账户。"生产成本"账户核算企业进行工业性生产发生的各项生产成本,包括生产各种产品(产成品、自制半成品等)、自制材料、自制工具、自制设备等。根据企业成本管理需要，为了分别核算基本生产成本和辅助生产成本，可在本总分类账户下分别设置"基本生产成本"和"辅助生产成本"两个二级账户进行明细核算。

（一）"基本生产成本"账户

"生产成本——基本生产成本"账户是用以核算在生产过程中发生的各种生产费用，计算产品成本的成本计算类账户。本账户借方登记企业从事基本生产活动的生产单位(车间、分厂)所发生的各种耗费，贷方登记结转记入"库存商品"账户的基本生产完工产品成本。本账户的期末借方余额反映基本生产单位期末尚未完工的在产品成本。基本生产成本应当分别按照基本生产车间和成本核算对象(产品的品种、类别、订单、批别、生产阶段等)设置明细账（或成本计算单），并按照规定的成本项目设置专栏。其格式见表2.1。

表2.1 产品成本明细账(产品成本计算单)

车间：　　　产品：　　　　　　　　　　　　　　　　　　　　　　　　　单位：元

年		凭证	摘　要	产量	成本项目			成本合计
月	日				直接材料	直接人工	制造费用	
			月初在成品成本					
			本月生产费用					
			生产费用合计					
			本月完工产品成本					
			完工产品单位成本					
			月末在产品成本					

（二）"辅助生产成本"账户

"生产成本——辅助生产成本"账户属于成本计算类账户，用来核算辅助生产车间为基本生产车间、其他辅助生产车间、企业管理部门和其他受益部门提供产品和劳务所发生的各项生产费用。本账户借方登记企业从事辅助生产活动的单位(车间、分厂)所发生的各项费用，贷方登记结转辅助生产单位完工入库产品的成本或期末按一定分配标准分配转出给各收益对象的劳务费用。本账户结转后一般无余额。如期末有借方余额，则表示辅助生产在产品的成本。本账户应按辅助生产车间、生产产品品种或劳务设置多栏式明细账，明细账户内按费用项目分设专栏进行明细登记。

二、"制造费用"账户

"制造费用"账户用来核算企业生产车间(部门)为生产产品和提供劳务而发生的各项间接费用。本账户借方登记企业各个生产单位(车间、分厂)为组织和管理产品生产、提供劳务所发生的各项间接费用；贷方登记月末分配结转计入产品成本的制造费用。除季节性生产企业外,期末一般无余额。为了适应企业管理的要求,"制造费用"账户可按生产车间、部门设置多栏式明细账,进行明细核算。明细账户内按费用项目分设专栏,但辅助生产单位一般不单独设置"制造费用"账户,发生的制造费用全部计入"辅助生产成本"账户内。

三、"废品损失"账户

当企业需要单独核算废品损失和停工损失时,就需设置"废品损失"和"停工损失"账户。其明细账应按车间等部门设置。

"废品损失"账户核算企业因各种原因形成废品而造成的损失。一般应按产品品种和成本项目登记废品损失的详细情况。账户借方登记企业发生的不可修复废品的生产成本和可修复废品的修复费用;贷方登记应从废品成本中扣除回收废料的价值、赔款和计入产品制造成本的废品净损失。期末一般无余额。

四、"停工损失"账户

"停工损失"账户核算企业因计划减产、停电、待料、设备故障等引起停产,在停工期间内(非季节性停工期间)发生的各项费用,包括停工期内支付的直接人工费用和应负担的制造费用。该账户的借方登记企业发生的各项停工损失费用,贷方登记应收的各项赔款及结转到营业外支出账户和生产成本账户的停工净损失,期末一般无余额。

为了核算期间费用,企业还可以分别设立"销售费用"、"管理费用"等账户。

第四节 费 用 分 类

费用是指一定时期内企业在生产经营过程中所发生的各种耗费的货币表现。企业生产经营中发生的各项耗费的性质和用途的多样化,决定了费用具有多样性的特点。为了正确核算生产费用,满足成本管理的要求,必须对生产费用进行合理的分类。

一、费用按经济内容分类

企业在生产经营过程中发生的费用,按经济内容(或性质)所作的分类,称为费用要素。其不外乎是劳动对象、劳动手段和活劳动中必要劳动消耗等三方面的费用。前两者为物化劳动耗费,即物质消耗;后者为活劳动耗费,即非物质消耗。为了具体反映各种费用的构成和水平,还应在此基础上,将其进一步划分为以下几方面的费用要素。

(一)外购材料

外购材料是指企业为进行生产经营而耗费的一切从企业外部购入的原料及主要材料、半成品、辅助材料、包装物、修理用备件、低值易耗品等。

（二）外购燃料

外购燃料是指企业为进行生产经营而耗用的一切由企业外部购进的各种燃料，包括固体燃料、液体燃料和气体燃料。外购燃料与外购材料从性质上看是相同的，可归为一类。但由于在许多企业中，燃料是重要的能源，在成本中所占的比重较大，故将其单独列为一类进行核算。

（三）外购动力

外购动力是指企业为进行生产经营而耗用的一切由企业外部购进的各种动力，如电力、热力和蒸汽等。

（四）职工薪酬

职工薪酬是指企业为进行生产经营而发生且应计入产品成本和期间费用的与劳务有关的各项支出。

（五）折旧费用

折旧费用是指企业按照规定的固定资产折旧方法对使用的各项固定资产提取的折旧费用。出租固定资产的折旧费不包括在内，以免重复统计。

（六）利息支出

利息支出是指企业应计入财务费用的借入款项的利息支出抵减利息收入后的净额。

（七）税金

税金是指企业计入管理费用的各种税金，如印花税、房产税、车船使用税、土地使用税等。

（八）其他支出

其他支出指不属于以上各项费用要素但应计入产品成本或期间费用的费用支出，如差旅费、租赁费、设计制图费、邮电费、外部加工费以及保险费等。

生产费用按经济内容划分，将同一性质的费用按生产费用发生时的原始形态归集于同一要素之内，说明企业在生产过程中消耗了哪些性质的费用，消耗了多少，可以了解生产费用的构成，有利于加强生产费用的核算和管理，为核定各项消耗定额和编制材料供应计划提供依据。这种分类所提供的物化劳动及活劳动的消耗数额，还可为计算工业净产值和国民收入提供资料。但是这种分类不能说明各项费用的经济用途，因而不便于分析各种费用支出是否合理，不能说明这些费用与企业成本之间的关系。

二、费用按经济用途分类

计入产品成本的生产费用在产品生产过程中的用途不尽相同。因此，为具体反映计入产品成本的生产费用的各种用途，还应将其进一步划分为若干项目，称为产品生产成本项目，简称成本项目。工业企业的成本项目可分为下列几项。

（一）直接材料

直接材料是指产品生产过程中直接用于产品生产、构成产品实体的各种原料、主要材料、辅助材料和外购半成品等。

（二）直接人工

直接人工是指在产品生产过程中直接从事产品生产的工人工资及按照一定比例所提的职工福利费等。

（三）燃料及动力

燃料及动力是指直接用于产品生产的各种燃料和动力费用。如企业生产经营耗用燃料和动力较少，可以将生产用燃料并入"直接材料"项目，将生产用动力并入"制造费用"项目中。

（四）制造费用

制造费用是指企业基本生产车间为生产产品和提供劳务而发生的各项间接费用，包括车间管理人员的工资和福利费、固定资产折旧费、修理费、经营租赁费、机物料消耗、低值易耗品摊销、取暖费、水电费、办公费、运输费、保险费、设计制图费、试验检验费、劳动保护费、季节性或修理期间的停工损失以及其他制造费用等。

生产费用按经济用途分类，有利于反映产品生产成本的具体构成以及产品消耗定额和费用预算的执行情况，便于进行成本分析和挖掘降低成本的潜力。对于以上成本项目，企业可根据实际生产特点和管理要求进行适当调整。如外部协作加工较多的产品，为了集中反映外部加工发生的费用，可增设"外部加工费"成本项目；采用分步法计算产品成本的企业，为了综合反映上一生产步骤加工发生的生产费用，可增设"自制半成品"成本项目；如果废品损失在管理上需要对其进行重点控制和考核，可单设"废品损失"成本项目，等等。企业设立的成本项目一经确定应不轻易变动，以便于进行成本比较和分析。

三、生产费用的其他分类

除了以上几种基本分类，为了正确地组织成本核算，生产费用还可以进行如下几种分类。

（一）按计入产品成本的方法分类

各项生产费用按计入产品成本的方法，可以分为直接计入费用和间接计入费用。

(1) 直接计入费用简称直接费用，是指能明确归属于某一特定成本核算对象，因而可以直接计入某种成本核算对象的费用。如某种产品单独领用生产的材料、生产工人的计件工资等。

(2) 间接计入费用简称间接费用，是指不能明确归属于某一特定成本核算对象，而必须先按地点或用途进行归集，然后按照一定标准分配间接计入成本核算对象的费用。如制造费用应先按车间归集，然后按照一定标准分配给本车间各种产品承担。

将生产费用按计入产品成本的方法分为直接费用和间接费用,是成本核算的重要问题。直接费用可以根据原始凭证直接计入该种产品的成本;而间接费用,则要选择合理的分配标准分配计入。间接费用分配标准选择是否妥当,直接影响成本核算的正确性。

(二) 按与生产工艺的关系分类

计入产品成本的各项生产费用,按与生产工艺的关系,可以分为直接生产费用和间接生产费用。直接生产费用是指与产品生产工艺直接相关的各项生产费用,如产品生产过程中直接耗用的原材料、生产工人工资和机器设备折旧费等。间接生产费用是指与生产工艺没有直接联系的各项生产费用,如机物料消耗、辅助生产工人工资和车间厂房折旧费等。

直接生产费用在多数情况下是直接计入费用的,如原材料费用大多能够直接计入某种产品成本;间接生产费用则大多是间接计入费用的,例如机物料消耗往往需要按照一定标准分配计入有关的各种产品成本。但直接生产费用与直接计入费用,间接生产费用与间接计入费用也不能完全等同。如在只生产一种产品的企业或车间中,直接生产费用和间接生产费用都可以直接计入这种产品的成本中,因而均属于直接计入费用;又如在用同一种原材料,同时生产出几种产品的联产品生产企业或车间中,直接生产费用和间接生产费用均需要按照一定标准分配计入有关的各种产品成本,因而都是间接计入费用。

四、期间费用的分类

工业企业的期间费用是指企业在生产经营过程不能直接归属于某个特定成本核算对象,发生的与产品生产活动没有直接关系,属于某一时期耗用的费用。期间费用按一定期间(月份、季度、年度)进行汇总,直接计入当期损益。工业企业的期间费用包括管理费用、财务费用和销售费用。

(一) 管理费用

"管理费用"账户用以核算企业为组织和管理企业生产经营所发生的管理费用,包括企业在筹建期间内发生的开办费、董事会和行政管理部门在企业的经营管理中发生的或者应由企业统一负担的公司经费(包括行政管理部门职工工资及福利费、物料消耗、低值易耗品摊销、办公费和差旅费等)、工会经费、董事会费(包括董事会成员津贴、会议费和差旅费等)、聘请中介机构费、咨询费(含顾问费)、诉讼费、业务招待费、房产税、车船使用税、土地使用税、印花税、技术转让费、矿产资源补偿费、研究费用、排污费等。

商品流通企业管理费用不多的,可不设置本科目,核算内容可并入"销售费用"科目核算。企业生产车间(部门)和行政管理部门等发生的固定资产修理费用等后续支出,也在本科目核算。"管理费用"账户借方登记企业发生的各项管理费用,贷方登记已结转到"本年利润"账户的管理费用数额,期末无余额。该账户按费用项目设置明细账,进行明细核算。

(二) 财务费用

"财务费用"账户用以核算企业为筹集生产经营所需资金等而发生的筹资费用,包括利息支出(减利息收入)、汇兑损益以及相关的手续费、企业发生的现金折扣或收到的现金折扣等。

"财务费用"账户借方登记企业发生的利息支出、汇兑损失和金融机构手续费等各项财务费用,贷方登记企业取得的利息收入、汇兑收益和结转到本年利润中的财务费用数额,结转后期末无余额。"财务费用"科目应按费用项目设置明细账,进行明细核算。

(三) 销售费用

"销售费用"账户用以核算企业销售商品和材料、提供劳务的过程中发生的各种费用,包括保险费、包装费、展览费和广告费、商品维修费、预计产品质量保证损失、运输费、装卸费等以及为销售本企业商品而专设的销售机构(含销售网点、售后服务网点等)的职工薪酬、业务费、折旧费等经营费用。企业发生的与专设销售机构相关的固定资产修理费用等后续支出,也在本科目核算。

"销售费用"科目的明细分类账,应按费用项目设置专栏,进行明细登记。企业实际发生的各项销售费用计入"销售费用"账户的借方;期末结转到"本年利润"账户的销售费用计入该账户的贷方,结转后本科目无余额。

期间费用的分类明确了相关费用应直接计入当期损益,不列入产品生产成本中。这有助于降低会计核算的工作量,并且避免未出售的库存产品负担期间费用而产生虚假利润的问题,同时便于企业生产经营单位的成本预测、决策和考核。

【案例2.1】 企业成本核算的账户设置及一般程序。

应届大学生小陈2011年7月应聘到北兴重工公司成为一名成本会计人员。上班伊始,财务部张经理向小陈介绍了公司的基本情况及成本核算现状:

北兴重工的主营业务是生产重型机械,在同行业中属于迅速崛起的后起之秀,发展态势良好。北兴重工公司设有6个基本生产车间,分别生产重型机械的各种零部件以及零部件的组装;另外,还设有3个辅助生产车间,为基本生产车间及其他部门提供劳务。该公司财务部现有专职成本会计人员6人,各个生产车间还配有成本记录人员。厂部和车间分别设置有关的成本费用明细账进行核算。

张经理希望小陈能够尽快熟悉公司的业务流程,进入成本会计工作角色,并思考如下几个问题:

(1) 企业的成本核算应考虑哪些方面?
(2) 车间和厂部应设置哪些成本总账和明细账?
(3) 成本费用应按什么程序进行归集和分配?
(4) 为企业已有的成本核算模式提出哪些完善建议?

小陈对企业的情况进行调查后,向刘科长提出了自己的意见:

（1）根据调查,公司应关注的成本核算内容包括材料成本核算、人工成本核算、费用核算、产品成本核算等。其中材料成本核算包括由公司负责的一些材料费用的归集和分配,通过将各仓库交来的各车间领用材料的凭证进行审核,然后,将其分配由各车间、部门负担。同时,应与材料供应部门密切合作,做好材料的采购、发放等工作;人工成本核算主要负责计算职工的应付工资金额,并按工资费用的发生地点和用途,分配于不同的车间和部门;费用核算应主要负责核算公司管理费用、销售费用以及各车间发生的一些管理费用,应注重日常审核;产品成本核算包括各种费用的归集、分配,以及完工产品和在产品成本的核算等。产品成本核算对于人员素质要求较高。

（2）在公司方面,应设置的账簿主要有"公司基本生产成本明细账"、"公司辅助生产成本明细账"、"公司制造费用明细账"、"公司产品成本汇总计算表"、"管理费用明细账"、"销售费用明细账"、"财务费用明细账",以及"生产成本"总账、"制造费用"总账、"库存商品"总账、"管理费用"总账、"销售费用"总账和"财务费用"总账等;在基本生产车间应设置的账簿主要包括"车间基本生产成本明细账"、分产品设置的"产品成本明细账（产品成本计算单）"、"制造费用明细账"等。辅助生产车间应根据具体情况,设置"车间辅助生产成本明细账"。

（3）成本核算的程序应包括:①应进行各种要素费用的汇集和分配;②分配辅助生产费用;③分配基本生产车间的制造费用;④将生产费用在完工产品和在产品之间进行分配,计算出完工产品和在产品的成本。

（4）小陈对本公司的成本核算工作提出了如下建议:

首先,企业可适当引入先进的成本核算方法。为提供更加准确的成本信息,可采用作业成本制度,制造费用的分配标准可考虑其他的因素如机器工时、定额工时等。

其次,应考虑采用标准成本制度。标准成本制度代替实际成本核算体制,可以将成本核算与成本控制、成本考核和成本分析有机地结合起来。

第三,督促成本会计人员更好地深入了解企业的生产情况。建议公司组织会计人员特别是成本会计人员实地考察企业产品的生产过程,与企业的技术人员进行全方位沟通,并保证成本会计人员在各生产部门的轮岗制度。

同时,小陈也表示,由于自己对企业的情况还缺乏了解,自身的知识水平也有限,上述意见仅供参考,尚需完善。

本章小结

产品成本核算应符合算管结合、算为管用的各项基本要求,应该正确划分各种费用的界限。为了满足企业成本核算的需要,工业企业一般设置"生产成本"、"制造费用"、"管理费用"、"销售费用"等成本费用类账户。此外,企业如果单独核算废品损失和停工损失,还可增设"废品损失"和"停工损失"账户。产品成本核算的过程就是生产费用的归集和分配的过程。产品成本核算的一般程序是:确定成本核算对象;在各成本核算对象之间归集和分配生产费用;在完工产品和在产品之间分配生产费用。对于成本核算程序,在进行成本核算时要依照企业的实际情况,合理组织,有效进行,从而为企业管理提供更好的服务。

自 测 题

一、思考题

1. 为保证成本核算资料的正确性,成本核算应满足哪些要求?
2. 正确计算产品成本应该划清哪些费用界限?
3. 正确计算产品成本应该做好哪些基础工作?
4. 产品成本核算应当设置哪些账户?这些账户如何归集生产费用?
5. 什么是费用要素?什么是成本项目?费用要素和成本项目各包括哪些内容?
6. 生产费用按计入产品成本的方法可分为哪些类别?按与生产工艺的关系分类可分为哪些类别?两种分类方法的联系与区别是什么?

二、案例题

某企业基本生产车间生产A、B、C三种产品,共计生产工时30 000小时,其中:A产品5 000小时,B产品10 000小时,C产品15 000小时。

该企业本月发生各种间接费用如下:

1. 企业行政管理人员工资24 000元。
2. 车间管理人员工资30 000元。
3. 车间产品生产消耗材料40 000元。
4. 车间固定资产折旧费16 000元。
5. 销售机构保险费5 000元。
6. 企业向银行借款的利息支出7 000元。
7. 辅助生产成本(修理、运输费)转入15 000元。
8. 生产车间办公费、水电费、邮电费及其他支出等共计19 000元。

要求:说明上述资料中哪些支出可以计入产品成本。

Chapter 3

生产费用在各种产品之间的分配和期间费用的核算

【学习要点及目标】

本章主要阐述企业生产经营过程中,生产费用在各种产品之间如何进行归集和分配,以及期间费用如何进行核算的问题。通过本章学习,学生应熟练掌握材料费用、工资费用、外购动力费用等生产要素费用计入产品成本的程序及账务处理过程;掌握辅助生产费用核算的账户设置和账务处理,熟悉辅助生产费用分配的主要方法及其优缺点;明确制造费用的内容,掌握制造费用分配的各种方法及其适用条件;理解损失性费用的含义,掌握可修复和不可修复废品损失的核算方法及账务处理过程;了解停工损失的会计核算过程;熟悉期间费用核算的方法。

【引导案例】

成本分配是生活中不可回避的一个问题,辛迪·蔡斯在落基山上滑雪摔伤了一条腿后,终于发现了一个事实。在丹佛大学医院的4天中,她花了10 000多美元。辛迪有健康保险,但她仍对4天花了10 000美元感到不可理解,而原因就在于成本分配。

账单上一个引起辛迪注意的项目是价值17美元的一夸脱(1夸脱=1.136 5升)蒸馏水。她发现它的直接成本只有3.4美元,直接成本之外的杂费为13.60美元(4倍于直接成本),丹佛大学医院的工作人员向她提供了这13.60美元的细目:

医院蒸馏水管理人员的工资与设备:$4.25

非业务保险,教学与管理费:$3.40

治疗未保险病人的成本:$5.10

利润:$0.85

合计:$13.60

丹佛大学医院治疗未保险病人的这5.10美元意味着蔡斯补贴了那些未保险的病人。一位丹佛大学医院的管理人员承认这种成本分配存在着交叉补贴。他解释说:"我们把某些照顾未保险病人的成本转嫁到那些有保险或不必自己付款的人身上,没有人喜欢那样,但系统多年来一直是这么做的。"看来,丹佛大学医院是以承受能力作为成本分配标准的。对此,你是怎么想的呢?

第一节　生产费用要素的归集和分配

一、材料费用的归集和分配

(一) 材料的分类

材料是企业生产加工的劳动对象,是产品生产中不可少的物质要素。工业企业的材料品种繁多,规格复杂,收发频繁,为了便于管理与核算,相对准确地计算产品成本,必须对材料进行科学的分类。

材料按其在生产经营过程中的作用不同,可分为以下几类:

1. 原料及主要材料

原料及主要材料指经过生产加工后构成产品实体或主要成分的各种原料和材料。如在加工企业中,炼铁用的铁矿石,纺纱用的原棉,炼油用的原油,制造机器用的钢材等,在化学工业中,经过化学变化后形成产品主要成分的各种原料和材料,如氯碱工业生产烧碱用的食盐,化肥工业生产合成氨用的煤、焦炭等。企业如有外购半成品,作为进一步加工用的,就其性质看与原材料一样,也是用来加工生产以构成产品实体或主要成分的劳动对象,因而也可列入本类。

2. 辅助材料

辅助材料指直接用于生产过程,有助于产品的形成或为产品生产创造正常的劳动条件,但不构成产品主要实体的各种材料,如漂染用的漂白剂、染料,防腐用的油漆,化学反应中用到的各种触媒、催化剂,维护机器用的润滑油、防锈剂,清洁用的扫帚、抹布,照明用的电灯泡等。

3. 燃料

燃料指在生产过程中用来燃烧发热的各种燃料,包括固体燃料、液体燃料和气体燃料,如煤、汽油、天然气等。

4. 修理用备件

修理用备件指为修理本企业的机器设备和运输设备等所专用的各种备品配件,如齿轮、阀门、轴承等。

5. 包装物

包装物指为包装本企业产品,并准备随同产品一起出售的,或者在销售过程中租借给购货单位使用的各种包装用的物品,如桶、箱、坛、袋、瓶等。

6. 低值易耗品

低值易耗品指单位价值较低，容易耗损的各种工具、管理用具、玻璃器皿以及劳保用品等。从性质上看，低值易耗品并不是劳动对象，而是劳动资料，但由于它不具备固定资产的条件，因而把它列为材料一类。

上述分类，是按照材料在生产过程中的作用来划分的，因而同一种材料在不同的企业中，就有可能划分在不同的类别中，当然也存在一种材料兼有多种用途，这时应按其主要用途进行分类。应指出，为了加强材料实物的管理，搞好成本核算工作的需要，各类材料还可以按其物理性能、技术特征、规格等标准作进一步分类。

（二）材料的发出

1. 发出材料数量的计算

材料消耗数量的计算主要有以下两种方法。

（1）永续盘存制。永续盘存制又称连续记录法，是指每次收入、发出材料时都要根据有关收发材料的原始凭证将材料收入和发出的数量逐笔登入材料明细账，材料消耗的数量是根据发出材料的原始凭证加以确定的，在材料明细账中能随时计算出材料的结存数量。采用这一方法计算材料消耗数量，要求企业要建立健全原始记录和计量验收制度，严格收发凭证手续。这种方法计算的结果比较准确，但工作量相对较大。

为了正确计算发出材料的价值和产品成本中的材料费用，领发材料必须严格办理凭证手续，生产领用材料要办理的凭证手续一般有"领料单"、"限额领料单"、"领料登记表"等。

1）领料单。领料单是一种一次使用的领发料凭证，由领料单位填制，经负责人签单后，据以办理领发材料。其格式见表3.1。

表3.1 领料单

领料单位：　　　　用途：　　　　日期：　　　　发料仓库：

材料编号	材料类别	名称	规格	计量单位	数量		成本	
					请领	实发	单价	金额

发料人：　　　　领料人：　　　　领料单位负责人：　　　　主管：

2）限额领料单。限额领料单是一种对指定的材料在规定领料限额内，多次使用的领发料凭证。限额使用领料单的格式见表3.2。

表3.2 限额领料单

领料单位：
材料名称：　　　　　　　发料仓库：
计划产量：　　　　　　　单位消耗定额：　　　　　　编号：

材料编号	材料名称	规格	计量单位	单价	领用限额	全月实用	
						数量	金额
领料日期	请领数量	实发数量	领料人签章	发料人签章	限额结余		
合计							

供应部门负责人：　　　　生产部门负责人：　　　　仓库管理员：

在工业企业中，这种领发凭证通常用于有消耗定额的材料领发。

3) 领料登记表。在工业企业中，有些材料（如螺丝、螺帽、垫圈等）的领发，次数多，数量零星，价值不高，为了简化手续，对这类材料平时领用时，可以不填制领料单，由领料人在领料登记表上登记领用数量并签单证明，据以办理发料，到月份终了，由仓库根据领料登记表按领料单位和用途汇总填制领料单，其格式见表3.3。

表3.3 领料登记表

材料类别：　　　　　　　　　　　　　　　　　　　领料单位：
材料编号：　　　　　　　　　　　　　　　　　　　发料仓库：
材料名称规格：　　　　　　　年　月　日　　　　　计量单位：

日　期	领用数量		发料人	领料人	备注
	当日	累计			
材料单价			合计金额		

应指出，凡已领但月末尚未耗用的材料，都应当办理退料手续，以便如实反映材料的实际消耗，正确计算产品成本中的材料费用。如果余料下月份不再继续使用，应填制退料单（或用红字填制领料单）连同材料退回仓库，如果余料下个月份需继续使用的，则应办理假退料手续（即于本月底同时填制退料单和下月初的领料单），但材料不退回仓库，其退料单（格式见表3.4）和领料单要送交仓库办理转账。

表 3.4　退料单

年　　月　　日

退料单位：　　　　　　　　　　　　　　　　　退料单编号：
领料用途：　　　　　　　　　　　　　　　　　发料库号：

材料类别	材料编号	材料名称	材料规格	计量单位	退　料			退料原因
					数量	单价/元	金额/元	

仓库管理员(签章)　　　　　审批人(签章)　　　　　退料人(签章)

（2）实地盘存制。实地盘存制也称盘存计算法，是指每次材料出库时都不作记录，当期材料消耗量是通过期末实地盘点确定结存量后倒挤出来的。计算公式为

本期材料耗用量 = 期初结存材料数量 + 本期收入材料数量 - 期末结存材料数量

这种方法工作量小，但准确性相对较低。因为其所计算的材料耗用量，不一定都是真正用于生产消耗，比如发生盗窃、损坏、丢失等情况，也会将其计算在材料消耗中，显然不利于加强管理，堵塞漏洞。因此，企业一般不采用这种方法计算材料消耗量，它只适用于一些价值低、品种杂、领发频繁或不便于随时办理领料手续的大宗材料所采用，如基建用的砂石、露天堆放的煤炭等。

2. 发出材料金额的计算

企业消耗材料的计价方法有两种，既可以采用实际成本计价，也可以采用计划成本计价。

（1）按实际成本计价的消耗材料核算。按实际成本计价进行材料核算时，不管是材料的总账还是明细账都要按实际成本计价。但是尽管是同一品种、同一规格的材料都可能因为购入的时间和地点不同，其实际购进价格也可能不一致，由此就产生了消耗材料按什么价格来计算的问题。在实际工作中，发出材料实际成本的计价方法主要有以下几种。

1）个别计价法。它是指在每次发出材料时都要查明发出材料的实际采购成本，并以之作为计算发出材料成本的价格标准。用这种方法计算发出材料的成本，结果比较合理、准确，但工作量较大，实际操作的难度也较大。因为使用这种方法要求：一是必须对每一种材料的具体情况都要进行详细记录；二是材料项目必须是可以辨别和认定的。这种方法一般只适用于单位价值较高、数量较少、进货次数少并能分清批次的材料价格计算。其计算公式为

发出材料成本 = 发出材料数量 × 该批(件)材料购进单价

2）先进先出法。这是一种以假定先购进的材料先发出为前提，日常发出的材料，要按先购入的各批材料的实际价格来计算成本。具体做法是：先按第一批入库材料的单价计算发出材料成本，领发完毕后，再按第二批入库材料的单价计算，以此类推。这种方法的优点是，对发出材料，随时可以计价核算，及时掌握收、发动态；但如果收发业务频繁，单价又经常变动，其计

算工作量相对就比较大。同时,当物价上涨时,采用这种方法,会高估企业当期利润和库存材料的价值;反之,会低估企业当期利润和库存材料的价值。

3) 加权平均法(移动加权平均法和月末一次加权平均法)。这是以本期入库和期初结存材料的数量为权数计算出材料的平均单价,并以之作为计算本期发出材料和期末结存材料成本的依据。计算公式为

$$加权平均单价 = \frac{期初材料成本 + 本期收入材料成本}{期初材料数量 + 本期收入材料数量}$$

$$本期发出实际成本 = 本期发出材料数量 \times 加权平均单价$$

$$期末结存材料成本 = 期末结存材料数量 \times 加权平均单价$$

【例3.1】 立德公司材料收发情况见表3.5。

计算发出材料的实际成本。

方法一:先进先出法。

发出材料实际成本 = $4\,000 \times 2.00 + (1\,000 \times 2.00 + 2\,000 \times 2.10) = 14\,200(元)$

方法二:全月加权平均法。

$$加权平均单价 = \frac{5\,000 \times 2.0 + 3\,000 \times 2.1 + 2\,000 \times 2.2 + 4\,000 \times 2.0}{5\,000 + 3\,000 + 2\,000 + 4\,000} = 2.05(元)$$

发出材料实际成本 = $(4\,000 + 3\,000) \times 2.05 = 14\,350(元)$

表3.5 立德公司材料收发情况表

2009年		摘要	凭证编号	入库			出库			结存		
月	日			数量	单价	金额	数量	单价	金额	数量	单价	金额
3	1	期初结存	略							5 000	2.00	10 000
	5	购入		3 000	2.10	6 300				8 000		
	8	发出					4 000			4 000		
	15	购入		2 000	2.20	4 400				6 000		
	22	发出					3 000			3 000		
	29	购入		4 000	2.00	8 000				7 000		
	31	合计		9 000			7 000			7 000		

上述几种方法,企业可根据实际情况选择使用。各企业对于性质相同和用途相似的材料,应当采用相同的成本计算方法,对于不同的材料可以采用不同的计价方法。材料成本计算方法一经确定,就不得随意变更。确实需要变更的应按规定履行相关的审批和备案手续。同时企业对已确定的发出材料成本计算方法,还应当在会计报表附注中加以说明。

(2) 按计划成本计价的材料发出核算。企业采用计划成本计价组织材料日常核算时,材料的收发凭证、总分类核算与明细分类核算都要按照预先制定的计划成本进行登记。

为了核算材料采购的实际成本、计划成本和成本差异,调整发出材料的成本差异,计算发出和结存材料的实际成本,除了设置"原材料"科目外,还应设置"材料采购"和"材料成本差异"两个总账科目,并按材料类别分别设置所属明细账。

月末为了调整发出材料的成本差异,计算发出材料的实际成本,还必须根据"原材料"和"材料成本差异"科目计算材料成本差异率。其计算公式为

$$材料成本差异率 = \frac{月初结存材料成本差异 + 本月收入材料成本差异}{月初结存材料计划成本 + 本月收入材料计划成本} \times 100\%$$

发出材料应分摊的成本差异额 = 发出材料的计划成本 × 材料成本差异率

以上计算结果是正数表示超支差异,结果为负数则表示节约差异。

发出材料的实际成本 = 发出材料的计划成本 + 发出材料应分摊的成本差异额

【例3.2】 立德公司月初库存材料的计划成本为35 000元,实际成本为30 000元。本月收入材料的计划成本为100 000元,实际成本为101 004元。本月发出材料的计划成本为90 000元。计算本月发出材料的实际成本。

月初结存的材料成本差异 = 30 000 - 35 000 = - 5 000(元)

本月收入材料的成本差异 = 101 004 - 100 000 = 1 004(元)

$$本月材料成本差异率 = \frac{-5\ 000 + 1\ 004}{35\ 000 + 100\ 000} \times 100\% = -2.96\%$$

发出材料应分摊的成本差异额 = 90 000 × (- 2.96%) = - 2 664(元)

发出材料的实际成本 = 90 000 + (- 2 664) = 87 336(元)

(三) 材料费用的分配

企业在生产过程中耗费的材料,不论是自制还是外购,统称为材料费用,材料费用应按其用途进行分配。材料费用的分配有广义和狭义之分。广义的材料费用的分配是从整个企业的角度出发,不论是自制还是外购材料,其费用的分配都是根据审核后的领退料凭证,按照材料的具体用途进行的,其中直接用于产品生产的直接材料,应直接计入"基本生产成本"科目,同时计入"基本生产成本"明细账中的"原材料"或"直接材料"成本项目;间接用于产品生产的材料,应先计入"制造费用"科目,期末,同其他制造费用一同分配计入"制造费用"成本项目;用于组织和管理生产的材料费用,计入"管理费用"科目,同时,计入"管理费用"明细账中的"材料"费用项目;用于产品销售的材料费用,应计入"营业费用"科目,同时,计入"营业费用"明细账中的"材料"费用项目;还有其他如用于建造固定资产的材料费用,计入"在建工程"支出;福利部门领料计入福利费开支;其他用途领料计入其他业务支出等。

狭义材料费用的分配仅指直接材料费用在不同产品之间的分配。该分配往往发生于几种产品共同领料的情况,这是生产费用分配中的难题,因为要选择一定的分配标准将该费用分配

计入不同的产品成本。选择分配标准的主观性,将会影响到产品成本计算的正确性。所以,企业在生产中应尽量避免几种产品共同领料的情况,特别是材料费用比较大时。如果发生了共同领料的情况,在选择分配标准时,应注意选择分配标准的合理性。所谓合理性就是分配标准与生产费用之间具有直接或间接的因果关系。分配材料费用常见的分配标准有重量、体积、产品产量、定额耗用量、定额费用等。如果各种产品所共同耗用的材料与产品的重量、体积相关,也就是重量越重、体积越大的产品耗费的材料费用就越多,那么应按产品的重量、体积分配,如各种铁铸件、木制器、糖果类、食品类的产品都可采用该分配标准分配共同的材料费用。有些企业生产产品使用的辅助材料,如果与产品产量有关,也可采用产品产量进行分配。对于耗用在主要材料上的辅助材料,如电镀材料、油漆等,也可以按主要材料耗用比例或主要材料费用比例分配。如果各种产品所共同耗用的材料都有消耗定额,则可采用定额耗用量或定额费用为标准进行分配。下面以重量比例分配法、定额耗用量比例分配法和定额费用比例分配法为例说明共同耗用材料费用的分配。

1. 重量比例分配法

重量比例分配法是以各种产品的重量为标准来分配共同发生的材料(燃料)费用的一种方法。如果企业生产的几个产品共同消耗同种材料或燃料,而且消耗量的多少与产品重量又有直接联系的,就可以选用重量分配法。

(1) 计算步骤。

第一步,计算各种产品重量之和。

第二步,计算材料费用分配率。

第三步,计算某产品应分配材料费用。

(2) 计算公式。

$$各产品重量之和 = A 产品重量 + B 产品重量 + \cdots\cdots$$

$$直接材料费用分配率 = \frac{各种产品共同耗用的材料费用}{各种产品重量之和}$$

$$某产品应分配材料费用 = 该产品总重量 \times 直接材料费用分配率$$

【例3.3】 立德公司生产 A、B 两种产品,根据材料领用汇总表,本月两种产品共同耗用甲材料 10 500 元,按产量记录 A、B 两种产品净重分别为 2 000 千克、1 500 千克,用重量分配法计算两种产品各应分摊多少材料费用。

$$直接材料分配率 = \frac{10\ 500}{2\ 000 + 1\ 500} = 3(元/千克)$$

$$A 产品应分配材料费用 = 2\ 000 \times 3 = 6\ 000(元)$$

$$B 产品应分配材料费用 = 1\ 500 \times 3 = 4\ 500(元)$$

重量分配法的分配标准是产品的重量,如果分配标准换为产品产量或产品面积、体积时,其计算方法可称为产量分配法、体积分配法等。其计算公式、分配方法与重量分配法类似,故不再分别介绍。

2. 定额耗用量比例分配法

定额消耗量比例分配法是以各种产品消耗的材料定额为标准来分配材料费用的方法。这里所说的材料消耗定额,既可以是材料定额消耗量,也可以是材料定额费用成本,只是在计算时注意使用对应的分配标准。

(1) 计算步骤。

第一步,计算各种产品原材料定额消耗量(定额费用总成本)。

第二步,计算材料费用分配率。

第三步,计算某产品应分配材料费用。

(2) 计算公式。

各种产品原材料定额消耗量(定额费用成本) =
该产品实际产量 × 单位产品原材料消耗量定额(单位产品原材料费用定额)

$$直接材料分配率 = \frac{各种材料实际费用总额}{各种产品材料定额耗用量之和(定额费用之和)}$$

某产品应分配材料费用 = 该种产品原材料定额消耗量(定额费用) × 原材料分配率

【例3.4】 立德公司生产甲、乙两种产品,根据材料领用汇总表,本月两种产品共同耗用A材料4 050千克,每千克20元,计81 000元,本月投产甲产品100件,乙产品300件;甲、乙两种产品单位产品材料定额耗用量分别为9千克和6千克;甲、乙两种产品单位定额成本分别为180元和120元,分别采用定额消耗量比例分配法和定额费用成本分配法计算甲、乙两种产品各应摊多少材料费用。

① 定额消耗量比例分配法:

甲产品原材料定额消耗量 = 100 × 9 = 900(千克)

乙产品原材料定额消耗量 = 300 × 6 = 1 800(千克)

$$直接材料分配率 = \frac{81\ 000}{900 + 1\ 800} = 30(元/千克)$$

甲产品应分配材料费用 = 900 × 30 = 27 000(元)

乙产品应分配材料费用 = 1 800 × 30 = 54 000(元)

② 定额费用成本分配法:

甲产品原材料定额成本费用 = 100 × 180 = 18 000(元)

乙产品原材料定额成本费用 = 300 × 120 = 36 000(元)

$$直接材料分配率 = \frac{81\ 000}{18\ 000 + 36\ 000} = 1.5$$

甲产品应分配材料费用 = 18 000 × 1.5 = 27 000(元)

乙产品应分配材料费用 = 36 000 × 1.5 = 54 000(元)

直接用于产品生产,有助于产品形成的辅助材料,一般属于间接计入费用,应采用适当的分配方法进行分配以后,记入各种产品成本明细账的(直接材料)成本项目。对于耗用在原料和主要材料上的辅助材料费用,如油漆、染料、电镀材料等费用,应按照原料、主要材料耗用量的比例进行分配;对于与产品产量直接相关的辅助材料费用,如某些包装材料费用,可以按照产品产量进行分配。对于消耗定额比较准确的辅助材料,其费用也可以按照产品定额消耗量或定额费用的比例分配。

3. 定额费用比例分配法

定额费用比例分配法是指以定额费用作为分配标准的一种费用分配方法。其计算公式(为简便起见,假设成本计算对象是产品品种)为

某种产品的材料定额费用 = 该种产品的实际产量 × 单位产品的材料消耗定额材料的计划单价

材料费用分配率 = 实际消耗的材料费用总额 / 各种产品的材料定额费用之和

某种产品应分配的材料费用 = 该种产品的材料定额费用 × 材料费用分配率

【例3.5】 立德公司某月甲、乙两种产品共同耗用B材料60 000元。甲产品单耗2千克,产量1 000件。乙产品单耗定额为4千克,产量2 000件。每千克B材料的计划成本为10元。要求:按定额耗用量比例法分配B材料费用,并编制有关会计分录。

根据上述资料,分配计算如下:

甲产品的材料定额费用 = 1 000 × 2 × 10 = 20 000(元)

乙产品的材料定额费用 = 2 000 × 4 × 10 = 80 000(元)

B材料费用分配率 = 60 000 ÷ (20 000 + 80 000) = 0.6

甲产品应分配的材料费用 = 20 000 × 0.6 = 12 000(元)

乙产品应分配的材料费用 = 80 000 × 0.6 = 48 000(元)

根据材料费用的分配结果,编制会计分录如下:

借:基本生产成本——甲产品　　　　　　　　　　　　　　　　　　12 000
　　　　　　　　——乙产品　　　　　　　　　　　　　　　　　　48 000
　贷:原材料——B材料　　　　　　　　　　　　　　　　　　　　60 000

二、职工薪酬的归集和分配

(一)职工薪酬的组成内容

职工是指与企业订立正式劳动合同的所有人员,含全职、兼职和临时职工,也包括虽未与企业订立正式劳动合同,但由企业正式任命的人员,如董事会、监事会和内部审计委员会成员等;在企业的计划、领导和控制下,虽未与企业订立正式劳动合同或未由其正式任命,但为企业提供与职工类似服务的人员,如劳务用工合同人员。

职工薪酬是指企业为获得职工提供的服务而给予各种形式的报酬以及其他相关支出,包括为职工在职和离职后提供给职工的全部货币性和非货币性薪酬,提供给职工本人、配偶、子

女或其他被赡养人的福利等。具体包括以下八项：

1. 职工工资、奖金、津贴和补贴

工资作为企业支付给职工的劳动报酬，是企业使用职工的知识、技能、时间和精力而给予的一种补偿或报酬。按照国家有关规定，工资主要由计件工资、计时工资、奖金、津贴、补贴、加班加点工资和特种情况下的工资组成。企业应按劳动工资制度的规定，根据考勤记录、产量记录、工资标准、工资等级等，编制"工资单"，计算各种工资。该项又可以统称为工资。

2. 职工福利费

职工福利费是企业准备用于企业职工福利方面的资金，按职工工资总额的一定比例（14%）从费用中提取，主要用于职工个人福利，比如支付职工医疗费、生活困难补助等。

3. 社会保险费

社会保险费是指企业按照国家规定的基准和比例计算，向社会保险经办机构缴纳的医疗保险费、养老保险费、失业保险费、工伤保险费和生育保险费等。

4. 住房公积金

住房公积金是指企业按照国家《住房公积金管理条例》所规定的基准和比例计算，向住房公积金管理机构缴存的住房公积金。

5. 工会经费和职工教育经费

工会经费和职工教育经费是指企业为了改善职工文化生活、提高职工业务素质用于工会活动和职工教育及职业技能培训，根据国家规定的基准和比例，从成本费用中提取的金额。

6. 非货币性福利

非货币性福利包括企业以自产产品发放给职工作为福利，将企业的资产无偿提供给职工使用，为职工无偿提供医疗保健服务等。

7. 因解除与职工的劳动关系给予的补偿

解除劳动关系的补偿，即辞退福利，包括以下两种情况：一是职工劳动合同到期前，不论职工本人是否愿意，企业决定解除与职工的劳动关系而给予的补偿；二是职工劳动合同到期前，为鼓励职工自愿接受裁减而给予的补偿，职工有权选择继续在职或接受补偿离职。辞退福利通常采取在解除劳动关系时一次性支付补偿的方式，也有通过提高退休后养老金或其他离职后福利的标准，或者将职工工资支付至辞退后未来某一期间的方式。

8. 其他与获得职工提供的服务相关的支出

（二）工资费用的归集和分配

1. 工资总额的组成

工资总额是企业在一定时期内直接支付给本单位全体员工的劳动报酬总额。根据国家有关规定，工资总额由以下六个方面组成。

（1）计时工资。计时工资是根据计时工资标准（含地区生活补贴）和工作时间支付给职工个人的劳动报酬。这里的工资标准也称工资率，是指单位工作时间（如每小时、每天等）各等级职工的标准工资额。

计时工资包括：① 对已做工作按计时工资标准支付的工资；② 实行结构工资制的单位支付给职工的基础工资和职务（岗位）工资；③ 新参加工作职工的见习工资（学徒工的生活费）；④ 运动员的体育津贴。

（2）计件工资。计件工资是根据职工完成的工作量和预先规定的计件单价计算的工资。计件工资分为个人计件工资和集体计件工资两种。

计件工资包括：① 在实行超额累进计件、直接无限计件、限额计件和超定额计件等工资制度下，按照有关部门核准定额和计件单价支付给职工个人的工资；② 按工作任务包干方法支付给职工个人的工资；③ 按营业额提成或利润提成办法支付给职工个人的工资。

由于集体生产或连续操作，不能够按个人计算工作量的，也可以按参加工作的集体（一般为班组）计算；支付集体计件工资还应在集体成员内部按照每一个职工提供的劳动数量和质量进行分配。

（3）奖金。奖金是支付给职工的超额劳动报酬和增收节支的劳动报酬，包括生产奖、节约奖、劳动竞赛奖、机关及事业单位的奖励工资、其他奖金等。

（4）津贴和补贴。津贴和补贴是指为了补偿职工特殊或额外的劳动消耗和因其他特殊原因支付给职工的津贴，以及为了保证职工工资水平不受物价影响支付给职工的津贴和补贴，如高温津贴、夜班津贴、高空作业津贴、物价补贴等。

（5）加班加点工资。加班加点工资是指按国家规定支付给职工在法定工作时间以外从事劳动的报酬。

（6）特殊情况下支付的工资。这是根据国家有关法规和企业规定，按计时工资标准，在职工工伤、病假、产假、计划生育假、婚丧假、探亲假、定期休假、学习等非工作时间支付的工资。

在进行工资费用核算时，应注意工资总额组成和非工资总额组成的界限。如根据国务院发布的有关规定，颁发的发明创造奖、自然科学奖、科学进步奖和支付的合理化建议奖、技术改进奖以及支付给运动员、教练员的奖金，有关劳动保险和职工福利方面的各项费用，有关离退休、退职人员待遇的各项支出，劳动保护的各项支出，出差伙食补助、误餐补助、调动人员待遇的各项支出，劳动合同制职工解除劳动合同时由企业支付的医疗补助、生活补助费，计划生育、独生子女补贴等项目均不属于工资总额范围。

2. 工资费用的计算

工资的计算是企业向职工支付和按用途分配工资费用的依据。由于企业的具体情况不同，所以不同企业采用的工资制度也不尽相同，最基本的工资制度有计时工资制度和计件工资制度两种。

（1）计时工资的计算。计时工资是根据考勤记录登记的职工出、缺勤日数，按职工个人工资标准计算的工资。工资标准由于计算的时间长短不同，主要有月薪制和日薪制两种。

1）月薪制。月薪制不论各月日历天数多少，每月的标准工资相同，只要职工当月出满勤，就可以得到固定的月标准工资。通常企业固定职工的计时工资采用这种方法计算。

月薪制下计时工资计算的两种方法如下：

① 按月标准工资扣除缺勤天数应扣工资额计算（减法）：

某职工本月应得计时工资 = 该职工月标准工资 − （缺勤天数 × 缺勤扣款比率）

② 按出勤天数直接计算（加法）：

某职工本月应得计时工资 = 该职工本月出勤天数 × 日标准工资率 + 缺勤天数 × 日标准工资缺勤扣款比率

上述公式中，日标准工资（日工资率）的计算有如下两种方法：

A. 按 30 天计算日工资率。按照这种方法计算日工资不论大月小月一律按 30 天计算。月内的星期天、法定假日视为出勤，照付工资。而缺勤期间的节假日也应视为缺勤，照扣工资。其计算公式为

$$日标准工资 = 月标准工资 \div 30$$

B. 按 20.83 天计算日工资率。这种方法首先按全年 365 天减去 104 个法定休息日和 11 个法定假日后的余额除以 12 个月所得商数，即 20.83 天。

$$(365 - 104 - 11) \div 12 \approx 20.83(天)$$

这种方法计算日工资率不论大小月一律按 20.83 天计算，月内的休息日和法定假日不付工资，缺勤期间的节假日也不扣工资。日工资率的计算公式为

$$日标准工资 = 月标准工资 \div 20.83$$

采用哪一种方法，由企业自行确定，确定以后，不应随意变动。

【例 3.6】　立德公司某工人的月工资标准为 840 元。10 月份 31 天，事假 4 天，病假 2 天，星期天休假 10 天，出勤 15 天。根据该工人的工龄，其病假工资按工资标准的 90% 计算。该工人病假和事假期间没有节假日。试计算该工人本月应得的工资。

① 按 30 天计算日工资率：

$$日工资率 = 840 \div 30 = 28(元)$$

按月标准工资扣除缺勤天数应扣工资额计算（减法）：

某职工本月应得计时工资 = 该职工月标准工资 − （事假天数 × 日标准工资） − （病假天数 × 日标准工资 × 病假扣款率） =

$$840 - 4 \times 28 - 2 \times 28 \times (1 - 90\%) =$$

$$840 - 112 - 5.6 = 722.4(元)$$

按出勤天数直接计算（加法）：

某职工本月应得标准工资 = 该职工本月出勤天数 × 日标准工资 + 病假天数 × 日标准工资 × （1 − 病假扣款率） =

$$28 \times (15 + 10) + 2 \times 28 \times 90\% = 700 + 50.4 = 750.4(元)$$

② 按 20.83 天计算日标准工资：

日标准工资 = 840 ÷ 20.83 ≈ 40.33(元)

按月标准工资扣除缺勤天数应扣工资额计算(减法):

某职工本月应得计时工资 = 840 − 4 × 40.33 − 2 × 40.33 × 10% ≈ 670.61(元)

按出勤天数直接计算(加法):

某职工本月应得标准工资 = 15 × 40.33 + 2 × 40.33 × 90% ≈ 677.54(元)

2) 日薪制。日薪制是按职工出勤天数和日工资率计算各月的计时工资。由于各月的日历天数不同,职工满勤的天数也不相同,所以按本方法计算的职工全勤工资,各月份不是固定的。如有病假缺勤,均要按工龄长短支付一定比例的病假工资。计算公式为

应付计时工资 = 出勤天数 × 日工资率 + 病假工资

采用日薪制时,日工资率的计算与月薪制相同,但日薪制计算的应付计时工资,会因为各月的满勤天数与日工资率计算所采用的天数不同,从而使各月的满勤工资不一定相同,它可能高于、等于或低于月标准工资。因此,在实际工作中,企业较少采用这种方法计算职工的计时工资,基本上是用于临时工计时工资的计算。

(2) 计件工资的计算。计件工资是根据产量凭证登记的个人或班组完成合格品数量和规定的计件单价而计算的工资。由于材料不合格造成的废品(料废),应照付工资;由于加工过失造成的废品(工废)不支付工资。计件工资的计算有个人计件工资和集体计件工资两种。

1) 个人计件工资的计算。

方法一:

应付计件工资 = $\sum$[(合格品数量 + 料废品数量) × 计件单价]

某种产品计件单价 = 生产单位产品所需的工时定额 × 该级别工人小时工资率

方法二:

应付计件工资 = 月生产各种产品定额工时之和 × 该工人小时工资率

【例3.7】 立德公司某工人加工甲产品500件,计件单价为2元,经检验合格产品480件,工废品9件,料废品11件。试计算其计件工资。

应付计件工资 = $\sum$[(合格品数量 + 料废品数量) × 计件单价]

应付计件工资 = (480 + 11) × 2 = 982(元)

【例3.8】 立德公司某六级工人加工甲、乙两种产品,甲产品单件工时定额为42分钟,乙产品单件工时定额为48分钟。六级工的小时工资率为4元。该工人加工甲产品600件、乙产品800件。求该工人应得的计件工资。

方法一:

应付计件工资 = $\sum$[(合格品数量 + 料废品数量) × 计件单价]

甲产品计件单价 = 42(分钟) ÷ 60 × 该级别工人小时工资率 = 0.7 × 4 = 2.8(元)

乙产品计件单价 = 48(分钟) ÷ 60 × 该级别工人小时工资率 = 0.8 × 4 = 3.2(元)

$$应付计件工资 = (加工甲产品产量 × 加工甲产品计件单价) +$$
$$(加工乙产品产量 × 加工乙产品计件单价) =$$
$$600 × 2.8 + 800 × 3.2 = 1\ 680 + 2\ 560 = 4\ 240(元)$$

方法二：

$$应付计件工资 = 月生产各种产品定额工时之和 × 该工人小时工资率 =$$
$$(600 × 42 ÷ 60 + 800 × 48 ÷ 60) × 4 = 4\ 240(元)$$

2) 集体计件工资的计算。集体计件工资是按生产小组(班组)为对象计算的计件工资。集体计件工资的计算方法与个人计件工资的计算基本相同。

集体计件工资还需在集体内部各工人之间按照贡献大小进行分配,常用的分配方法有两种。

① 以计时工资为分配标准。计算公式为

$$工资分配率 = \frac{小组计件工资总额}{小组计时工资总额}$$

$$个人应得计件工资 = 个人计时工资 × 工资分配率$$

【例3.9】 立德公司某生产小组集体完成若干生产任务,按一般计件工资的计算方法算出并取得集体工资5 950.2元。该小组由3个不同等级的工人组成,每个人的姓名、等级、日工资率、出勤天数资料见表3.6。

表3.6 小组计件工资分配表

工人姓名	等级	日工资率/元①	出勤天数②	分配标准 ③ = ① × ②	分配率 ④ = 5 950.2 ÷ 1 266	分配额/元 ⑤ = ③ × ④
黎静	6	20	25	500		2 350
赵杰	5	18	23	414		1 945.8
张涛	4	16	22	352		1 654.4
合计			70	1 266	4.7	5 950.2

② 以实际工作小时为分配标准。计算公式为

$$工资分配率 = \frac{小组计件工资总额}{小组实际工作小时合计}$$

$$个人应得计件工资 = 个人实际工作小时 × 工资分配率$$

仍以【例3.9】为例采用以实际工作小时为分配标准,计算个人应得计件工资,相关资料见表3.7。

表3.7　小组计件工资分配表

2009年×月×日

姓名	实际工作时间/小时 ①	分配率 ② = 5 950.2 ÷ 803	分配额/元 ③ = ① × ②
黎静	250		1 852.49
赵杰	283		2 097.01
张涛	270		2 000.70
合计	803	7.41	5 950.20

(3) 工资费用的分配。

1) 工资费用分配的依据。工资费用分配的依据是工资结算单和工资结算汇总表。表中含应付工资总额、代发款项、代扣款项、实发金额等资料。为了掌握整个企业工资结算和支付情况,还应根据各车间、部门的工资结算单等资料,编制整个企业工资结算单(工资结算汇总表),同时据以编制工资费用分配表(表3.8)。

表3.8　工资费用分配表

单位:立德公司　　　　　　　　2009年5月

应借科目		成本费用项目	直接计入/元	分配计入		工资费用合计/元
				生产工时/小时	分配金额/元	
基本生产成本	A产品	直接人工	30 000	10 000	17 500	47 500
	B产品	直接人工	20 000	9 000	15 750	35 750
	C产品	直接人工	35 000	15 000	26 250	61 250
	小计		85 000	34 000	59 500	144 500
辅助生产成本	供水	职工薪酬	4 500			4 500
	供电	职工薪酬	6 500			6 500
	小计		11 000			11 000
制造费用	一车间	职工薪酬	5 000			5 000
	二车间	职工薪酬	4 000			4 000
	小计		9 000			9 000
管理费用		职工薪酬	6 000			6 000

续表3.8

应借科目	成本费用项目	直接计入	分配计入		工资费用合计
			生产工时/小时	分配金额	
销售费用	职工薪酬	3 000			3 000
在建工程	直接人工	4 000			4 000
合　计		118 000		59 500	177 500

2) 工资费用分配的账务处理。工资费用应按工资的用途分别记入成本、费用账户。其中直接进行产品生产和辅助生产的生产工人工资，应分别记入"基本生产成本"和"辅助生产成本"账户的"直接人工"成本项目；车间管理人员工资记入"制造费用"账户；企业管理人员工资、销售人员工资、基本建设人员工资应分别记入"管理费用"、"销售费用"、"在建工程"等账户；医务及福利部门人员工资应记入"应付职工薪酬"账户中"职工福利"成本项目。根据表3.8工资费用分配表编制会计分录如下。

```
借：基本生产成本——A产品                47 500
            ——B产品                35 750
            ——C产品                61 250
    辅助生产成本——供水                 4 500
            ——供电                 6 500
    制造费用——一车间                   5 000
         ——二车间                   4 000
    管理费用                          6 000
    销售费用                          3 000
    在建工程                          4 000
  贷：应付职工薪酬——工资              177 500
```

（三）其他职工薪酬的归集和分配

其他职工薪酬包括的内容较多，比如职工福利费、各种保险费、住房公积金、工会经费、职工教育经费的分配。按现行的有关规定，上述职工薪酬，应按照工资总额的一定比例提取，并根据收益对象计入相关资产的成本或当期费用中。

在这里只讲述职工福利费的分配。职工福利是指企业在工资和社会保险之外，对职工提供一定的福利补助，如困难职工生活补助费、医疗费、丧葬补助费、独生子女保健费等。

新会计准则规定福利费通常据实列支，但企业也可以先提后用。职工福利费可以通过编制"其他职工薪酬费用分配表"来计算，见表3.9。

表 3.9　其他职工薪酬费用分配表

单位：立德公司　　　　　　　　2009 年 5 月　　　　　　　　　　　　　　单位：元

应借科目		成本费用项目	工资总额	应计提福利费（提取比例 14%）
基本生产成本	A 产品	直接人工	47 500	6 650
	B 产品	直接人工	35 750	5 005
	C 产品	直接人工	61 250	8 575
	小　计		144 500	20 230
辅助生产成本	供　水	职工薪酬	4 500	630
	供　电	职工薪酬	6 500	910
	小　计		11 000	1 540
制造费用	一车间	职工薪酬	5 000	700
	二车间	职工薪酬	4 000	560
	小　计		9 000	1 260
管理费用		职工薪酬	7 000	840
销售费用		职工薪酬	3 000	420
在建工程		职工薪酬	4 000	560
合　计			177 500	24 850

职工福利费的分配可比照工资费用的分配办法进行，但应注意的是医务人员及其他福利人员计提的福利费应计入"管理费用"而不由福利费开支。根据表 3.9 可编会计分录如下：

```
借：基本生产成本——A 产品                                6 650
           ——B 产品                                   5 005
           ——C 产品                                   8 575
    辅助生产成本—— 供水                                  630
             —— 供电                                   910
    制造费用—— 一车间                                    700
           —— 二车间                                   560
    管理费用                                          840
    销售费用                                          420
    在建工程                                          560
```

贷：应付职工薪酬——职工福利　　　　　　　　　　　　　24 850

　　由于计提职工福利费是根据工资费用总额的14%计提的，为了减少费用分配表的编制工作量，工资费用分配表和其他职工薪酬费用分配表也可合并编制为职工薪酬费用分配表，会计分录也可以合并编制。

三、外购动力费用的归集和分配

（一）外购动力费用的归集

　　外购动力是指企业耗用的从外单位购买的各种动力，如电力、热力及蒸气等费用。企业的外购动力费用，在付款时，照理应按外购动力的用途，直接借记各成本、费用科目，贷记"银行存款"科目。但在实际工作中一般是通过"应付账款"科目来进行核算，就是在付款时先作为暂时付款处理，即借记"应付账款"科目，贷记"银行存款"科目。到月末再根据有关部门动力费用耗用原始记录和用途分别借记相应成本、费用科目，贷记"应付账款"科目。之所以要这样核算，是因为外购动力费用的支付一般不是在月末，而是在每月下旬的某日支付。如果支付时就直接借记各成本、费用科目，贷记"银行存款"科目，由于支付日计入的动力费用并不完全是当月的动力费用，而是从上月付款日到本月付款日这一期间的动力费用。如果要正确地计算当月动力费用，不仅要计算、扣除上月付款日到上月末的应付未付动力费用，而且还要分配、补记当月付款日到当月末的应付未付动力费用，显然核算的工作量就太大。而通过"应付账款"科目核算，就可免去这些核算工作，每个月只须在月末分配登记一次动力费用，这样大大简化了核算工作。按上述核算"应付账款"科目借方所记本月已付动力费用与贷方所记本月应付动力费用，往往会不相等，从而有月末余额。如果余额在借方，则表示本月实际支付款大于应付款，多付了动力费用，可以抵冲下月应付费用；如果余额在贷方，则表示本月应付款大于实际支付款，形成应付动力费用，可以在下月支付。

　　当然，如果每个月支付动力费用的日期基本固定，而且每月付款日到月末的应付动力费用相差也不大，在这种情况下，也可以不通过"应付账款"科目核算，而是将每月支付的动力费用作为应付动力费用，在付款时就直接借记各成本、费用科目，贷记"银行存款"科目，每月分配、登记一次动力费用。因为在这种情况下，各月付款日到月末的应付动力费用基本可以相互抵消，所以不会影响各月动力费用核算的正确性。

（二）外购动力费用的分配

　　外购动力有的直接用于产品生产，如生产工艺用电力；有的间接用于产品生产，如生产车间照明、取暖用电；有的则用于经营管理，如企业行政管理部门耗用的水电等。外购动力是按照用途进行分配的。在分部门或安装有计量仪器记录的情况下，可直接根据仪器所表示的耗用数量和规定单价计算应分配的外购动力费用；在企业没有安装计量仪器以及生产车间的动力无法按产品安装仪表的情况下，就需要按照一定的标准在各受益对象之间进行分配。常用的分配方法主要有：生产工时比例分配法、机器工时比例分配法和定额耗用量比例分配法等。

生产工时比例分配法，是以各种产品的生产工时为标准来分配费用的一种方法。计算公式为

$$费用分配率 = \frac{各种产品共同耗用的动力费用总额}{各种产品生产工时之和}$$

$$某产品应分配费用 = 该产品实际生产工时 \times 费用分配率$$

上述公式中的生产工时，如果改换为机器工时或定额耗用量，则称机器工时比例分配法或定额耗用量比例分配法，即指以各种产品的机器工时（或定额耗用量）作为标准来分配动力费用的方法。计算方法步骤与生产工时分配法相同，故不再复述。

【例3.10】 立德公司生产A、B、C三种产品，本月三种产品共同耗用外购电力30 100元，三种产品实际生产工时分别为20 000小时、40 000小时、80 000小时。采用生产工时分配法分配电力费用。

$$电力费用分配率 = \frac{30\ 100}{20\ 000 + 40\ 000 + 80\ 000} = 0.215(元／小时)$$

$$A\ 产品应摊电力费用 = 20\ 000 \times 0.215 = 4\ 300(元)$$
$$B\ 产品应摊电力费用 = 40\ 000 \times 0.215 = 8\ 600(元)$$
$$C\ 产品应摊电力费用 = 80\ 000 \times 0.215 = 17\ 200(元)$$

分配结转外购动力费用账务处理的依据是有关付款凭证和动力费用分配表（表3.10）。其账务处理方法是：直接用于产品生产的动力费用，借记"基本生产成本"总账科目及所属产品成本明细账"直接燃料及动力"成本项目；直接用于辅助生产又单独设立"直接燃料及动力"成本项目的动力费用，借记"辅助生产成本"总账科目及所属产品成本明细账"直接燃料及动力"成本项目；用于基本生产车间、辅助生产车间（如照明用电）与行政管理部门所用的动力费用，应分别借记"制造费用"、"辅助生产成本"、"管理费用"等科目及所属明细账的有关成本项目。如果基本生产和辅助生产不单独设置"直接燃料及动力"成本项目，发生的动力费用则应借记"制造费用"科目及明细账的有关成本项目，贷记"应付账款"或"银行存款"科目。

表3.10 外购动力费用分配表

部门： 　　　　　　　　　2009年4月

应借科目	成本、费用项目	生产工时／小时（分配率1.10）	用电量／(千瓦时)（单价0.4）	分配金额／元
基本生产成本				
——A产品	直接燃料及动力	40 000		44 000
——B产品	直接燃料及动力	60 000		66 000
小　　计		100 000	275 000	110 000

续表 3.10

应借科目	成本、费用项目	生产工时/小时（分配率1.10）	用电量/(千瓦时)（单价0.4）	分配金额/元
辅助生产成本——供水	直接燃料及动力		5 000	2 000
——供电	直接燃料及动力		7 200	2 880
小　计			12 200	4 880
制造费用	动力费		3 800	1 520
管理费用	水电费		3 100	1 240
合　计			294 100	117 640

表3.10中，基本生产应分配的动力费用计算过程以及相关的会计分录如下。

基本生产应分配动力费用 = 275 000 × 0.4 = 110 000(元)

$$电力费用分配率 = \frac{110\,000}{100\,000} = 1.10$$

A 产品应摊动力费用 = 40 000 × 1.1 = 44 000(元)

B 产品应摊动力费用 = 60 000 × 1.1 = 66 000(元)

会计分录如下：

借：基本生产成本——A 产品　　　　　　　　　　　　　　　44 000
　　　　　　　　——B 产品　　　　　　　　　　　　　　　66 000
　　辅助生产成本——供水车间　　　　　　　　　　　　　　2 000
　　　　　　　　——供电车间　　　　　　　　　　　　　　2 880
　　制造费用——基本生产车间　　　　　　　　　　　　　　1 520
　　管理费用　　　　　　　　　　　　　　　　　　　　　　1 240
　贷：应付账款（或银行存款）　　　　　　　　　　　　　　117 640

第二节　辅助生产费用的归集和分配

辅助生产是指为基本生产车间、企业行政管理部门等单位服务而进行的产品生产和劳务供应。其中有的只生产一种产品或提供一种劳务，如供电、供水、供气、供风、运输等辅助生产；有的则生产多种产品或提供多种劳务，如从事工具、模具、修理用备件的制造，以及机器设备的修理等辅助生产。辅助生产提供的产品和劳务，有时也对外销售，但主要是为本企业服务。辅助生产产品和劳务成本的高低，会影响到企业产品成本和期间费用的水平，因此，正确、及时地组织辅助生产费用的核算,加强对辅助生产费用的监督,对于正确计算产品成本和各项期间费用,以及节约支出、降低成本有着重要的意义。

一、辅助生产费用的归集

辅助生产费用的归集是辅助生产产品、劳务、作业成本分配的前提,辅助生产费用归集是否正确,直接影响辅助生产产品和劳务、作业成本的正确性。所以,进行辅助生产成本的计算,首先必须抓好辅助生产费用的归集。

辅助生产费用的归集和分配可以通过设置"辅助生产成本"、"制造费用——辅助生产车间"账户进行。有的企业辅助生产车间较小,发生的制造费用较少,辅助生产也不对外销售产品或提供劳务,不需要按照规定的成本项目计算辅助生产产品成本。为了简化核算工作,辅助生产车间的制造费用可以不单独设置"制造费用——辅助生产车间"明细账,不通过"制造费用"账户进行汇总,直接计入"辅助生产成本"账户的借方。这时,"辅助生产成本"明细账就按成本项目与费用项目相结合来设置专栏,而不按成本项目设置专栏。

对于既设置"辅助生产成本"账户,又单设"制造费用"账户的核算情况,"辅助生产成本"账户为成本计算账户,按车间以及产品或劳务品种设立明细账,进行明细核算。辅助生产发生的直接材料、直接人工费用,分别根据"材料费用明细表"、"职工薪酬费用分配表"和有关凭证记入该账户及其明细账的借方,辅助生产发生的间接费用,则先记入"制造费用——辅助生产车间"账户的借方进行汇总,然后从"制造费用——辅助生产车间"账户的贷方,直接转入或分配转入"辅助生产成本"账户及其明细账的借方,经过分配以后从"辅助生产成本"账户的贷方转出。期末如有借方余额,则为辅助生产的在产品。

该种情况下,辅助生产费用归集的账务处理程序如图3.1 所示。

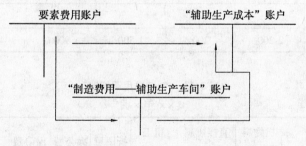

图3.1 辅助生产费用归集的账务处理程序

【例3.11】 辅助生产成本和制造费用明细账格式详见表 3.11、表 3.12、表 3.13 和表 3.14。

表 3.11　辅助生产成本明细账

辅助车间:修理　　　　　　　　　20××年×月　　　　　　　　　　　　单位:元

摘　要	直接材料	直接燃料及动力	直接人工	制造费用	合计	转出
原材料费用分配表	4 200				4 200	
外购动力费用分配表		400			400	
职工薪酬费用分配表			3 200		3 200	
制造费用分配表				1 600	1 600	
辅助生产成本分配表						9 400
合　计	4 200	400	3 200	1 600	9 400	9 400

表 3.12　辅助生产成本明细账

辅助车间:运输　　　　　　　　　20××年×月　　　　　　　　　　　　单位:元

摘　要	直接材料	直接燃料及动力	直接人工	制造费用	合计	转出
原材料费用分配表	2 200				2 200	
外购动力费用分配表		200			200	
职工薪酬费用分配表			1 500		1 500	
制造费用分配表				900	900	
辅助生产成本分配表						4 800
合　计	2 200	200	1 500	900	4 800	4 800

表 3.13　制造费用明细账

辅助车间:修理　　　　　　　　　20××年×月　　　　　　　　　　　　单位:元

摘　要	机物料消耗	直接燃料及动力	职工薪酬	折旧费	办公费	保险费	其他	合计	转出
原材料费用分配表	500							500	
外购动力费用分配表		50						50	
职工薪酬费用分配表			450					450	
折旧费用分配表				200				200	

续表 3.13

摘　　要	机物料消耗	直接燃料及动力	职工薪酬	折旧费	办公费	保险费	其他	合计	转出
办公费(付款凭证×号)					180			180	
保险费(付款凭证×号)						100		100	
其他(付款凭证×号)							120	120	
制造费用分配表									1 600
合　　计	500	50	450	200	180	100	120	1 600	1 600

表 3.14　制造费用明细账

辅助车间:运输　　　　　　　　20××年×月　　　　　　　　　　　单位:元

摘　　要	物料消耗	直接燃料及动力	职工薪酬	折旧费	办公费	保险费	其他	合计	转出
原材料费用分配表	200							200	
外购动力费用分配表		50						50	
职工薪酬费用分配表			300					300	
折旧费用分配表				150				150	
办公费(付款凭证×号)					40			40	
保险费(付款凭证×号)						70		70	
其他(付款凭证×号)							90	90	
制造费用分配表									900
合　　计	200	50	300	150	40	70	90	900	900

对于只设"辅助生产成本"账户,不设"制造费用"账户核算的情况,"辅助生产成本"账户为成本计算账户,按车间以及产品或劳务设立明细账,账内按照成本项目或费用项目设置专栏,进行明细核算。凡是辅助生产车间发生各种费用,包括辅助生产部门内直接发生的费用,以及从其他辅助生产车间分配来的费用,全部记入该账户及其明细账的借方,该账户贷方登记完工入库的自制材料和工具模具的成本,及由辅助生产部门向基本生产部门、管理部门、其他辅助生产部门、本企业的基本建设单位、职工生活福利部门以及外单位提供的产品、劳务、作业的成本。"辅助生产成本"账户的期末借方余额表示辅助生产部门在产品的成本。

该种情况下,辅助生产费用归集的账务处理程序如图 3.2 所示。

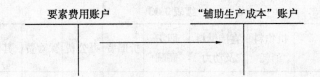

图 3.2 辅助生产费用归集的账务处理程序

【例 3.12】 辅助生产成本明细账的格式详见表 3.15 和表 3.16。

表 3.15 辅助生产成本明细账

辅助车间:供电　　　　　　20××年×月　　　　　　　　单位:元

摘 要	原材料	动力	职工薪酬	折旧费	修理费	保险费	其他	合计	转出
原材料费用分配表	450							450	
外购动力费用分配表		1 500						1 500	
职工薪酬费用分配表			456					456	
折旧费用分配表				1 200				1 200	
修理、保险等费用支出（付款凭证×号）					540	65	529	1 134	
辅助生产成本分配表									4 740
合 计	450	1 500	456	1 200	540	65	529	4 740	4 740

表 3.16 辅助生产成本明细账

辅助车间:供水　　　　　　20××年×月　　　　　　　　单位:元

摘 要	原材料	动力	职工薪酬	折旧费	修理费	保险费	其他	合计	转出
原材料费用分配表	650							650	
外购动力费用分配表		600						600	
职工薪酬费用分配表			228					228	
折旧费用分配表				200				200	
修理、保险等费用支出（付款凭证×号）					160	60	167	387	
辅助生产成本分配表									2 065
合 计	650	600	228	200	160	60	167	2 065	2 065

二、辅助生产费用的分配

归集在"辅助生产成本"科目及其明细账借方的辅助生产费用,由于辅助生产车间所生产的产品和劳务的种类不同,费用转出、分配的程序也不一样。辅助生产所生产的产品,如工具、模具、修理用备件等,完工时,从"辅助生产成本"账户的贷方,分别转入"原材料"、"周转材料"账户的借方;而提供的劳务作业,如水、电、气、修理和运输等所发生的费用,则要在各受益单位之间按照所耗数量或其他比例进行分配后,从"辅助生产成本"科目的贷方转入"基本生产成本"、"制造费用"、"管理费用"、"销售费用"、"在建工程"等科目的借方。辅助生产费用的分配是通过编制辅助生产费用分配表进行的。

由于辅助生产提供的产品和劳务,主要是为基本生产车间等服务的,但在某些辅助生产车间之间,也有相互提供产品和劳务的情况,如供电车间为修理车间提供电力,修理车间为供电车间修理设备,为了正确计算辅助生产产品和劳务的成本,在分配辅助生产费用时,应首先在各辅助生产车间之间进行费用的交互分配,然后才是对外(即辅助生产车间以外的各受益单位)分配费用。

辅助生产费用的分配方法通常有:直接分配法、顺序分配法、交互分配法、代数分配法和计划成本分配法。

(一)直接分配法

直接分配法是指各辅助生产车间发生的费用,直接分配给除辅助生产车间以外的各受益产品、单位,而不考虑各辅助生产车间之间相互提供产品或劳务的情况。

【例3.13】 某企业有供水和供电两个辅助生产车间,主要为本企业基本生产车间和行政管理部门等部门服务,根据"辅助生产成本"明细账汇总的资料,供水车间本月发生费用为2 085元,供电车间本月发生费用为4 740元。各辅助生产车间供应产品或劳务数量详见表3.17。

表3.17 各辅助生产车间供应产品或劳务数量

受益单位		耗水/米^3	耗电/(千瓦时)
基本生产——丙产品			10 300
基本生产车间		20 500	8 000
辅助生产车间	供 电	10 000	
	供 水		3 000
行政管理部门		8 000	1 200
专设销售机构		2 800	500
合 计		41 300	23 000

采用直接分配法的辅助生产费用分配详见表 3.18。

表 3.18 辅助生产费用分配表

（直接分配法）

单位:元

项 目		供水车间	供电车间	合计
待分配生产费用		2 065	4 740	6 805
供应辅助生产以外的劳务数量		31 300 米³	20 000 千瓦时	—
单位成本（分配率）		0.066	0.237	—
基本生产——丙产品	耗用数量	—	10 300	—
	分配金额	—	2 441.10	2 441.10
基本生产车间	耗用数量	20 500	8 000	—
	分配金额	1 353	1 896	3 249
行政管理部门	耗用数量	8 000	1 200	—
	分配金额	528	284.40	812.40
专设销售机构	耗用数量	2 800	500	—
	分配金额	184	118.50	302.50
合 计		2 065	4 740	6 805

按下列公式计算：

$$单位成本（分配率）＝\frac{待分配辅助生产费用}{辅助生产劳务（产品）总量－其他辅助生产劳务（产品）总量}$$

$$水单位成本（分配率）＝\frac{2\ 065}{41\ 300－10\ 000}≈0.066（元／米^3）$$

$$电单位成本（分配率）＝\frac{4\ 740}{23\ 000－3\ 000}＝0.237（元／千瓦时）$$

采用直接分配法，由于各辅助生产费用只是进行对外分配，只分配一次，计算工作简便。当辅助生产车间相互提供产品或劳务量差异较大时，分配结果往往与实际不符，因此，这种分配方法只适宜在辅助生产内部相互提供产品或劳务不多、不进行费用的交互分配对辅助生产成本和产品制造成本影响不大的情况下采用。

（二）顺序分配法

顺序分配法是指各辅助生产车间之间的费用分配是按照受益多少的顺序依次排列，受益少的排在前面，先将费用分配出去，受益多的排在后面，后将费用分配出去。例如，该企业有供电和供水两个辅助生产车间,供电车间耗用水较少,而供水车间耗用电较多,这就可以按照供电、供水的顺序排列,先分配电费,再分配水费。

【例3.14】 根据例3.13的资料。按顺序分配法编制辅助生产费用分配表,详见表3.18。

$$电费分配率 = \frac{4\,740}{3\,000 + 10\,300 + 8\,000 + 1\,200 + 500} \approx 0.206$$

$$水费分配率 = \frac{2\,065 + 630}{20\,500 + 8\,000 + 2\,800} \approx 0.086$$

根据辅助生产费用分配表编制会计分录:
(1) 分配电费。

借:辅助生产成本 —— 供水　　　　　　　　　　　　　　　　　618
　　基本生产成本 —— 丙产品　　　　　　　　　　　　　　　 2 123
　　制造费用　　　　　　　　　　　　　　　　　　　　　　 1 649
　　管理费用　　　　　　　　　　　　　　　　　　　　　　　 247
　　销售费用　　　　　　　　　　　　　　　　　　　　　　　 103
　　贷:辅助生产成本 —— 供电　　　　　　　　　　　　　　 4 740

(2) 分配水费。

借:制造费用　　　　　　　　　　　　　　　　　　　　　　 1 763
　　管理费用　　　　　　　　　　　　　　　　　　　　　　　 688
　　销售费用　　　　　　　　　　　　　　　　　　　　　　　 244
　　贷:辅助生产成本 —— 供水　　　　　　　　　　　　　　 2 695

表3.19　辅助生产费用分配表
（顺序分配法）　　　　　　　　　　　　　　　　　　　　单位:元

项目	辅助生产车间						基本生产				行政管理部门		专设销售机构		分配金额合计
	供电车间			供水车间			丙产品		基本生产车间						
车间部门	劳务量	待分配费用	分配率	劳务量	待分配费用	分配率	耗量	分配金额	耗量	分配金额	耗量	分配金额	耗量	分配金额	
	23 000	4 740		41 300	2 065										6 805
分配电费	-23 000	-4 740	0.206*	3 000	618		10 300	2 123	8 000	1 649	1 200	247	500	103*	4 740
				分配水费			31 300	2 695	0.086*		20 500	1 763	8 000	688	2 800	244*	2 695
							分配金额合计		2 163		3 443		940		259	6 805

* 数字四舍五入,小数尾差计入销售费用。

顺序分配法的辅助生产费用分配表的下线呈梯形,因而这种分配方法也称为梯形分配法。采用该种分配方法不进行交互分配,各辅助生产费用只分配一次,既分配给辅助生产以外的受益单位,又分配给排列在后面的其他辅助生产车间或部门,这样,分配结果的正确性会受到一定的影响,计算工作量有所增加。因此,这种分配方法只适宜在各辅助生产车间或部门之间相互受益程度有明显顺序的情况下采用。

(三) 交互分配法

交互分配法是对各辅助生产车间的成本费用进行两次分配。首先,根据各辅助生产车间、部门相互提供的产品或劳务的数量和交互分配前的单位成本(费用分配率),在各辅助生产车间之间进行一次交互分配;然后,将各辅助生产车间、部门交互分配后的实际费用(交互分配前的费用加上交互分配转入的费用,减去交互分配转出的费用),再按提供产品或劳务的数量和交互分配后的单位成本(费用分配率),在辅助生产车间、部门以外的受益单位进行分配。

【例 3.15】 仍以例 3.13 资料,按交互分配法编制辅助生产费用分配表。详见表 3.19。表中计算分配如下:

(1) 交互分配前的单位成本。

$$水单位成本(分配率) = \frac{2\ 065}{41\ 300} = 0.05$$

$$电单位成本(分配率) = \frac{4\ 740}{23\ 000} \approx 0.21$$

(2) 交互分配。

$$供水车间分配电费 = 3\ 000 \times 0.21 = 630(元)$$

$$供电车间分配水费 = 10\ 000 \times 0.05 = 500(元)$$

(3) 交互分配后的实际费用。

$$供水车间实际费用 = 2\ 065 + 630 - 500 = 2\ 195(元)$$

$$供电车间实际费用 = 4\ 740 + 500 - 630 = 4\ 610(元)$$

(4) 交互分配后的单位成本(对外分配单位成本)。

$$水单位成本 = \frac{2\ 195}{31\ 300} \approx 0.070\ 1$$

$$电单位成本 = \frac{4\ 610}{20\ 000} = 0.230\ 5$$

(5) 对外分配。

$$基本生产(丙产品分配电费) = 10\ 300 \times 0.230\ 5 = 2\ 374.15(元)$$

$$基本生产车间分配电费 = 8\ 000 \times 0.230\ 5 = 1\ 844(元)$$

$$基本生产车间分配水费 = 20\ 500 \times 0.070\ 1 = 1\ 437.05(元)$$

$$行政管理部门分配电费 = 1\ 200 \times 0.230\ 5 = 276.60(元)$$

行政管理部门分配水费 = 8 000 × 0.070 1 = 560.80(元)
销售部门分配电费 = 500 × 0.230 5 = 115.25(元)
销售部门分配水费 = 2 800 × 0.070 1 = 196.28(元)

表3.20 辅助生产费用分配表
（一次交互分配法）

单位:元

	项 目	供水车间			供电车间			合计
		数量	单位成本（费用分配率）	分配金额	数量	单位成本（费用分配率）	分配金额	
	待分配辅助生产费用	41 300	0.05	2 065	23 000	0.21*	4 740	6 805
交互分配	辅助生产——供水			+ 630	- 3 000		- 630	
	辅助生产——供电	- 10 000		- 500			+ 500	
	对外分配辅助生产费用	31 300	0.070 1*	2 195	20 000	0.230 5	4 610	6 805
对外分配	基本生产——丙产品				10 300		2 374.15	2 374.15
	基本生产车间	20 500		1 437.05	8 000		1 844	3 281.05
	行政管理部门	8 000		560.80	1 200		276.60	837.40
	专设销售机构	2 800		196.28*	500		115.25	312.40
	合 计	31 300		2 195	20 000		4 610	6 805

* 数字四舍五入,小数尾差计入销售费用。

根据辅助生产费用分配表编制会计分录:

(1) 交互分配。

借:辅助生产成本——供水　　　　　　　　　　　　　　　　　　630
　　　　　　　　——供电　　　　　　　　　　　　　　　　　　500
　贷:辅助生产成本——供电　　　　　　　　　　　　　　　　　　630
　　　　　　　　——供水　　　　　　　　　　　　　　　　　　500

(2) 对外分配。

借:基本生产成本——丙产品　　　　　　　　　　　　　　　　2 374.15
　制造费用　　　　　　　　　　　　　　　　　　　　　　　3 281.05
　管理费用　　　　　　　　　　　　　　　　　　　　　　　　837.40
　销售费用　　　　　　　　　　　　　　　　　　　　　　　　312.40
　贷:辅助生产成本——供水　　　　　　　　　　　　　　　　　2 195
　　　　　　　　——供电　　　　　　　　　　　　　　　　　　4 610

采用交互分配法,辅助生产内部相互提供产品或劳务全都进行了交互分配,从而提高了分配结果的正确性,但是各辅助生产费用要计算两个单位成本(费用分配率),进行两次分配,因而增加了计算工作量。在各月辅助生产费用水平相差不大的情况下,为了简化计算工作,也可以用上月的辅助生产单位成本作为本月交互分配的单位成本。

(四)代数分配法

代数分配法是运用代数中多元一次联立方程的原理,在辅助生产车间之间相互提供产品或劳务情况下的一种辅助生产成本费用分配方法。采用这种分配方法,首先,应根据各辅助生产车间相互提供产品和劳务的数量,求解联立方程式,计算辅助生产产品或劳务的单位成本;然后,根据各受益单位(包括辅助生产内部和外部各单位)耗用产品或劳务的数量和单位成本,计算分配辅助生产费用。

【例3.16】 仍用例3.13资料。假设x是每立方米水的成本,y是每度(1度=1千瓦时)电的成本,列联立方程式如下:

$$\begin{cases} 2\,065 + 3\,000y = 41\,300x \\ 4\,740 + 10\,000x = 23\,000y \end{cases} \quad 解得 \quad \begin{cases} y = 0.235\,26 \\ x = 0.067\,1 \end{cases}$$

用代数分配法编制辅助生产费用分配表,详见表3.20。

根据辅助生产费用分配表编制会计分录:

借:辅助生产成本——供电	671
——供水	705.78
基本生产成本——丙产品	2 423.18
制造费用	3 257.63
管理费用	819.11
销售费用	305.51
贷:辅助生产成本——供水	2 771.23
——供电	5 410.98

采用代数分配法分配辅助生产费用,分配结果最正确。但在辅助生产车间较多的情况下,未知数较多,计算工作比较复杂,因而这种分配方法适宜在计算工作已经实现电算化的企业采用。

(五)计划成本分配法

计划成本分配法是指辅助生产车间生产的产品或劳务,按照计划单位成本计算、分配辅助生产费用的方法。辅助生产为各受益单位(包括其他辅助生产车间)提供的产品或劳务,一律按产品或劳务的实际耗用量和计划单位成本进行分配;辅助生产车间实际发生的费用,包括辅助生产交互分配转入的费用在内,与按计划单位成本分配转出的费用之间的差额,也就是辅助生产产品或劳务的成本差异,可以追加分配给辅助生产以外的各受益单位,为了简化计算工作,也可以全部记入"管理费用"科目。假设该企业辅助生产车间的制造费用通过单设"制造费用"科目核算。

表 3.21 辅助生产费用分配表
（代数分配法） 单位:元

项目		计量单位	单位成本（分配率）	费用合计	辅助生产				基本生产				行政管理部门		专设销售机构	
					供水车间		供电车间		丙产品		基本生产车间					
					数量	金额	数量	金额	数量	金额	数量	金额	数量	金额	数量	金额
待分配辅助生产费用				6 805	41 300	2 065	23 000	4 740								
费用分配	供水车间	米³	0.067 1	2 771.23			10 000	671			20 500	1 375.55	8 000	536.80	2 800	187.88
	供电车间	千瓦时	0.235 26	5 410.98	3 000	705.78			10 300	2 423.18	8 000	1 882.08	1 200	282.31	500	117.63
	合计			8 182.21		705.78		671		2 423.18		3 257.63		819.11		305.51

【例 3.17】 某企业有关费用资料详见表 3.22。

表 3.22 某企业有关费用资料 单位:元

辅助生产车间名称		修理车间	运输车间
辅助生产待分配费用	"辅助生产成本"科目	7 800	3 900
	"制造费用"科目	1 600	900
	小 计	9 400	4 800
供应劳务数量		18 800 工时	16 000 吨千米
计划单位成本		0.52	0.28
耗用劳务数量	修理车间		1 000
	运出车间	800	
	基本生产车间	13 800	7 500
	行政管理部门	2 200	3 500
	销售部门	2 000	4 000

根据上列资料采用按计划成本分配法编制辅助生产费用分配表,详见表 3.23。

表 3.23 辅助生产费用分配表
（按计划成本分配法）   单位：元

辅助生产车间名称			修理车间	运输车间	合计
待分配辅助生产费用	"辅助生产成本"科目发生额		7 800	3 900	11 700
	"制造费用"科目发生额		1 600	900	2 500
	小计		9 400	4 800	14 200
供应劳务数量（单位：修理——工时，运输——吨千米）			18 800	16 000	
计划单位成本			0.52	0.28	
制造费用	修理车间	耗用数量		1 000	
		分配金额		280	280
	运输车间	耗用数量	800		
		分配金额	416		416
	基本生产车间	耗用数量	13 800	7 500	
		分配金额	7 176	2 100	9 276
管理费用	企业行政管理部门	耗用数量	2 200	3 500	
		分配金额	1 144	980	2 124
销售费用	专设销售机构	耗用数量	2 000	4 000	
		分配金额	1 040	1 120	2 160
按计划成本分配合计			9 776	4 480	14 256
辅助生产实际成本			9 680	5 216	14 896
辅助生产成本差异			-96	+736	+640

辅助生产实际成本：

    修理车间实际成本 = 9 400 + 280 = 9 680（元）

    运输车间实际成本 = 4 800 + 416 = 5 216（元）

根据辅助生产费用分配表编制会计分录如下：

（1）按计划成本分配。

借：制造费用——修理车间   280

    ——运输车间   416

  制造费用——基本生产车间   9 276

  管理费用   2 124

销售费用 2 160
贷：辅助生产成本—— 修理车间 9 776
—— 运输车间 4 480

（2）结转辅助车间的制造费用。
借：辅助生产成本—— 修理车间 1 880
—— 运输车间 1 316
贷：制造费用—— 修理车间 1 880
—— 运输车间 1 316

（3）结转辅助生产成本差异，为了简化核算辅助生产成本差异，记入"管理费用"科目。
借：管理费用 640
贷：辅助生产成本—— 修理车间 96
—— 运输车间 736

现将"辅助生产成本"、"制造费用"科目的明细科目（简化格式）记录进行列示，如图3.3所示。

辅助生产成本明细账 ——修理车间				辅助生产成本明细账 ——运输车间			
待分配费用	7 800	分配转出	9 776	待分配费用	3 900	分配转出	4 480
转入制造费用	1 880			转入制造费用	1 316	成本差异	736
成本差异	96			合计	5 216	合计	5 216
合计	9 776	合计	9 776				

辅助费用本明细账 ——修理车间				辅助费用本明细账 ——运输车间			
待分配费用	3 900	分配转出	4 480	待分配费用	1 600	分配转出	1 880
转入制造费用	1 316	成本差异	736	交互分配转入	280		
合计	5 216	合计	5 216	合计	1 880	合计	1 880

图3.3　科目记录示意图

采用计划成本分配法，由于辅助生产车间的产品或劳务的计划单位成本有现成资料，只要有各受益单位耗用辅助生产车间的产品或劳务量，便可进行分配，从而简化和加速了分配的计算工作；按照计划单位成本分配，排除了辅助生产实际费用的高低对各受益单位成本的影响，便于考核和分析各受益单位的经济责任；还能够反映辅助生产车间产品或劳务的实际成本脱离计划成本的差异。但是采用该种分配方法,辅助生产产品或劳务的计划单位成本必须比较正确。

辅助生产费用的各种分配方法,由于分配的程序和具体计算方法不同,因而各分配方法的账务处理方法也不相同。通过以上辅助生产费用各种分配方法的举例,可以看出,除直接分配法以外,其他各种分配方法的"辅助生产成本"科目的贷方发生额合计,都比原有的待分配费用合计数(9 680 + 5 216)大,这是因为辅助生产费用交互分配而相互转账引起的。但是,无论哪种分配方法,最后分配到其他各受益对象的辅助生产费用的合计数,仍然都是待分配费用的合计数。

第三节 制造费用的归集和分配

企业在产品生产过程中,除了产品直接耗用各种材料费用、发生人工费用和其他费用外,还会发生各种制造费用等。为此,就要正确地核算制造费用,这对于正确计算产品的制造成本非常有必要。

一、制造费用的归集

制造费用是指工业企业为生产产品(或提供劳务)而发生的、应该计入产品成本但没有专设成本项目的各项生产费用。

(一)制造费用的项目

制造费用中大部分不是直接用于产品生产的费用,而是间接用于产品生产的费用,如机物料消耗、车间辅助人员的工资及福利费,以及车间厂房的折旧费等。

制造费用还包括直接用于产品生产,但管理上不要求单独核算,也不专设成本项目的费用,如机器设备的折旧费、修理费等。生产工艺用燃料和动力,如果不专设成本项目也不单独核算,但是其成本也应包括在制造费用中。

此外,制造费用还包括车间用于组织和管理生产的费用,如车间管理人员工资及福利费,车间管理用房屋和设备的折旧费、修理费、车间照明费、水费、取暖费、差旅费和办公费等,这些费用虽然具有管理费用的性质,但由于车间是企业从事生产活动的单位,其管理费用和制造费用很难严格划分,为了简化核算工作,这些费用也作为制造费用核算。

制造费用由于大多是与产品的生产工艺没有直接关系,而且一般是间接计入费用,因而不能或不便于按照产品制定定额,而只能按照车间、部门和费用项目,按年、季、月编制制造费用计划加以控制。应该通过制造费用的归集和分配,反映和监督制造费用计划的执行情况,并将费用正确、及时地计入各有关产品的成本。

制造费用的内容比较复杂,应该按照管理要求分别设立若干费用项目进行计划和核算,归类反映各项费用的计划执行情况。制造费用的项目有的可以按照费用的经济用途设立,如用于车间办公方面的各项支出设立"办公费"项目;有的可以按照费用的经济内容设立,如全车间的机器设备和房屋建筑物等固定资产的折旧,设立"折旧费"项目。

(二) 制造费用归集的账务处理

制造费用的核算是通过"制造费用"总账科目进行归集和分配的。该科目应按车间(基本生产车间、辅助生产车间)、部门设置明细账,账内按照费用项目设专栏或专行,分别反映各车间、部门各项制造费用的支出情况。制造费用发生时,根据有关的付款凭证、转账凭证和前述各种费用分配表,记入"制造费用"科目的借方,并视具体情况,分别记入"原材料"、"应付职工薪酬"、"累计折旧"、"银行存款"等科目的贷方;期末,按照一定的标准进行分配时,从该科目的贷方转出,记入"基本生产成本"等科目的借方;除季节性生产的车间外,"制造费用"科目期末应无余额。应该指出,辅助生产车间发生的费用,如果辅助生产车间的制造费用是通过"制造费用"科目单独核算,则应比照基本生产车间发生的费用核算;如果辅助生产车间的制造费用不通过"制造费用"科目单独核算,则应全部记入"辅助生产成本"科目及其明细账的有关成本或费用项目。

【例3.18】 根据各种费用分配表及付款凭证登记制造费用明细账,其格式详见表3.24。

表3.24 制造费用明细账

车间:基本生产车间　　　　　　　20××年×月　　　　　　　　　　　　单位:元

摘要	机物料消耗	外购动力	职工薪酬	折旧费	修理费	水电费	低值易耗品	其他	合计	转出
付款凭证					3 430			139	3 569	
材料费用分配表	200								200	
低值易耗品摊销							570		570	
动力费用分配表		2 250							2 250	
职工薪酬费用分配表			912						912	
折旧费用分配表				10 000					10 000	

续表 3.24

摘要	机物料消耗	外购动力	职工薪酬	折旧费	修理费	水电费	低值易耗品	其他	合计	转出
辅助生产费用分配表						3 249			3 249	
制造费用分配表										20 750
合计	200	2 250	912	10 000	3 430	3 249	570	139	20 750	20 750

二、制造费用的分配

为了正确计算产品的生产成本,必须合理地分配制造费用。基本生产车间的制造费用是产品生产成本的组成部分,在只生产一种产品的车间,制造费用可以直接计入该种产品生产成本;在生产多种产品的车间中,制造费用则应该采用既合理又简单的分配方法,分配计入各种产品的生产成本,即记入"基本生产成本"科目及其明细账"制造费用"成本项目。辅助生产车间单独核算其制造费用时,汇总在"制造费用——辅助生产车间"科目的数额,在只生产一种产品或提供一种劳务的辅助生产车间,直接计入该种辅助生产产品或劳务的成本;在生产多种产品或提供多种劳务的辅助生产车间,则应采用适当的分配方法,分配计入辅助生产产品或劳务成本,即记入"辅助生产成本"科目借方及其明细账的"制造费用"成本项目。

由于各车间制造费用水平不同,所以制造费用应该按照各车间分别进行分配,而不得将各车间的制造费用统一起来在整个企业范围内分配。

分配制造费用的方法有很多,通常可以采用生产工人工时比例分配法、生产工人工资比例分配法、机器工时比例分配法和按年度计划分配率分配法等。分配方法一经确定,不应任意变更。

(一) 生产工人工时比例分配法

生产工人工时比例分配法是按照各种产品所用生产工人工时的比例分配制造费用的一种方法。计算公式为

$$制造费用分配率 = \frac{制造费用总额}{车间产品生产工时总额}$$

$$某种产品应分配的制造费用 = 该种产品生产工时 \times 制造费用分配率$$

按生产工时比例分配,可以是各种产品实际耗用的生产工时(实用工时),如果产品的工时定额比较准确,制造费用也可以按定额工时的比例分配。计算公式为

$$制造费用分配率 = \frac{制造费用总额}{车间产品实用(总额)工时总额}$$

$$某种产品应分配的制造费用 = 该产品实用(定额)工时 \times 制造费用分配率$$

【例3.19】 假设某基本生产车间发生的制造费用总额为21 000元,基本生产车间甲产品生产工时为12 000小时,乙产品生产工时为8 000小时,计算分配如下:

$$制造费用分配率 = \frac{21\,000}{12\,000 + 8\,000} = 1.05$$

$$甲产品制造费用 = 12\,000 \times 1.05 = 12\,600(元)$$

$$乙产品制造费用 = 8\,000 \times 1.05 = 8\,400(元)$$

按生产工人工时比例分配法编制制造费用分配表,详见表3.25。

表3.25 制造费用分配表

车间:基本生产车间　　　　　　　　　　　　　　　　　　　　　　　　　单位:元

应借科目		生产工时/小时	分配金额(分配率:1.05)
基本生产成本	甲产品	12 000	12 600
	乙产品	8 000	8 400
合　　计		20 000	21 000

根据制造费用分配表,编制会记分录如下:

借:基本生产成本——甲产品　　　　　　　　　　　　　　　　　　　12 600
　　　　　　　　——乙产品　　　　　　　　　　　　　　　　　　　 8 400
　贷:制造费用　　　　　　　　　　　　　　　　　　　　　　　　　21 000

按生产工人工时比例分配是较为常用的一种分配方法,它能将劳动生产率的高低与产品负担费用的多少联系起来,分配结果比较合理。由于生产工时是分配间接计入费用常用的分配标准之一,因此,必须正确组织好产品生产工时的记录和核算等基础工作,以保证生产工时的正确、可靠。

(二) 生产工人工资比例分配法

生产工人工资比例分配法又称生产工资比例法,是以各种产品的生产工人工资的比例分配制造费用的一种方法。计算公式为

$$制造费用分配率 = \frac{制造费用总额}{车间产品生产工人工资总额}$$

$$某种产品应分配的制造费用 = 该种产品生产工人工资 \times 制造费用分配率$$

由于工资费用分配表中有现成的生产工人工资的资料,所以该种分配方法核算工作很简

便。这种方法适用于各种产品生产机械化程度大致相同的情况,否则会影响费用分配的合理性。例如,机械化程度低的产品,所用工资费用多,分配的制造费用也多;反之,机械化程度高的产品,所用工资费用少,分配的制造费用也少,会出现不合理情况。该种分配方法与生产工人工时比例分配法原理基本相同。如果生产工人计时工资是按照生产工时比例分配,那么,按照生产工人工资比例分配制造费用,实际上就是按生产工时比例分配制造费用。

（三）机器工时比例分配法

机器工时比例分配法是按照各种产品所用机器设备运转时间的比例分配制造费用的一种方法。这种方法适用于机械化程度较高的车间,因为在这种车间中,折旧费用、修理费用的多少与机器运转的时间有密切的联系。采用这种方法,必须正确组织各种产品所耗用机器工时的记录工作,以保证工时的准确性。该方法的计算程序、原理与生产工人工时比例分配法基本相同。

为了提高分配结果的正确性,可以将机器设备划分为若干类别,按其类别归集和分配制造费用。也可以将制造费用按性质和用途分类,如分为与机器设备使用有关的费用,及由于管理组织生产而发生的费用,分别采用适当的方法分配制造费用。

（四）按年度计划分配率分配法

按年度计划分配率分配法,是按照年度开始前确定的全年适用的计划分配率分配费用的方法。采用这种分配方法,不论各月实际发生的制造费用多少,每月各种产品成本中的制造费用都按年度计划确定的计划分配率分配。年度内如果发现全年制造费用的实际数和产品的实际产量与计划数产生较大的差额,应及时调整计划分配率。计算公式为

$$年度计划分配率 = \frac{年度制造费用计划总额}{年度各种产品计划产量的定额工时总额}$$

$$某月某产品制造费用 = 该月该种产品实际产量的定额工时数 \times 年度计划分配率$$

【例3.20】 某车间全年制造费用计划55 000元;全年各种产品的计划产量为:甲产品2 600件,乙产品2 250件;单件产品的工时定额为甲产品5小时,乙产品4小时。6月份实际产量为:甲产品240件,乙产品150件;本月实际发生制造费用4 900元。

（1）各种产品年度计划产量的定额工时。

甲产品年度计划产量的定额工时 = 2 600 × 5 = 13 000(小时)

乙产品年度计划产量的定额工时 = 2 250 × 4 = 9 000(小时)

（2）制造费用年度计划分配率。

$$制造费用年度计划分配率 = \frac{55\ 000}{13\ 000 + 9\ 000} = 2.5$$

（3）各种产品本月实际产量的定额工时。

甲产品本月实际产量的定额工时 = 240 × 5 = 1 200(小时)

乙产品本月实际产量的定额工时 = 150 × 4 = 600(小时)

(4) 各种产品应分配的制造费用。

该月甲产品分配制造费用 = 1 200 × 2.5 = 3 000(元)

该月乙产品分配制造费用 = 600 × 2.5 = 1 500(元)

该车间本月按计划分配率分配转出的制造费用为

3 000 + 1 500 = 4 500(元)

假定"制造费用"科目6月初为贷方余额300元,则该月制造费用的实际发生和分配转出额登记结果如图3.4所示。

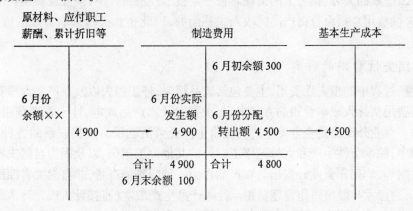

图3.4 科目记录示意图

采用年度计划分配率分配法时,每月实际发生的制造费用与分配转出的制造费用金额不等,因此,"制造费用"科目一般有月末余额,可能是借方余额,也可能是贷方余额。如为借方余额,表示年度内累计实际发生的制造费用大于按计划分配率分配累计的分配转出额,是该月超过计划的预付费用,属于待摊费用,为资产;如为贷方余额,表示年度内按计划分配率分配累计的分配转出额大于累计的实际发生额,是该月按照计划应付未付的费用,属于预提费用,为负债。"制造费用"科目如果还有年末余额,就是全年制造费用的实际发生额与计划分配额的差额,一般应在年末调整计入12月份的产品成本。实际发生额大于计划分配额,借记"基本生产成本"科目,贷记"制造费用"科目;实际发生额小于计划分配额,则用红字冲减,或者借记"制造费用"科目,贷记"基本生产成本"科目。

这种分配方法核算工作简便,特别适用于季节性生产的车间,因为它不受淡月和旺月产量相差悬殊的影响,从而不会使各月单位产品成本中制造费用忽高忽低,便于进行成本分析。但是,采用这种分配方法要求计划工作水平较高,否则会影响产品成本计算的正确性。

无论采用哪一种制造费用分配方法,都应根据分配计算的结果,编制制造费用分配表,据以进行制造费用的总分类核算和明细核算。制造费用的分配,除了采用按年度计划分配率分配法的企业外,"制造费用"科目都没有月末余额。

第四节　损失性费用的归集和分配

一、损失性费用的含义和种类

（一）损失性费用的含义

损失性费用是指由于企业生产组织不合理、经营和管理不善、生产工人未执行技术操作规程等种种原因造成的人力、物力上的损耗。在一定技术经济条件下，损失性费用常常是不可避免的，但损失性费用总是由合格产品的收入来补偿的，因此企业必须采取有效措施，控制损失性费用的发生。

（二）损失性费用的种类

企业生产过程中的损失性费用，主要包括废品损失、停工损失以及在产品盘亏和毁损等。企业损失性费用从计入成本费用的方式来看，主要有计入产品成本、计入管理费用、计入营业外支出三种。营业外支出是企业发生的与正常生产经营活动没有直接联系的各种支出，企业损失性费用中，除季节性生产和大修理停工以外的其他停工损失，以及因为自然灾害造成的存货盘亏与毁损等，均列作营业外支出。在产品作为一种特殊的存货，非自然灾害原因产生的在产品（存货）的盘亏与毁损列作管理费用。计入产品生产成本（直接计入或先计入制造费用后再计入产品成本）的损失性费用，主要有废品损失和季节性生产、大修理等原因造成的停工损失。

二、废品损失的归集和分配

（一）废品损失的含义

废品是指质量不符合规定的标准或技术条件，不能按原定用途加以利用或者需要经过加工修复才能利用的产成品、自制半成品和零部件。废品按其报损程度和修复价值，可分为可修复废品和不可修复废品。可修复废品是指技术上、工艺上可以修复，而且所支付的修复费用在经济上核算的废品。不可修复废品是指技术上、工艺上不可修复，或者虽可修复，但所支付的修复费用在经济上不合算的废品。

废品损失包括可修复废品的修复费用和不可修复废品的净损失。可修复废品的修复费用指可以修复废品返修过程中发生的全部修理费，包括材料费、人工费和分摊的制造费用；不可修复废品的净损失是指不可修复废品的生产成本扣除可以回收利用的废品残料价值后的净额。经质量检验部门鉴定不需要返修可以降价出售的不合格品，其降价损失不作为废品损失，在计算损益时体现；产品入库后由于保管不善等原因而损坏变质的损失，属于管理上的问题，作为管理费用处理而不作为废品损失；实行包退、包修、包换（三包）的企业，在产品出售以后发现的废品所发生的一切损失,作为管理费用处理也不作为废品损失。根据质量检验部门填制并审核后的废品损失通知单,作为进行废品损失核算的原始凭证。

(二) 废品损失的核算

单独核算废品损失的企业,应设置"废品损失"科目,在成本项目中增设"废品损失"成本项目。废品损失的归集和分配,应根据废品损失计算表和分配表等有关凭证,通过"废品损失"科目进行。"废品损失"科目应按车间设置明细账,账内按产品品种和成本项目登记废品损失的详细资料。该科目的借方归集不可修复废品的生产成本和可修复废品的修复费用。不可修复废品的生产成本,应根据不可修复废品损失计算表,借记"废品损失"科目,贷记"基本生产成本"科目;可修复废品的修复费用,应根据各种费用分配表所列废品损失数额,借记"废品损失"科目,贷记"原材料"、"应付职工薪酬"、"辅助生产成本"和"制造费用"等科目。该科目的贷方登记废品残料回收的价值、应收赔款和应由本月生产的同种合格产品成本负担的废品损失,即从"废品损失"科目的贷方转出,分别借记"原材料"、"其他应收款"、"基本生产成本"等科目。经过上述归集和分配,"废品损失"科目月末无余额。

1. 不可修复废品损失的计算

不可修复废品的生产成本包括材料费、人工费和制造费用,但这些费用原来与合格产品是同时发生的,已计入生产成本明细账。因此,不可修复废品的生产成本应将全部生产成本在合格产品与废品之间进行划分以后,再转入废品损失明细账。这需要采取一定的方法予以确定。一般有两种方法:一是按废品所耗实际费用计算;二是按废品所耗定额费用计算。

(1) 按废品所耗实际费用计算的方法。采用这一方法,就是在废品报废时根据废品和合格品发生的全部实际费用,采用一定的分配方法,在合格品与废品之间进行分配,计算出废品的实际成本,从"基本生产成本"科目贷方转入"废品损失"科目借方。

【例3.21】 某车间本月生产甲产品400件,经验收入库发现不可修复废品10件;合格品生产工时为11 700小时,废品工时为300小时,全部生产工时为12 000小时。按所耗实际费用计算废品的生产成本。甲产品成本计算单(即基本生产成本明细账)所列合格品和废品的全部生产费用为:直接材料20 000元,直接燃料及动力11 880元,直接人工12 120元,制造费用7 200元,共计51 200元。废品残料回收入库价值120元,原材料是生产开工时一次投入。原材料费用按合格品数量和废品数量的比例分配;其他费用按生产工时比例分配。根据上列资料,编制废品损失计算表。详见表3.26。

表 3.26　不可修复废品损失计算表

（按实际成本计算）

200×年×月

车间名称：　　　　　　　　　　　　　　　　　　　　　　产品名称：甲产品

　　　　　　　　　　　　　　　　　　　　　　　　　　　　废品数量：10 件

项目	数量/件	直接材料/元	生产工时/小时	直接燃料及动力/元	直接人工/元	制造费用/元	成本合计/元
费用总额	400	20 000	12 000	11 880	12 120	7 200	51 200
费用分配率		50		0.99	1.01	0.6	
废品成本	10	500	300	297	303	180	1 280
减：废品残料		120					120
废品损失		380	300	297	303	180	1 160

根据不可修复废品损失计算表，编制如下会计分录：

① 结转废品成本（实际成本）。

借：废品损失——甲产品　　　　　　　　　　　　　　　1 280
　　贷：基本生产成本——甲产品——直接材料　　　　　　500
　　　　　　　　　　　　　　　　——直接燃料及动力　　297
　　　　　　　　　　　　　　　　——直接人工　　　　　303
　　　　　　　　　　　　　　　　——制造费用　　　　　180

② 回收废品残料入库价值。

借：原材料　　　　　　　　　　　　　　　　　　　　　120
　　贷：废品损失——甲产品　　　　　　　　　　　　　　120

③ 废品损失转入该种合格产品成本。

借：基本生产成本——甲产品——废品损失　　　　　　　1 160
　　贷：废品损失——甲产品　　　　　　　　　　　　　1 160

在完工以后发现废品，其单位废品负担的各项生产费用应与该单位合格品完全相同，可按合格品产量和废品的数量比例分配各项生产费用，计算废品的实际成本。按废品的实际成本计算和分配废品损失，符合实际，但核算工作量较大。

（2）按废品所耗定额费用计算的方法。这种方法也称按定额成本计算方法，是按不可修复废品的数量和各项费用定额计算废品的定额成本，再将废品的定额成本扣除废品残料回收价值，算出废品损失，而不考虑废品实际发生的费用。

【例 3.22】　某车间本月生产丙产品，验收入库时发现不可修复废品 6 件，按所耗定额费用计算废品的生产成本。直接材料费用定额为200元,单件工时定额为20小时,每小时费用定额为:直接燃料及动力2.50元,直接人工2元,制造费用1.50元。回收废品残值200元。编制不可修复废品损失计算表。详见表3.27。

表3.27　不可修复废品损失计算表
（按定额成本计算）
200×年×月

产品名称:丙产品
废品数量:6件
车间名称：
单位:元

项　　目	直接材料	直接燃料及动力	直接人工	制造费用	成本合计
费用总额	200	50	40	30	320
废品定额成本	1 200	300	240	180	1 920
减:回收残值	200				200
废品损失	1 000	300	240	180	1 720

根据不可修复废品损失计算表,编制如下会计分录：
① 结转废品成本(定额成本)。
借:废品损失 —— 丙产品　　　　　　　　　　　　　　　　　1 920
　贷:基本生产成本 —— 丙产品 —— 直接材料　　　　　　　　1 200
　　　　　　　　　　　　　　　—— 直接燃料及动力　　　　　　300
　　　　　　　　　　　　　　　—— 直接人工　　　　　　　　　240
　　　　　　　　　　　　　　　—— 制造费用　　　　　　　　　180
② 回收废品残料价值。
借:原材料　　　　　　　　　　　　　　　　　　　　　　　　200
　贷:废品损失 —— 丙产品　　　　　　　　　　　　　　　　　200
③ 废品损失转入该种产品合格品成本。
借:基本生产成本 —— 丙产品 —— 废品损失　　　　　　　　　1 720
　贷:废品损失 —— 丙产品　　　　　　　　　　　　　　　　　1 720

采用按废品所耗定额费用计算废品成本和废品损失的方法,核算工作比较简便,有利于考核和分析废品损失和产品成本。但必须具备比较准确的定额成本资料,否则会影响成本计算的正确性。

2. 可修复废品损失的核算

可修复废品损失是指废品在修复过程中所发生的各项修复费用。而可修复废品返修以前发生的生产费用,在"基本生产成本"科目及有关的成本明细账中不必转出,这是因为它不是废品损失。返修时发生的修复费用,应根据原材料、职工薪酬费用、辅助生产费用和制造费用等分配表记入"废品损失"科目的借方,以及有关科目的贷方。如有残值和应收赔款,根据废料交库凭证及其他有关结算凭证,从"废品损失"科目的贷方转入"原材料"、"其他应收款"等科目的借方。将废品净损失(修复费用减残值和赔款)从"废品损失"科目的贷方转入"基本生产成本"科目的借方及其有关成本明细账的"废品损失"成本项目。

不单独核算废品损失的企业,不设"废品损失"会计科目和"废品损失"成本项目,在回收废品残料时,记入"原材料"科目的借方和"基本生产成本"科目的贷方,并从所属有关产品成本明细账的"原材料"成本项目中扣除残料价值。辅助生产一般不单独核算废品损失。

三、停工损失的归集和分配

(一) 停工损失的含义

停工损失是指生产车间或车间内某个班组在停工期间发生的各项费用,包括停工期内支付的生产工人的薪酬费用、所耗直接燃料和动力费、应分摊的制造费用等。生产单位不满一个工作日的停工,一般不计算停工损失。过失单位、过失人员或保险公司负担的赔款,应从停工损失中扣除。计算停工损失的时间界限,由主管企业部门规定,或由主管企业部门授权企业自行规定。

造成生产单位停工的原因是多种多样的。按照停工原因可以分为季节性停工、机器设备大修理停工、原材料和半成品供应不及时停工、生产任务下达不及时停工、工具和模具缺乏停工、设计图纸和工艺文件缺乏或错误停工、意外事故停工、自然灾害停工等。按照造成停工的责任者,可以分为外部原因和内部原因。外部原因主要有供水单位、供电单位、原材料和燃料供应单位等;内部主要有生产单位的管理部门、工段长、调度员和生产工人、工艺设计部门等。

(二) 停工损失的核算

发生停工的原因很多,应分不同情况进行处理。由于自然灾害引起的停工损失,应按规定转作营业外支出;其他停工损失,如原材料供应不足、机器设备发生故障,以及计划减产等原因发生的停工损失,应计入产品成本。停工时车间应填列停工报告单,经有关部门审核后的停工报告单,作为停工损失核算的依据。

为了核算停工期间发生的各项费用,应设置"停工损失"账户和"停工损失"成本项目。停工损失的归集和分配,是通过设置"停工损失"科目进行的,该科目应按车间和成本项目进行明细核算。根据停工报告单和各种费用分配表、分配汇总表等有关凭证,将停工期内发生、应列作停工损失的费用记入"停工损失"科目的借方进行归集,借记"停工损失"科目,贷记"原材料"、"应付职工薪酬"和"制造费用"等科目。该科目的贷方登记应由过失单位及过失人员或保险公司支付的赔款,属于自然灾害的应计入营业外支出的损失以及本月产品成本的损失,贷记"停工损失"科目,分别借记"其他应收款"、"营业外支出"和"基本生产成本"科目。"停工损失"科目月末无余额。

停工损失中,水电费、生产工人工资等一般可以根据有关凭证直接计算确定;制造费用能够直接计入的应尽量直接计入,不能直接计入的可以按照停工工时和生产工时总数,在停工和开工之间分配后计入,下面举例说明:

【例 3.23】 某厂第二车间本月由于设备大修停工 4 天,停工期间应支付工人工资 4 000 元,应提福利费 560 元;按照停工工时和生产工时比例分配,停工期间应负担制造费用 880 元。第三车间由于外部供电线路原因停工 5 天,停工期间应支付工人工资 6 000 元,应提福利费 840 元,应负担制造费用 1 000 元。根据资料,做相应会计分录如下:

借:停工损失—— 第二车间　　　　　　　　　　　　　　　　5 440
　　　　　—— 第三车间　　　　　　　　　　　　　　　　7 840
　贷:应付职工薪酬　　　　　　　　　　　　　　　　　　　11 400
　　　制造费用—— 第二车间　　　　　　　　　　　　　　　880
　　　　　　—— 第三车间　　　　　　　　　　　　　　　1 000

上例中,第二车间设备大修为正常停工,停工损失 5 440 元应计入制造费用;第三车间停工为非正常停工,应计入营业外支出,假设经交涉电力局已经同意赔偿停工损失给企业造成的损失 6 000 元,实际停工损失为 1 840 元。根据资料作会计分录如下:

借:制造费用 —— 第二车间　　　　　　　　　　　　　　　　5 440
　　其他应收款 —— 电力局　　　　　　　　　　　　　　　　6 000
　　营业外支出 —— 停工损失　　　　　　　　　　　　　　　1 840
　贷:停工损失—— 第二车间　　　　　　　　　　　　　　　　5 440
　　　　　—— 第三车间　　　　　　　　　　　　　　　　7 840

为了简化核算工作,辅助生产车间一般不单独核算停工损失。季节性生产企业的季节性停工,是生产经营过程中的正常现象,停工期间发生的各项费用不属于停工损失,不作为停工损失核算。

不单独核算停工损失的企业,不设"停工损失"会计科目和"停工损失"成本项目。停工期间发生的属于停工损失的各项费用,分别记入"制造费用"和"营业外支出"等科目。

第五节　期间费用的核算

一、期间费用的含义

期间费用是与产品成本相对而言的,与产品的生产活动没有直接关系,需要在发生时计入当期损益的费用。

企业在生产经营过程中发生的费用,按其用途可以分为应计入产品成本的生产费用和应计入当期损益的期间费用。前者是用于产品生产活动的资产耗费,构成产品制造成本;后者则

并不与产品生产活动直接相关,而是属于某一时期耗用的费用,包括销售费用、管理费用和财务费用。期间费用有以下几个特点:

(1) 期间费用在一定范围内同产量增减无关,而是与期间长短有关。

(2) 期间费用不能提供明确的未来收益,因此,它只与费用发生当期有关,不需要分摊到其他会计期间。对于应属本期负担但尚未支付的费用,如银行借款利息等,则应预提入账。

(3) 期间费用与产品生产活动没有直接联系,难以确定其应归属的成本计算对象,但可以确定其发生的期间,所以,它不计入产品的生产成本,不参与产品成本计算,也不存在分配问题,而是在每月进行汇总,直接计入当期损益。这种费用应该按年、季、月和费用项目编制费用计划,进行核算和考核。

由此可见,期间费用在发生当期予以确认,同营业成本一道与本期营业收入相配比,以便正确确认和计量各期营业利润。

二、销售费用的核算

销售费用是指企业在产品销售过程中发生的各项费用,以及销售机构的经常费用。工业企业的产品销售费用一般包括以下四个方面的内容:

(1) 产品自销费用,包括应由本企业负担的保险费、包装费、运输费、装卸费。产品自销费用应在销售合同中明确规定,如果规定由购货单位自理的费用,本企业不应支付。

(2) 委托代销费用,主要指企业委托其他单位代销产品按代销合同规定支付的代销手续费。

(3) 产品促销及服务费用,为了扩大产品销售而发生的促销费用有:展览费、广告费、租赁费(为扩大销售而租用的柜台、设备等的费用,不包括融资租赁费)、商品维修费、预计产品质量保证损失。

(4) 销售部门费用,一般指企业专设销售机构(含销售网点、售后服务网点等)的费用有:职工薪酬、业务费(含差旅费、办公费、物料消耗、低值易耗品摊销)、折旧费、固定资产修理费等经营费用。

销售费用的核算是通过"销售费用"总账科目和所属明细科目进行的。销售费用应按费用项目设置明细账,进行明细核算,用以反映和考核各项费用的支出情况。发生和支付各项产品销售费用时,借记"销售费用"科目,贷记"银行存款"、"库存现金"、"应付账款"、"应付职工薪酬"、"包装物"等科目。月末,根据"销售费用"科目和所属明细账借方归集的各项费用,将其实际发生额全部结转至"本年利润"科目。结转以后,"销售费用"科目和所属明细科目应无余额。

【例3.24】 立德公司6月30日销售门市部应付工资1 510元、已付职工困难补助200元、计提固定资产折旧1 800元。编制会计分录如下:

借:销售费用 —— 门市部费用　　　　　　　　　　　　　　　3 510

贷：应付职工薪酬—— 工资　　　　　　　　　　　　　　　　　1 510
　　　　　　　　　　 —— 职工福利　　　　　　　　　　　　　　　 200
　　　　累计折旧　　　　　　　　　　　　　　　　　　　　　　　 1 800

三、管理费用的核算

　　管理费用是由企业统一负担的为管理和组织整个企业经营活动所发生的各项费用。《企业会计准则 —— 应用指南2006》列示的管理费用包括以下四方面的内容：
　　（1）企业管理部门及职工方面的费用，主要包括筹建期开办费、经营管理中发生的公司经费（含行政管理部门职工薪酬、物料消耗、低值易耗品摊销、办公费、差旅费）。
　　（2）用于企业直接管理之外的费用，包括董事会费（含董事会成员津贴、会议费、差旅费）、聘请中介机构费、咨询费（含顾问费）、诉讼费、税费（含房产税、车船使用税、土地使用税、印花税、矿产资源补偿费）。
　　（3）提供生产技术条件的费用，包括技术转让费、不满足资本化条件的研发支出、排污费、绿化费、无形资产摊销、长期待摊费用摊销。
　　（4）购销业务应酬费，是指企业当期发生的业务招待费。企业据实列支业务招待费，但只能按税法规定的列支限额在税前扣除，因此，会计准则与税法在计量上的差异形成了永久性差异，必须按税法规定进行纳税所得额的调整并计算出当期应交所得税，记入"所得税费用 —— 当期所得税费用"。
　　管理费用的核算，是通过"管理费用"总账科目和所属明细科目进行的。管理费用应按费用项目设置明细账，用来反映和考核各项费用的支出情况。发生或支付各项管理费用时，记入"管理费用"科目的借方和有关科目的贷方。在发生材料、产品盘盈时，抵减管理费用的金额，应记入有关科目的借方和"管理费用"总账科目的贷方，同时要在"管理费用"明细科目的"材料产品盘亏和毁损"专栏中用红字或负数登记。月末，结转管理费用时贷记"管理费用"科目，借记"本年利润"科目，结转以后，"管理费用"科目及所属明细科目无余额。
　　【例3.25】　立德公司本月计算应交的房产税400元，车船税660元，土地使用税900元。以银行存款120元购买印花税票。编制会计分录如下：
　　借：管理费用—— 房产税　　　　　　　　　　　　　　　　　　 400
　　　　　　　　 —— 车船税　　　　　　　　　　　　　　　　　　 660
　　　　　　　　 —— 土地使用税　　　　　　　　　　　　　　　　 900
　　　　　　　　 —— 印花税　　　　　　　　　　　　　　　　　　 120
　　　贷：应交税费　　　　　　　　　　　　　　　　　　　　　　1 960
　　　　　银行存款　　　　　　　　　　　　　　　　　　　　　　 120

四、财务费用的核算

财务费用是指企业在筹集生产经营活动中所需的资金而发生的各项费用。这些费用主要有：

（1）利息净支出，指生产经营贷款的利息支出减存款的利息收入后的净额。

（2）汇兑净损失，指外币兑换中由于汇率变动而发生的汇兑损失减汇兑收益的净额。在外汇买卖中，企业向银行结售或购入外汇会产生银行的买入卖出价与记账汇率之间的差额。企业日常采用当日或当月1日的人民币市场汇价中间价记录外币业务，月份终了将外币现金、外币银行存款、外币债权债务等外币账户的余额按月末人民币市场汇价折合为记账本位币（人民币）时与账面记账本位币金额之间的差额也会形成汇兑损益。

（3）金融机构手续费。

（4）现金折扣，在商品销售中，债权人向债务人提供的债务扣除，本质上属于一项理财费用。企业在发生的或收到的现金折扣都记入财务费用。

必须指出，财务费用上述四项内容都必须是在企业生产经营期间发生的。如果是在企业筹建期间发生的，应直接计入管理费用。如果是与购建固定资产有关的，在固定资产尚未交付使用或者已经投入使用但尚未办理竣工决算之前发生的固定资产借款利息和有关费用、外币借款的汇兑损益，都应计入固定资产的价值中。

财务费用的核算是通过"财务费用"总账科目和所属明细科目进行的。财务费用应按费用项目设置明细账，用以反映和考核各项费用的支出情况。发生或预提利息支出时，记入"财务费用"科目的借方和"应付利息"或"银行存款"科目的贷方。在发生利息收入和汇兑损益时，应记入"银行存款"等科目的借方和"财务费用"科目的贷方，这些抵减财务费用的金额，既要记入该总账科目的贷方，又应在"财务费用"明细账借方"利息支出"和"汇兑损失"栏中用红字或负数登记。月末结转财务费用时贷记"财务费用"科目，借记"本年利润"科目，结转以后，"财务费用"科目及所属明细科目无余额。

【例3.26】 立德公司应付本月短期借款利息2 400元、长期借款利息5 000元。经分析，长期借款有60%用于在建固定资产工程。另外，向商业银行卖出3 000美元，银行买入价¥7.2/USD1，记账汇率采用当月1日人民币市场汇价中间价 ¥7.2/USD1。编制的有关会计分录如下：

```
借:财务费用 —— 利息支出                                    4 400
   在建工程                                               3 000
   贷:应付利息                                            7 400
借:银行存款 —— 人民币                                      21 600
   财务费用 —— 汇兑损失                                      300
   贷:银行存款 —— 美元                                     21 900
```

【案例3.1】 生产费用要素的归集和分配。

李华2009年应聘到国安设备制造公司从事会计工作,该公司2010年9月开始生产甲、乙、丙三种新产品,耗用A材料,有关资料如下:

表3.28　耗用材料情况表

产品名称	产量/件	重量/千克	材料定额单耗	材料单价	材料单位定额成本
甲产品	100	30 000	200	9	1 800
乙产品	300	50 000	150	9	1 350
丙产品	500	190 000	370	9	3 330
合计	900	270 000	—	—	—

本公司以前采用产品的产量比例对材料费用进行分配。本月份共使用A材料300 000千克,每千克9元。

要求:财务部宋经理在向李华介绍了企业生产产品使用的材料以及产品的情况后,提出如下几个问题,请李华在调查后回答:

(1) 本企业目前采用的材料费用的分配方法是否合适?

(2) 本月份开始生产的新产品应采用什么方法分配材料费用?

(3) 对本企业材料费用的分配方法提出进一步改进的意见。

【案例3.2】 辅助生产费用的归集和分配。

Phoenix咨询公司向政府与公司提供对外咨询服务。为了方便成本分配,Phoenix将它的部门分为两个辅助部门(管理/人力资源与信息系统)和两个营业部门(政府咨询与营业咨询)。2009年第一季度,Phoenix四个部门发生的成本如下:

管理/人力资源(A/HR)	$60 000
信息系统(IS)	$2 400 000
政府咨询(GOVT)	$8 756 000
营业咨询(CORP)	$12 452 000

2009年第一季度,Phoenix四个部门的真实用量为:

		使用部门			
		A/HR	IS	GOVT	CORP
提供者	A/HR	—	25%	40%	35%
	IS	10%		30%	60%

管理／人力资源提供服务的比重以人数为基础。信息系统提供服务的比重以真实使用时的数为基础。

要求：

(1) 分别用直接分配法、顺序分配法和交互分配法将辅助部门成本分配到营业部门。

(2) 比较辅助部门分配给每一营业部门的成本，并解释其差异。

【案例3.3】 制造费用的归集和分配。

邯钢在成本核算上很注意成本信息体现及时性、相关性、正确性的要求，制造费用分配很有特色。下面以钢铁分厂为例，具体说明其制造费用的分配方法。

邯钢的钢铁厂只生产铁水一种产品，由6座高炉同时生产，每座高炉的制造成本均不同。因此，制造费用在各高炉进行归集和分配。该厂下设11个工段，其中基本工段有6个，为1号至6号高炉工段；辅助工段有5个，分别为铸铁工段、维修工段、机电工段、煤粉工段、生产设备工段。有些辅助工段下分设班组，如铸铁工段下设有大修罐、吹管、沟头等3个班组；生产设备工段下分设炮泥班组和取样班组。各个工段或班组以计划价格来结转成本。该厂根据实际情况，把制造费用划分为三个部分：

(1) 基本生产工段制造费用。即6个高炉工段所发生的费用。这部分费用容易区分，汇集后直接记入各高炉，构成高炉制造成本。

(2) 辅助生产工段费用。即5个辅助工段所发生的费用。各辅助工段或班组制造费用汇总归集后，工段或班组根据各自的生产特点，以不同标准的计划分配率将费用分配到各个高炉中；分配的制造费用与实际制造费用的差额，确认为内部利润。以铸铁工段下大修理罐班组为例，该班组的职责是为高炉炼铁提供铁水罐。根据修1个铁罐所花费的成本和1个铁罐的使用寿命（以次数来计算），测算出用1次铁罐的内部转移价格，然后根据大修罐班组为各个高炉提供铁水罐的次数，将费用记入各高炉成本中去。其计算公式为

各高炉应分配的大修罐班组制造费用 = 该高炉耗用的铁罐次数 × 每罐次计划单位成本

铸铁工段内部利润 = 各班组分配到各高炉的制造费用 − 铸铁工段实际发生的制造费用

采用这种方法，不仅使制造费用分配有合理的基础，即以计划成本为依据，而且做到成本分配与成本考核相结合，将计划成本与实际成本相比较，差额为内部利润，作为衡量工段业绩的依据。

(3) 厂部制造费用。即炼铁分厂厂部发生的费用。这部分费用按照各个高炉的产量比率，以计划分配率计入各高炉成本。其计算公式为

厂部制造费用计划分配率 = 厂部计划制造费用总额／各高炉计划产量之和

各高炉应分配的厂部制造费用 = 该高炉实际产量 × 厂部制造费用计划分配率

厂部制造费用差异 = 厂部实际制造费用 − 按计划分配率分配的厂部制造费用

最后将厂部制造费用差异与各个辅助工段内部利润合并起来，按照各高炉产量比率分配

到 6 个高炉工段中。

要求:通过以上介绍,分析该厂制造费用采用的分配方法具有哪些特点?

本章小结

费用的合理分配是科学计算成本的前提。材料费用是构成产品成本的主要生产费用,它在成本中一般占有较大的比重,是费用要素核算的重点。消耗材料数量的计算主要有永续盘存制和实地盘存制两种方法;企业发出材料的计价可按计划成本计价,也可以按实际成本计价。对于几种产品共同耗费的间接材料,可选用重量分配法、定额耗用量比例分配法、定额费用比例分配法等适当的分配方法进行分配后再计入到各产品成本中。职工薪酬包括职工工资、职工福利费、社会保险费、住房公积金等内容,其中工资总额主要由计件工资、计时工资、奖金、津贴、补贴、加班加点工资和特种情况下的工资组成。对发生的人工费用要按照职工薪酬发生的岗位和受益情况进行分配,如果生产多种产品,则需要选用合理的分配方法,在各成本核算对象之间进行分配。外购动力是指向外单位购买的各种动力,如电力、热力等。它的作用也是为了产品生产并构成产品价值。其一般是通过"应付账款"科目核算,即在付款时先作为暂付款处理,借记"应付账款"科目,贷记"银行存款"科目。到月末再根据有关部门动力费用耗用原始记录和用途分别借记相应成本、费用项目,贷记"应付账款"科目。

辅助生产费用归集的程序有两种,两种归集程序的主要区别在于是单独设置辅助生产的"制造费用"科目进行归集,然后转入"辅助生产成本"科目,还是直接记入"辅助生产成本"科目。辅助生产费用的分配方法有直接分配法、顺序分配法、交互分配法、代数分配法和计划成本分配法。

制造费用是指为基本生产和辅助生产而发生的费用,应计入产品或劳务成本,但在"基本生产成本"和"辅助生产成本"中没有专设成本项目的各项生产费用。这些费用先在"制造费用"科目中进行归集,然后通过一定的分配方法分配给相应的受益对象。制造费用的分配方法一般有生产工人工时比例分配法、生产工人工资比例分配法、机器工时比例分配法和按年度计划分配率分配法。各种分配方法有不同的特点、适用范围、计算分配程序和优缺点。

计入产品生产成本的损失性费用,主要有废品损失和停工损失。不可修复废品与可修复废品的核算程序不同。不可修复废品的成本要按废品所耗实际费用计算的方法或按废品所耗定额费用计算的方法予以确定。停工损失按主管部门的规定确定计算停工损失的时间界限,发生停工损失的原因很多,应分不同情况进行账务处理。

期间费用是与产品成本相对而言的,与产品的生产活动没有直接关系,需要在发生时计入当期损益的费用,包括销售费用、管理费用和财务费用。

自 测 题

一、单选题

1. 按产品材料定额成本比例分配法分配材料费用时,其适用的条件是( )。
   A. 产品的产量与所耗用的材料有密切的联系
   B. 产品的重量与所耗用的材料有密切的联系
   C. 几种产品共同耗用几种材料
   D. 各项材料消耗定额比较准确稳定

2. 用月标准工资除以全年平均每月工作日数计算日工资时,全年平均每月的工作日数为( )。
   A. 30 天   B. 25.5 天   C. 21.17 天   D. 20.83 天

3. 采用顺序分配法分配辅助生产费用时,计算辅助生产车间费用分配率的分子数应是( )。
   A. 该辅助生产车间直接发生的费用
   B. 该辅助生产车间直接发生的费用加上分配转入的费用
   C. 该辅助生产车间直接发生的费用加上分配转入减去分配转出的费用
   D. 该辅助生产车间直接发生的费用减去分配转出的费用

4. 下列各项损失中,属于废品损失的项目是( )。
   A. 入库后发现的生产中的废品损失
   B. 可以降价出售的不合格品降价的损失
   C. 产成品入库后由于保管不当发生的损失
   D. 产品出售后发现的废品由于包退、包换和包修形成的损失

5. 产成品入库后,由于管理不当等原因造成的损失,应记入( )。
   A. 管理费用   B. 销售费用   C. 生产成本   D. 营业外支出

二、多选题

1. 下列各项目中,属于成本项目的有( )。
   A. 外购材料   B. 直接材料
   C. 燃料及动力   D. 废品损失
   E. 直接工资

2. 当生产领用的材料被多种产品耗用且不能分清每种产品的消耗数量时,将材料费用在各种产品当中进行分配可采用的分配方法有( )。
   A. 约当产量法   B. 定额耗用量比例分配法
   C. 产品产量比例分配法   D. 产品重量比例分配法
   E. 产品材料定额成本比例分配法

3. 下列可以计算计件工资的产量是( )。
   A. 合格品产量　　　　　　　　　B. 料废数量
   C. 工废数量　　　　　　　　　　D. 在产品数量
   E. 尚未检验的产品数量

4. 在下列情况中,辅助生产车间的制造费用可以不通过"制造费用"科目核算的是( )。
   A. 车间的规模很大　　　　　　　B. 车间只生产一种产品
   C. 制造费用很多　　　　　　　　D. 制造费用很少
   E. 车间不生产商品产品

5. 在下列各项损失中,不属于废品损失的项目是( )。
   A. 产品入库后发现的生产中发生的废品的损失
   B. 产品入库后发现的由于保管不当发生的损失
   C. 出售后发现的废品由于包退发生的损失
   D. 出售后发现的废品由于包修发生的损失
   E. 降价出售的不合格品的降价损失

三、判断题

1. 在一般情况下企业在本期投产的产品往往能在本期完工,本期完工的产品一定全部都是由本期投产的。( )
2. 在几种产品共同耗用几种材料的情况下,材料费用的分配应采用产品材料定额成本比例分配法进行分配。( )
3. 采用月薪制计算计时工资时,不论是大月还是小月,只要职工出满勤,就可以得到固定的月标准工资。( )
4. 采用直接分配法分配辅助生产费用时,一般不需要考虑各辅助生产车间之间相互提供产品或劳务的情况。( )
5. 废品的净损失,包括可修复废品的修复费用、不可修复废品的成本扣除残值,应于期末,直接计入当期损益,列入"本年利润"科目当中,不再计入该种产品的成本当中了。( )

四、问答题

1. 材料费用的分配标准与人工费用的分配标准有何不同?应如何选择分配标准?
2. 计时工资计算有哪几种方法?计件工资计算有哪几种方法?
3. 各种辅助生产费用分配方法的特点、适用范围和优缺点是什么?怎样进行分配?
4. 分配制造费用的方法一般有哪几种?比较说明各种分配方法的特点、适用范围和分配计算程序。

五、计算题

1. 某工业企业生产甲、乙两种产品共同耗用A料和B料两种原材料,耗用量无法按产品直接划分。

甲产品投产100件,原材料单件消耗定额为:A料10千克,B料5千克;乙产品投产200件,原材料单件消耗定额为:A料4千克,B料6千克。

甲、乙两种产品实际消耗总量为:A料1 782千克,B料1 717千克。

原材料计划单价为:A料2元,B料3元。原材料成本差异率为－2%。

要求:按定额消费量比例分配甲、乙两种产品的原材料费用,编制原材料费用分配表和会计分录。

思考:原材料费用按定额消耗量比例分配较按定额费用比例分配有何优缺点? 它们各自适用什么样的情况?

2. 资料一:大和工厂2009年5月份"工资结算汇总表"中应付工资总额为80 000元。其中,生产工人工资45 000元(按A、B两种产品的生产工时进行分配,A产品2 000工时,B产品2 500工时)。车间管理工作人员工资10 000元,供水车间工人工资6 000元,供电车间工人工资8 000元,销售人员工资4 000元,福利人员工资2 000元,行政管理人员工资5 000元。

资料二:职工张小林月标准工资为900元,5月份出勤20天,请病假1天,事假1天,双休日8天,病假扣款比例为10%。各种津贴、补贴80元,奖金200元,应扣房租水电250元,住房公积金150元。

要求:

(1) 根据资料一编制工资费用分配表、其他职工薪酬费用分配表(提取比例为14%),并合编一个会计分录。

(2) 根据资料二用月薪制(分别按每月30天和每月20.83天计算)计算张小林本月应得标准工资数和实际应发工资数。

工资费用分配表

单位: 2009年5月   单位:元

应借科目		成本费用项目	直接计入	分配计入(分配率%)		工资费用合计
				生产工时	分配金额	
基本生产成本	A产品					
	B产品					
	小 计					

续表

应借科目		成本费用项目	直接计入	分配计入(分配率%)		工资费用合计
				生产工时	分配金额	
辅助生产成本	供 水					
	供 电					
	小 计					
制造费用						
管理费用						
销售费用						
职工福利费						
合 计						

其他职工薪酬费用分配表

单位：　　　　　　　　　　2009 年 5 月　　　　　　　　　　单位：元

应借科目		成本费用项目	工资总额	应计提福利
基本生产成本	A 产品			
	B 产品			
	小 计			
辅助生产成本	供 水			
	供 电			
	小 计			
制造费用				
管理费用				
销售费用				
合 计				

3. 某企业基本生产成本专设"直接燃料及动力"成本项目。1 月份共耗电 60 000 千瓦时，其中基本生产车间耗电 54 000 千瓦时(动力用电 50 000 千瓦时，照明用电 4 000 千瓦时)，行政管理部门用电 6 000 千瓦时，每千瓦时电的单价为 0.7 元。基本生产车间生产甲、乙两种产品，动力用电按机器工时比例分配，甲产品机器工时 82 000 小时，乙产品 18 000 小时。

要求：
(1) 计算甲、乙产品应负担的电费。
(2) 编制分配电费的会计分录。

4. 某企业设有修理、运输两个辅助车间、部门,本月发生辅助生产费用、提供劳务量如下：

辅助车间名称		修理车间	运输部门
待分配辅助生产费用		19 000元	20 000元
劳务供应数量		20 000小时	40 000千米
耗用劳务数量	修理车间		1 500千米
	运输部门	1 000小时	
	基本车间	16 000小时	30 000千米
	企业管理部门	3 000小时	8 500千米

说明：分配率小数点四位后四舍五入。

要求：采用交互分配法,计算分配辅助生产费用(列示计算过程)；编制辅助生产费用分配表和编制有关会计分录。

辅助生产费用分配表
（交互分配法）

项目			交互分配			对外分配		
辅助车间名称			修理	运输	合计	修理	运输	合计
待分配辅助生产费用								
劳务供应数量								
费用分配率(单位成本)								
辅助生产车间耗用	修理车间	耗用数量						
		分配余额						
	运输部门	耗用数量						
		分配余额						
基本生产车间耗用		耗用数量						
		分配余额						

续表

项 目		交互分配			对外分配		
辅助车间名称		修理	运输	合计	修理	运输	合计
企业管理部门耗用	耗用数量						
	分配余额						
分配金额合计							

思考：对该分配方法如何评价？采用该分配方法为什么"辅助生产成本"科目的贷方发生额会大于原来的待分配费用额？

5. 某企业制造费用按年度计划分配率进行分配。全年制造费用计划总额为 235 000 元，全年各种产品的计划产量为：甲产品 3 000 件，乙产品 4 000 件。甲产品的单价工时定额为 5 小时，乙产品的单价工时定额为 8 小时。10 月份生产情况如下：甲产品 280 件，乙产品 300 件。10 月份实际发生制造费用 25 000 元，10 月初"制造费用"账户有贷方余额 400 元。

要求：

(1) 计算年度计划分配率。

(2) 计算 10 月份甲、乙产品应分到的制造费用，并编制会计分录。

(3) 计算 10 月末"制造费用"账户的余额。

6. 某工业企业各种费用分配表所列甲种产品可修复废品的修复费用为：原材料 1 850 元，应付生产工人工资 693 元，提取的生产工人职工福利费 97 元，制造费用 830 元，合计 3 470 元。不可修复废品成本按定额成本计价，不可修复废品损失计算表所列甲种产品不可修复废品的定额成本资料为：不可修复废品 10 件，每件原材料费用定额 50 元；10 件废品的定额工时共为 120 小时，每小时费用定额为：直接人工 2 元，制造费用 2.20 元。可修复废品和不可修复废品的残料，作为辅料材料入库，按计划成本计价 240 元；应由过失人赔款 150 元。废品净损失由当月同种产品成本负担。

要求：

(1) 计算甲种产品不可修复废品的生产成本。

(2) 计算甲种产品可修复废品和不可修复废品的净损失。

(3) 编制归集可修复废品修复费用，以及结转不可修复废品成本、废品残值和废品净损失的会计分录。

第四章
Chapter 4

生产费用在完工产品和在产品之间的分配

【学习要点及目标】

本章介绍了生产费用在完工产品和在产品之间的分配问题。通过本章的学习,学生应能了解在产品成本、完工产品成本与本月生产费用的关系,以及在产品收发结存的核算,掌握在产品盘盈盘亏的账务处理方法;理解生产费用在完工产品与在产品之间分配的必要性,熟练掌握在产品成本计算方法的选择及各种不同的在产品成本计算方法的特点和适用范围;熟悉完工产品成本结转的账务处理过程。

【引导案例】

伟德公司为国有独资公司,主营纺织机构配件制造和销售,注册税务师姜某于2010年2月4日受托代理审查伟德公司2009年企业所得税纳税情况。注册税务师在审查过程中发现,年末库存商品的单位成本比以前月份高出许多,于是对甲产品年末生产费用在完工产品与在产品成本之间的分配进行重点抽查。经核查发现,该公司甲产品年末在产品账面成本为50 000元,而按照该公司所采用的成本分配方法计算,其实际成本应为200 000元,即在产品成本少计150 000元,故此多结转了甲产品完工产品成本150 000元,进而影响了该公司的账面利润和企业所得税的数额。经计算,库存产品多计成本60 000元,已销产品多计成本90 000元,应补缴企业所得税20 970元。你认为,在产品与产成品成本核算的意义体现在哪些方面?

第一节　在产品数量的核算

一、在产品成本、完工产品成本与本月生产费用的关系

工业企业的在产品有广义和狭义之分。广义在产品是就整个企业而言的,它是指没有完成全部生产过程,不能作为商品销售的产品。包括正在各生产车间加工的在制品和已经完成一个或多个生产步骤,尚未最终完工而需要继续加工的自制半成品。狭义在产品是就某一生产单位或生产步骤正在加工的在制品,不包括该生产单位或生产步骤已经完工交出的自制半成品。在产品完成全部生产过程、验收合格入库以后,就成为完工产品。

企业在生产过程中发生的生产费用,经过在各种产品之间进行分配和归集以后,应计入本月各种产品成本的生产费用,都已集中反映在"生产成本——基本生产成本"账户及其所属各种产品成本明细账中。如果产品已经全部完工,产品成本明细账中所归集的生产费用(如果有月初在产品,还应包括月初在产品生产费用)之和,就是该种完工产品的总成本;如果产品全部没有完工,产品成本明细账中所归集的生产费用之和,则全部为月末在产品成本。但是,更为常见的是当月所投产的产品到月末,往往是一部分已经完工,而另一部分尚处于继续生产的过程中,即完工产品与在产品共存。这样,这种产品本月所发生的生产费用与期初结存的生产费用之和,就需要采用一定的分配方法在本月完工产品与月末在产品之间进行分配。

本月完工产品成本、(月初、月末)在产品成本与本月生产费用之间的关系可以通过下列公式表达:

月初在产品成本 + 本月生产费用 = 本月完工产品成本 + 月末在产品成本

公式前两项是已知数,公式后两项是未知数。公式前两项费用之和,在完工产品与月末在产品之间采用一定的分配方法进行分配。从上述公式中可以看出,确定完工产品成本的方法有两类:在掌握公式前两项资料的条件下,一类是先确定月末在产品成本,然后计算完工产品成本;另一类是将前两项之和按一定的比例在完工产品和月末在产品之间进行分配,同时求得完工产品成本与月末在产品成本,但无论采取哪一类方法,都需首先取得在产品增减动态和实际结存的数量资料,为此,必须正确组织在产品收发结存的核算。

二、在产品收发结存的核算

在产品数量的核算,应同时具备账面核算资料和实际盘点资料,做好在产品收发结存的日常核算工作和在产品的清查工作,既可以从账面上随时掌握在产品的动态,又可以查清在产品的实存数量,以及正确计算产品成本并加强生产资金和在产品实物管理。因此,应该根据在产品实际盘存数量计算在产品成本。但由于在产品品种多、数量大,每月都要组织实地盘点确有困难,可根据在产品业务核算资料的期末结存量计算在产品成本。车间在产品收发结存的日

常核算通常是通过"在产品收发结存账"(即在产品台账)进行的,该账分车间并按照产品品种和在产品的名称(零部件名称)设置,提供车间各种在产品收发结存动态的业务核算资料。它是根据领料凭证、在产品内部转移凭证、产品检验凭证和产品交库凭证,及时登记在产品收发结存账,最后由车间核算人员审核汇总。在产品收发结存账详见表4.1。

表 4.1 在产品收发结存账

车间名称:第一车间
零部件名称:1203
单位:件

日期	摘要	收入		转出			结存	
		凭证号	数量	凭证号	合格品	废品	完工	未完工
1月1日	结存						3	2
1月5日			7		10			2
合计			226		220	4	1	1

三、在产品清查的核算

在产品是一种特殊存货,属于企业流动资产。为了保证在产品安全完整,企业应当定期或不定期地进行在产品的清查盘点,做到账实相符。

在产品清查采用实地盘点法,生产单位根据清查结果编制的"在产品盘盈盘亏报告表",应当载明在产品的账存数、实存数、盘盈盘亏和毁损数、盈亏原因和处理意见等。企业财会部门应认真审核各生产单位报送的"在产品盘盈盘亏报告表",并按企业内部财务制度规定的审批程序报送有关部门和领导审批,及时做出账务处理。

为了全面反映在产品盘盈、盘亏和毁损的处理过程,盘盈、盘亏和毁损在产品的生产成本,应通过"待处理财产损溢"账户核算。在产品发生盘盈时,按计划成本或定额成本记入"基本生产成本"科目的借方,"待处理财产损溢"科目的贷方;按照规定核销时,则记入"待处理财产损溢"科目的借方,"制造费用"科目的贷方,冲减制造费用。在产品发生盘亏和毁损时,记入"待处理财产损溢"科目的借方,"基本生产成本"科目的贷方,冲减在产品的账面价值。毁损在产品的残值,记入"原材料"、"银行存款"等科目的借方,"待处理财产损溢"科目的贷方,冲减其损失。

按规定核销时,应根据不同情况分别将损失从"待处理财产损溢"科目的贷方转入有关科目的借方,其中准予计入产品成本的损失应转入"制造费用"科目的借方;由于自然灾害造成的非常损失并收到保险公司的保险赔款部分,记入"银行存款"科目或"其他应收款"科目的借方,其余损失记入"营业外支出"科目的借方;应由过失单位或过失人员赔偿的,记入"其他应收款"科目的借方,要求赔偿。为了正确归集和分配制造费用,在产品盘盈盘亏的账务处理,应该在制造费用结账之前进行,以便正确、及时地归集和分配制造费用。

【例 4.1】 某工业企业基本生产车间在产品清查结果:甲产品的在产品盘盈 10 件,单位定额成本 20 元;乙产品的在产品盘亏 8 件,单位定额成本 30 元;过失人赔款 20 元;丙产品的在产品毁损 250 件,单位定额成本 28 元,残料入库作价 150 元。属于自然灾害的损失 2 000 元,应由保险公司赔偿 3 000 元,其余损失计入产品成本,都已经批准转账。

(1) 在产品盘盈的核算。
1) 盘盈时:
借:基本生产成本 —— 甲产品(10 × 20)   200
    贷:待处理财产损溢   200
2) 批准后转账:
借:待处理财产损溢   200
    贷:制造费用   200

(2) 在产品盘亏的核算。
1) 盘亏时:
借:待处理财产损溢(30 × 8)   240
    贷:基本生产成本 —— 乙产品   240
2) 批准后转账:
借:其他应收款   20
      制造费用   220
    贷:待处理财产损溢   240

(3) 在产品毁损的核算。
1) 毁损转账:
借:待处理财产损溢(250 × 28)   7 000
    贷:基本生产成本 —— 丙产品   7 000
2) 残料入库:
借:原材料   150
    贷:待处理财产损溢   150
3) 批准后转账:
借:其他应收款(或银行存款)   3 000
      营业外支出   2 000
      制造费用   1 850
    贷:待处理财产损溢   6 850

对于库存半成品和辅助生产的在产品的数量和清查的核算,与基本生产基本相同。只是它们清查的结果分别在"自制半成品"和"辅助生产成本"科目中核算。

第二节　完工产品和在产品之间分配费用的方法

一、生产费用在完工产品与在产品之间分配的必要性

产品成本是反映企业生产技术及经营管理水平高低的一项综合性的质量指标。企业原材料、燃料和动力是否节约,设备是否利用充分,劳动生产率的高低,以及产品质量的优劣等都会直接或间接地从产品成本中体现出来。生产费用在完工产品与在产品之间的分配,还关系到在产品和完工产品计价的正确性,因而必须采用适当的方法,将生产费用在完工产品与在产品之间进行分配。

首先,生产费用在完工产品与在产品之间进行分配是企业产品成本核算的需要。具体地说,就是在对生产费用进行审核控制的基础上,看是否应该开支,开支的费用是否应该计入产品成本,并将应计入产品成本的生产费用按照经济用途在各种产品及各种产品的完工产品与在产品之间进行合理的分配,计算出各种产品的总成本与单位成本,确保满足企业在成本管理方面对成本核算资料的需要。

其次,生产费用合理地在完工产品与在产品之间进行分配是企业成本管理的需要。在完工产品与在产品之间合理地分配生产费用,可以清楚地了解企业的产品成本水平,使企业有针对性地采取降低产品成本的措施,改进生产技术和经营管理水平,提高企业产品在市场上的竞争力,这样不仅可以提高企业的盈利水平和增加国家的财政收入,而且有利于提高企业职工的素质,增强企业的发展后劲。

此外,生产费用在完工产品与在产品之间的分配,还关系到在产品和完工产品的计价。如果费用分配不合理,或者将在产品成本作为调节完工产品成本的蓄水池,就会使完工产品成本被歪曲,影响企业利润总额和应交所得税的正确计算,从而影响企业与国家及其他投资者之间的经济利益分配关系。

因此,企业必须严格按照有关规定,进行产品生产成本的核算,不得利用在产品成本随意调节、任意摆布完工产品成本。通过合理地分配生产费用,可以完整地反映和监督企业生产过程中在产品的动态,保护在产品和完工产品的安全完整,并为企业管理提供真实的资料。

二、生产费用在完工产品和在产品之间分配的方法

完工产品和月末在产品之间分配费用通常采用的具体方法有:不计算在产品成本法、按年初数固定计算在产品成本法、在产品按所耗原材料费用计价法、约当产量法、在产品按完工产品成本计价法、定额比例法和在产品按定额成本计价法。

(一)不计算在产品成本法

有的企业(如采煤业)在产品数量少而稳定,计算或不计算在产品成本,对完工产品成本

来说,影响很小,为了简化核算,可以不计算在产品成本。采用该种分配方法时,月末虽然有在产品,但不计算在产品成本。

(二) 按年初数固定计算在产品成本法

有些企业在产品数量较小,或者在产品数量虽然较大,但各月之间变化不大,如炼铁厂的高炉和炼油厂的各种装置中的在产品,数量都比较稳定。在这种情况下,为了简化核算工作,各月月末在产品成本可固定按年初数计算。采用该种分配方法,某种产品本月发生的生产费用就是本月完工产品的成本。年终根据实际盘点的在产品数量,重新调整计算确定在产品成本,以免按年初数固定计算的在产品成本与实际出入过大,影响成本计算的正确性。

(三) 在产品按所耗原材料费用计价法

有的企业原材料费占产品全部成本的比重很大,例如造纸、酿酒、纺织等企业,而各月在产品数量又比较稳定时,为了简化核算,在产品成本可只计算原材料费用,其他各项费用全部由产成品负担。采用这种分配方法时,月末在产品只计算耗用的原材料费用,不计算所耗用的直接人工等加工费用,产品的加工费用全部计入完工产品成本。某种产品的全部生产费用减月末在产品原材料费用,就是完工产品的成本。

【例 4.2】 某企业生产甲产品,该产品原材料费用在产品成本中所占比重较大,在产品只计算原材料费用,采用在产品按所耗原材料费用计价法。甲产品月初在产品原材料费用(即月初在产品费用)为 3 650 元;本月发生原材料费用 21 200 元,直接人工等加工费用共计 1 100 元;完工产品 850 件,月末在产品 150 件。该种产品的原材料费用是在生产开始时一次投入的,原材料费用按完工产品和在产品的数量比例分配。分配计算如下:

(1) 原材料费用分配率 = $\dfrac{3\ 650 + 21\ 000}{850 + 150}$ = 24.85

(2) 完工产品原材料费用 = 850 × 24.85 = 21 122.50(元)

(3) 月末在产品原材料费用 = 150 × 24.85 = 3 727.50(元)

(4) 完工产品费用 = 21 122.50 + 1 100 = 22 222.50(元)

或 3 650 + (21 200 + 1 100) − 3 727.50 = 22 222.50(元)

(四) 约当产量法

约当产量法是指首先将在产品数量按照其完工程度(即完工率)折算为完工产品(指产成品)约当产量,然后将产品成本计算单中归集的全部生产费用(包括月初发生的在产品成本和本月发生的生产费用)按完工产品产量与在产品的约当产量的比例进行分配的一种费用分配方法。约当产量法适用于既有完工产品,又有月末在产品,且月末在产品成本大、各月月末在产品成本变化也大,各成本项目占总成本的比重相差不多的产品。

约当产量法是指首先将在产品数量按照其完工程度(即完工率)折算为完工产品(指产成品)的约当产量,然后将产品成本计算单中归集的全部生产费用(包括月初在产品成本和本月发生的生产费用）按完工产品产量与在产品的约当产量的比例进行分配的一种费用分配方法。它是将生产费用在本月完工产品和月末在产品之间进行分配的基本方法之一，适用于既有完工产品，又有月末在产品，且月末在产品成本大、各月月末在产品成本变化也大，各成本项目占总成本的比重相差不多的产品。

1. 约当产量法的计算公式

约当产量法的基本计算公式为：

（1）在产品的约当产量 = 在产品数量 × 在产品的完工程度

（2）某项费用分配率（即单位产品费用）= 待分配的该项费用总额／（完工产品产量 + 在产品的约当产量）=（月初在产品成本中该项费用 + 本月发生的该项费用）／完工产品和在产品的约当总产量

（3）完工产品应分配的该项费用 = 完工产品产量 × 该项费用分配率

（4）月末在产品应分配的该项费用 = 在产品的约当产量 × 该项费用分配率 = 待分配的该项费用总额 – 完工产品应分配的该项费用

应用这些计算公式分配生产费用时，应注意：

（1）应该按成本项目分别将生产费用在本月完工产品和月末在产品之间进行分配。

（2）产品生产时原材料的投料方式不同，原材料费用的分配方法也不同。原材料的投料方式主要有一次投料方式和逐步投料方式。

一次投料方式是指原材料在开始生产时一次性地全部投入的方式。采用一次投料方式时，在产品的投料程度为100%，即单位在产品应分配的原材料费用与单位完工产品应分配的原材料费用完全相同，因此，可按月末在产品数量与本月完工产品数量的比例分配原材料费用。

逐步投料方式是指原材料随着生产进度逐步投入生产的方式采用逐步投料方式时，应先将月末在产品数量按其投料程度折算为完工产品的约当产量，然后再按月末在产品的约当产量与本月完工产品产量的比例分配原材料费用。如果在产品的投料程度与加工程度相同（或基本相同），可以用同一个完工程度将在产品折算为完工产品的约当产量，然后按在产品和完工产品的约当总产量计算各项费用分配率和分配额。

【例4.3】 某基本生产车间生产甲产品，原材料采用一次投料方式。2004年8月份完工产品40件。月末在产品20件，完工程度平均为50%。月初在产品的原材料费用4 000元，工资及福利费2 000元，制造费用1 000元，本月发生的原材料费用5 000元，工资及福利费3 000元，制造费用2 000元。要求：按约当产量法在本月完工产品和月末在产品之间分配有关生产费用。

根据上述资料，分配原材料费用、工资及福利费和制造费用如下：

原材料费用分配率 =（4 000 + 5 000）÷（40 + 20）= 150

本月完工产品应分配的原材料费用 = 40 × 15 = 6 000（元）

$$月末在产品应分配的原材料费用 = 20 \times 150 = 3\,000(元)$$

$$工资及福利费分配率 = (2\,000 + 3\,000) \div (40 + 20 \times 50\%) = 100$$

$$本月完工产品应分配的工资及福利费 = 40 \times 100 = 4\,000(元)$$

$$月末在产品应分配的工资及福利费 = (20 \times 50\%) \times 100 = 1\,000(元)$$

$$制造费用分配率 = (1\,000 + 2\,000) \div (40 + 20 \times 50\%) = 60$$

$$本月完工产品应分配的制造费用 = 40 \times 60 = 2\,400(元)$$

$$月末在产品应分配的制造费用 = (20 \times 50\%) \times 60 = 600(元)$$

因此

$$完工产品总成本 = 6\,000 + 4\,000 + 2\,400 = 12\,400(元)$$

$$月末在产品总成本 = 3\,000 + 1\,000 + 600 = 4\,600(元)$$

在会计实务中,将生产费用在本月完工产品和月末在产品之间进行分配是在产品成本计算单中完成的,见表 4.2(为了简化格式,表中将本月发生的各项生产费用集中登列在一行之中)

表 4.2 产品成本计算单

车间名称:××基本生产车间　　　　　　　　　　　完工产品数量:40 件
产品名称:甲产品　　　　　　　　　　　　　　　　在产品数量:20 件
投料方式:一次投料　　　　　　　　　　　　　　　在产品完工率:50%　　　　单位:元

2004 年		凭证字号	摘要	原材料	工资及福利费	制造费用	合计
月	日						
7	31		在产品成本	4 000	2 000	1 000	7 000
8	31		本月发生的费用	5 000	3 000	2 000	10 000
	31		生产费用合计	9 000	5 000	3 000	17 000
	31		单位产品费用	150	100	60	310
	31		完工产品转出	-6 000	-4 000	-2 400	-12 400
	31		月末在产品成本	3 000	1 000	600	4 600

在表 4.2 中,结转完工产品成本的"-"(负号)代表该数字为红字(转出)。但是,在产品成本计算单中转出完工产品成本之前,还应根据产成品验收入库单和产品成本汇总表(略),填制入库产成品成本的记账凭证(会计分录),然后,再根据该记账凭证登记有关总账及其明细账(包括产品成本计算单)。

【例 4.4】　某基本生产车间生产乙产品,原材料采用逐步投料方式。2010 年 8 月份完工产品 80 件。月末在产品 40 件,完工程度为 50%(投料程度和加工程度均为 50%)。月初在产品的原材料费用 4 000 元,工资及福利费 2 000 元,制造费用 1 000 元;本月发生的原材料费用

5 000元,工资及福利费3 000元,制造费用2 000元。要求:按约当产量法在本月完工产品和月末在产品之间分配有关生产费用。

表4.3 产品成本计算单

车间名称:××基本生产车间　　　　　　　　完工产品数量:80件
产品名称:甲产品　　　　　　　　　　　　　　在产品数量:40件
投料方式:逐步投料　　　　　　　　　　　　　在产品完工率:50%　　　单位:元

2010年		凭证		摘要	原材料	工资及福利费	制造费用	合计
月	日	字	号					
7	31			在产品成本	4 000	2 000	1 000	7000
8	31			本月发生的费用	5 000	3 000	2 000	10 000
	31			生产费用合计	9 000	5 000	3 000	17 000
	31			单位产品费用	150	50	30	170
	31			完工产品转出	－7 200	－4 000	－2 400	－13 600
	31			月末在产品成本	1 800	1 000	600	3 400

其中:

　　原材料费用分配率(单位产品原材料费用) = 9 000/(80 + 40 × 50%) = 90

　　工资及福利费分配率 = 5 000/(80 + 40 × 50%) = 50

　　制造费用分配率 = 3 000 + (80 + 40 × 50%) = 30

【例4.5】　某产品月初在产品和本月发生的直接人工费用合计为45 000元,该产品本月份完工2 200件。各工序在产品数量和完工率分别为:第一工序在产品数量3 000件,完工率40%;第二工序在产品数量2 000件,完工率80%。要求:采用"约当产量法"计算该产品完工产品与在产品应分配的直接人工费用。

根据上述资料,分配直接人工费用如下:

　　月末在产品的约当产量 = (3 000 × 40%) + (2 000 × 80%) = 2 800(件)

　　直接人工费用分配率 = 45 000/(2 200 + 2 800) = 9

　　完工产品应分配的直接人工费用 = 2 200 × 9 = 19 800(元)

　　月末在产品应分配的直接人工费用 = 2 800 × 9 = 25 200(元)

2. 在产品的完工程度的测定方法

采用约当产量法分配费用时,要求正确测定在产品的完工程度(即完工率)。测定在产品的完工程度时,应注意以下几点。

(1) 如果各工序的在产品数量、单位产品在各工序的加工量均相差不大,可以将所有在产品的完工程序均确定为50%。因为在各工序的在产品数量和单位产品在各工序的加工量均相差不大的情况下,后面各工序在产品多加工的程度,可以抵补前面各工序少加工的程度。

(2) 如果各工序的在产品数量相差较大,或者单位产品在各工序的加工量相差较大,应按工序分别测定其在产品的完工程序。通常可按"各工序的累计定额工时数"占"完工产品工时定额数"的比例,测定各工序在产品的加工完工程度。加工程度的计算公式为(按单位产品的工时定额计算):

某道工序在产品的完工率 =(该工序之前各工序的工时定额之和 + 本工序的工时定额 × 50%)/产成品的工时定额

某工序在产品的约当产量 = 该工序在产品数量 × 该工序的完工率

在产品的约当总产量 = 各工序约当产量之和

单位产成品的工时定额就是单位产品各工序的工时定额之和。

(3) 分配原材料费用时,应注意投料方式、投料程度与加工程度是否一致(或基本一致)。投料程度的计算(按单位产品的材料耗用定额计算)可分为下列四种情况:

① 采用一次投料方式时,在产品的投料程度为 100%。因此,分配原材料费用时,不要将在产品数量按加工程度折算为完工产品(产成品)的约当产量。

② 原材料分工序一次性投料(即每道工序开始时,一次性投入本工序所需耗用的原材料)时,应将随加工进度陆续投料的计算方法与一次投料的计算方法结合起来,根据各工序原材料消耗定额计算其投料程度,其计算公式为

某道工序在产品的投料程度 =(该工序之前各工序的原材料消耗定额之和 + 本工序的原材料消耗定额)/ 产成品的原材料消耗定额

③ 采用逐步投料方式(但不是分工序一次性投料),并且投料程度与加工程度一致(或基本一致)时,可用加工程度作为其投料程度。

④ 采用逐步投料方式(但不是分工序一次性投料),并且投料程度与加工程度不一致时,可按"各工序的累计原材料消耗定额"占"完工产品原材料消耗定额"的比例,测定各工序在产品的投料程度。

某道工序在产品的投料程度 =(该工序之前各工序的原材料消耗定额之和 + 本工序的原材料消耗定额 × 50%)+ 产成品的原材料消耗定额

【例 4.6】 某产品工时定额为 20 小时,经三道工序制成,其中第一道工序为 6 小时,第二道工序为 8 小时,第三道工序为 6 小时。各工序在产品完工程度均按本工序的 50% 计算。本月该产品完工 1 500 件。第 1、2、3 道工序在产品数量分别为:160 件、200 件、140 件。发生的制造费用为 10 458 元。

根据上述资料,计算各工序完工率并分配制造费用如下:

(1) 确定各工序的完工率。

第一道工序完工率 = (6 × 50%)/20 = 15%

第二道工序完工率 = (6 + 8 × 50%)/20 = 50%

第三道工序完工率 = [(6 + 8) + 6 × 50%]/20 = 85%

(2) 分配制造费用。

分配率 = 10 458/{1 500 + [(160 × 15%) + (200 × 50%) + (140 × 85%)]}

完工产品应分摊的制造费用 = 1 500 × 6 = 9 000(元)

月末在产品应分摊的制造费用 = 10 458 − 9 000 = 1 458(元)

【例4.7】 甲产品由A、B两个零部件(各一件)所组成。甲产品单台用工量定额为80工时,其所用零部件在各道工序的加工工时定额见表4.4。

表4.4 各零部件工时定额表

零部件名称	工序号	各工序工时定额/小时
A	1	16
A	2	24
B	1	20
B	2	20
合计		80

甲产品本月完工440台,月末在产品的盘存数量见表4.5。

表4.5 在产品盘存数

零部件名称	工序号	各工序工时定额/小时
A	1	200
A	2	400
	合计	600
B	1	400
B	2	400
	合计	800

各工序在产品的完工率一律按50%计算,原材料在零部件投产时一次投入。甲产品的月初在产品成本和本月发生的费用见表4.5第1、2行。

根据上述资料,分配原材料费用、工资及福利费和制造费用,见表4.6。

表4.6　产品成本计算单

产品名称:甲产品
完工产量:440件　　　　　　　×年×月　　　在产品数量:1 400件　　　单位:元

摘要	原材料	工资及福利	制造费用	合计
月初在产品成本	16 000	2 600	2 600	21 200
本月生产费用	20 800	4 000	4 600	29 400
合计	36 800	6 600	7 200	50 600
费用分配率	20	8.25	9	—
完工产品成本转出	−8 800	−3 630	−3 960	−16 390
月末在产品成本	28 000	2 970	3 240	34 210

其中　在产品的约当产量 = 200 × 16 × 50%/80 + 400 × (16 + 24 × 50%)/80 +
　　　　　　　　　　　　400 × 20 × 50%/80 +
　　　　　　　　　　　　400 × (20 + 20 × 50%)/80 = 360(台)
　　　　原材料费用分配率 = 36 000/(600 + 800) = 20
　　　　工资及福利费分配率 = 6 600/(440 + 360) = 8.25
　　　　制造费用分配率 = 7 200/(440 + 360) = 9
完工产品成本 = 440 × 20 + 440 × 8.25 + 440 × 9 = 8 800 + 3 630 + 3 960 = 16 390(元)
　月末在产品成本 = (26 800 − 8 800) + (6 600 − 3 630) + (7 200 − 3 960) =
　　　　　　　　　28 000 + 2 970 + 3 240 = 34 210(元)

（五）在产品按完工产品成本计价法

有些企业月末在产品已经接近完工,或者产品已经加工完毕,但尚未验收或包装入库的,为简化核算,可视同成品分配费用。

【例4.8】　某产品月初在产品费用和本月发生费用累计数为:原材料费用25 600元,直接人工5 600元,制造费用6 400元。完工产品600件,月末在产品200件,该产品已接近完工,采用月末在产品成本按完工产品成本计算。其计算分配结果见表4.7。

表4.7　产成品和在产品生产费用分配表

成本项目	生产费用合计	费用分配表	完工产品		月末在产品	
			数量/件	费用	数量/件	费用
①	②	③ = ②/(④ + ⑥)	④	⑤ = ④ × ③	⑥	⑦ = ⑥ × ③

续表4.7

成本项目	生产费用合计	费用分配表	完工产品		月末在产品	
			数量/件	费用	数量/件	费用
直接材料	25 600	32	600	19 200	200	6 400
直接人工	5 600	7	600	4 200	200	1 400
制造费用	6 400	8	600	4 800	200	1 600
合　计	37 600	—	—	28 200	—	9 400

表中各项费用的分配率是根据各该生产费用的累计数除以完工产品数量与月末在产品数量之和计算出的；各项费用分配率分别乘以完工产品数量和月末在产品数量，即求出完工产品与月末在产品分配的各项费用。

（六）定额比例法

将生产费用分配于产成品与在产品时，也可采用定额比例法。因为对同一产品来说，若是节约，则产成品与在产品都有节约，若是浪费，也同样都有浪费，则按定额比例将实际生产费用分配于产成品与在产品的方法，是可行的。这种分配方法适用于定额管理基础较好，各项消耗定额或费用定额比较准确、稳定，各月末在产品数量变动较大的产品。因为月初和月末在产品费用之间脱离定额的差异要在完工产品与月末在产品之间按比例分配，从而提高了产品成本计算的正确性，这种方法是按产成品与在产品的材料消耗定额（或材料定额成本）的比例，将实际材料费分配于产成品与在产品上，再按工时定额（或加工费定额成本）的比例，将实际加工费分配于产成品与在产品上。

公式一：

$$消耗量分配率 = \frac{月初在产品实际消耗量 + 本月实际消耗量}{完工产品定额消耗量 + 月末在产品定额消耗量}$$

完工产品实际消耗量 = 完工产品定额消耗量 × 消耗量分配率

完工产品费用 = 完工产品实际消耗量 × 原材料单价（或单位工时的人工、费用）

月末在产品实际消耗量 = 月末在产品定额消耗量 × 消耗量分配率

月末在产品费用 = 月末在产品实际消耗量 × 原材料单价（或单位工时的工资、费用）

按照上列公式分配，既可以提供完工产品和月末在产品的实际费用资料，还可以提供实际消耗量资料，便于考核和分析各项消耗定额的执行情况。但是，在各产品所耗原材料的品种较多的情况下，采用这种分配方法工作量较大。为了简化核算工作，也可以采用下列公式计算分配。

公式二：

$$\text{原材料费用分配率} = \frac{\text{月初在产品实际原材料费用} + \text{本月实际原材料费用}}{\text{完工产品定额原材料费用} + \text{月末在产品定额原材料费用}}$$

完工产品实际原材料费用 = 完工产品定额原材料费用 × 原材料费用分配率

月末在产品实际原材料费用 = 月末在产品定额原材料费用 × 原材料费用分配率 = 月初在产品实际原材料费用 + 本月实际原材料费用 − 完工产品实际原材料费用

或

$$\text{人工(费用)分配率} = \frac{\text{月初在产品实际工资(费用)} + \text{本月实际工资(费用)}}{\text{完工产品定额工时} + \text{月末在产品定额工时}}$$

完工产品实际人工(费用) = 完工产品定额工时 × 人工(费用)分配率

月末在产品实际人工(费用) = 月末在产品定额工时 × 人工(费用)分配率 = 月初在产品实际人工(费用) + 本月实际人工(费用) − 完工产品实际人工(费用)

【例4.9】 某厂大量生产的212产品是定型产品,有比较健全的定额资料和定额管理制度。本月完工212产品1 000件,单位产品原材料消耗定额为800元,工时消耗定额为90小时。月末盘点停留在各生产工序的在产品为400件,其中第一工序为150件,单位在产品原材料消耗定额为600元,工时消耗定额为10小时;第二工序为140件,单位在产品原材料消耗定额为700元,工时消耗定额为45小时;第三工序为110件,单位在产品原材料消耗定额为800元,工时消耗定额为80小时。212产品月初在产品成本和本月发生的生产费用见表4.8。采用定额比例法计算月末在产品和本月完工产品成本,有关计算过程如下:

① 计算总定额。

完工产品原材料消耗总定额 = 800 × 1 000 = 800 000(元)

月末在产品原材料消耗总定额 = 600 × 150 + 700 × 140 + 800 × 110 = 276 000(元)

完工产品工时消耗总定额 = 90 × 1 000 = 90 000(元)

月末在产品工时消耗总定额 = 10 × 150 + 45 × 140 + 80 × 110 = 16 600(小时)

② 计算费用分配率。

$$\text{原材料费用项目}: \frac{103\ 296 + 929\ 664}{800\ 000 + 276\ 000} = 0.96$$

这一计算结果表明,实际成本为定额成本的96%,本月直接材料项目定额完成较好,实际成本比定额成本降低了4%。

$$\text{直接人工项目}: \frac{25\ 584 + 294\ 216}{90\ 000 + 16\ 600} = 3(\text{元/工时})$$

$$\text{制造费用项目}: \frac{15\ 350 + 176\ 530}{90\ 000 + 16\ 600} = 1.8(\text{元/工时})$$

③ 计算月末在产品成本和本月完工产品成本。

月末在产品总成本为 344 640 元，其中：

$$直接材料: 276\,000 \times 0.96 = 264\,960(元)$$
$$直接人工: 16\,600 \times 3 = 49\,800(元)$$
$$制造费用: 16\,600 \times 1.8 = 29\,880(元)$$

本月完工产品总成本为 1 200 000 元，其中：

$$直接材料: 103\,296 + 929\,664 - 264\,960 = 768\,000(元)$$

或
$$800\,000 \times 0.96 = 768\,000(元)$$

$$直接人工: 25\,584 + 294\,216 - 49\,800 = 270\,000(元)$$

或
$$90\,000 \times 3 = 270\,000(元)$$

$$制造费用: 15\,350 + 176\,530 - 29\,880 = 162\,000(元)$$

或
$$90\,000 \times 1.8 = 162\,000(元)$$

根据成本计算结果，编制结转本月完工产品入库 212 产品 1 000 件的总成本的会计分录如下：

借：产成品——212 产品　　　　　　　　　　　　　　1 200 000
　　贷：生产成本——212 产品　　　　　　　　　　　　　1 200 000

上述计算结果在"产品成本计算单"中的登记见表 4.8。

表 4.8　产品成本计算单

生产单位：　　　　　　　　××年×月　　　　　　产品：212　　单位：元

摘要		直接材料	直接人工	制造费用	合计
月初在产品成本		103 296	25 584	15 350	144 230
本月发生生产费用		929 664	294 216	176 530	1 400 410
生产费用合计		1 032 960	319 800	191 880	1 544 640
总定额	完工产品	800 000	90 000	90 000	
	月末在产品	276 000	16 600	16 600	
	合计	1 076 000	106 600	106 600	
费用分配率		0.96	3	1.8	
完工产品实际总成本		768 000	270 000	162 000	1 200 000
月末在产品实际总成本		264 960	49 800	29 880	344 640

（七）在产品按定额成本计价法

有的企业各期末在产品数量少且较稳定，则在产品可按定额成本计价（用在产品数量或在产品约当产量，分别乘以各项费用单位定额成本），从各项费用总计数（期初在产品成本加本期费用发生数)中扣除,即求出产成品成本;当期实际生产费用与定额的差异,不论超支还是节约都由本月完工产品成本负担。采用这种分配方法,应根据各种在产品有关定额资料以及在产品月末结存数量,计算各种月末在产品的定额成本。

【例4.10】 假设甲、乙产品的月末在产品采用按定额成本计价的方法。甲产品单件原材料费用定额为40元(原材料在生产开始时一次投入),在产品工时定额为30小时;乙产品单件原材料费用定额为32元,在产品工时定额20小时。其他有关资料及月末在产品定额成本的计算结果详见表4.9。

表4.9 月末在产品定额成本计算表

车间:　　　　　　　　　　　　　　20××年×月

产品名称	在产品数量/件	原材料定额费用/元	定额工时	动力单位工时定额1.20元	人工单位工时定额0.85元	制造费用单位工时定额1.00元	定额成本合计/元
甲产品	12	480	360	432	306	360	1 578
乙产品	14	448	280	336	238	280	1 302
合　计	——	928	640	768	544	640	2 880

采用这种分配方法,月末在产品定额成本与实际成本之间的差异(脱离定额差异)全部由完工产品负担不尽合理。如前所述,在各项消耗定额或费用定额比较准确、稳定,又不需要经常修订定额的条件下,采用这种分配方法能够比较准确、简便地解决完工产品与月末在产品之间分配费用的问题,否则会影响产品成本计算的正确性。采用这种分配方法,如果产品成本中原材料费用所占比重较大,为了进一步简化成本计算工作,月末在产品成本可以只按定额原材料费用计算,其他各项实际费用计入完工产品成本。也就是把前述第三种分配方法在产品按所耗原材料费用计价法,与第六种分配方法在产品按定额成本计价法相结合应用,即在产品按定额原材料计价法,月末在产品只计算所耗原材料费用,而原材料又是按定额计算的。本例甲、乙产品生产费用在完工产品与月末在产品之间的分配,采用的就是月末在产品按定额成本计价法。

三、完工产品成本的结转

工业企业生产产品发生的各项生产费用,已在各种产品之间进行了分配,在此基础上又在同种产品的完工产品和月末在产品之间进行了分配,计算出各种完工产品的成本,从"基本生产成本"科目及所属明细账贷方转出,记入有关科目的借方。完工入库产成品的成本,借记"库存商品"科目;完工的自制材料、工具、模具等的成本,分别借记"原材料"、"低值易耗品"等科目,转出合计的成本贷记"基本生产成本"科目,"基本生产成本"科目月末借方余额就是基本生产在产品的成本,即占用在基本生产过程中的生产资金。

如果企业对自制半成品设立自制半成品仓库进行管理和核算,要设立"自制半成品"账户(也是生产账户),自制半成品交库时,其成本从基本生产账户贷方转入自制半成品账户借方,当生产领用时,再按领用的自制半成品的成本从"自制半成品"账户贷方转入"基本生产成本"账户的借方。对已经生产完成并已发交订货单位的工业性作业(例如未通过仓库而直接发交购买单位的代制代修品等),应按实际成本从基本生产账户的贷方转入"发出商品"或"销售成本"账户的借方。

【案例4.1】 完工产品和在产品之间分配费用的方法。

某工程机械制造厂生产YZ16J振动压路机,2009年3月份月初结存在产品2台,加工程度为40%;本月完工产量为5台;月末结存在产品3台,加工程度为50%。该机械设备生产所耗直接材料是在该设备开始生产时投入全部直接材料的80%,当产品加工达到60%时,再投入其余20%的直接材料。YZ16J振动压路机3月初在产品成本为:直接材料142 797.69元,直接工资14 900元,制造费用12 639.20元;3月份发生的生产耗费为:直接材料1 079 316元,直接工资111 768.32元,制造费用94 794元。

要求:根据上述成本资料,采用先进先出法对YZ16J振动压路机的完工产品成本与月末在产品成本进行计算。

本章小结

在产品数量的核算,是计算完工产品和月末在产品成本的基础。生产费用在完工产品与月末在产品之间的分配方法有:不计算在产品成本法、按年初数固定计算在产品成本法、在产品按所耗原材料费用计价法、约当产量法、在产品按完工产品成本计价法、在产品按定额成本计价法和定额比例法。这七种分配方法通常可以归纳为两类:一类是先确定月末在产品费用,再计算出完工产品费用;另一类是同时计算出完工产品费用和月末在产品费用。这些分配方法各有其不同的特点、适用范围和计算程序。某种产品采用哪种分配方法,是根据企业月末在产品数量的多少、数量变化的大小、各项费用比重的大小、定额管理基础的好坏等具体条件确定的。

自测题

一、单选题

1. 某企业生产产品经过2道工序,各工序的工时定额分别为30小时和40小时,则第二道工序在产品的完工率约为( )。

   A. 68%　　　　B. 69%　　　　C. 70%　　　　D. 71%

2. 采用约当产量法计算在产品成本时,影响在产品成本准确性的关键因素是( )。

A. 在产品的数量 B. 在产品的完工程度
C. 完工产品的数量 D. 废品的数量

3. 定额管理基础较好,各项消耗定额或费用定额比较准确、稳定,但各月末在产品数量变化较大的产品,其在产品成本的计算通常采用( )。
A. 定额成本法 B. 定额比例法
C. 原材料费用法 D. 约当产量法

4. 当各项消耗定额或费用比较准确、稳定,而且各月末在产品数量变化不大的产品,其月末在产品成本的计算方法可采用( )。
A. 在产品按定额成本计价法
B. 在产品按完工产品计算法
C. 在产品按约当产量比例法
D. 在产品按所耗原材料费用计价法

5. 通过对在产品成本的计算,从而计算出完工产品的生产成本,然后将其转入( )。
A. "库存商品"科目 B. "原材料"科目
C. "生产成本"科目 D. "主营业务成本"科目

二、多选题

1. 完工产品和月末在产品成本的计算模式主要有( )。
A. 先计算完工产品成本,再计算在产品成本
B. 先计算在产品成本,再计算完工产品成本
C. 先计算月初在产品成本,再计算月末在产品成本
D. 将费用在完工产品和在产品之间按一定比例分配
E. 先计算月末在产品成本,再计算月初在产品成本

2. 企业在选择在产品成本计算方法时应考虑的因素主要有( )。
A. 在产品数量的多少
B. 各月在产品数量变化的大小
C. 各项费用比重的大小
D. 定额管理基础的好坏
E. 成本计算程序的繁简

3. 采用约当产量法计算在产品成本时,一般适用于下列费用的分配( )。
A. 销售费用 B. 一次投入的原材料费用
C. 管理费用 D. 工资等加工费用
E. 随生产进度陆续投入的原材料费用

4. 采用定额比例法计算在产品成本时,所使用的定额主要有( )。
A. 材料定额消耗量 B. 材料定额费用

C. 工时定额消耗量　　　　　　　　D. 材料计划单位成本

E. 产品产量定额

5. 采用按所耗材料费用计算在产品成本时，应具备的条件是(　　)。

A. 产品成本中材料费用所占的比重较大

B. 产品成本中材料费用所占的比重较小

C. 其他加工费用比重较小

D. 其他加工费用比重较大

E. 产品产量较小

三、判断题

1. 广义在产品包括正在加工中的产品和加工告一段落留存在半成品库和以后各步骤的半成品。(　　)

2. 对于盘盈的在产品，应于批准后，冲减"制造费用"科目。(　　)

3. 完工产品与在产品之间分配费用的约当产量法只适用于工资和其他加工费用的分配，不适用于原材料费用的分配。(　　)

4. 当企业的各项消耗定额或费用定额比较准确、稳定，而且各月末在产品数量变化不大时，可采用定额比例法计算在产品的成本。(　　)

5. 在产品按其所耗原材料费用计价时，在产品所耗其他费用全部由完工产品成本负担。(　　)

四、问答题

1. 确定完工产品与月末在产品之间分配费用的方法时，应考虑哪些具体条件？

2. 完工产品与在产品之间费用的分配方法有几种？它们各自的特点、适用范围、计算分配程序以及优缺点如何？

五、计算题

1. 某企业第一生产车间生产的甲产品本月完工 500 件，月末在产品 200 件，甲产品经过 3 道工序制成，完工甲产品工时定额为 100 小时，各工序工时定额及在产品数量如下：

工　序	本工序工时定额/小时	在产品数量/件
1	40	80
2	40	80
3	20	40
合　计	100	200

各工序内平均完工程度按 50% 计算。原材料在生产开始时一次投入。甲产品月初在产品费用和本月生产费用如下：

单位:元

成本项目	直接材料	直接燃料及动力	直接人工	制造费用	合计
月初在产品费用	6 000	1 200	2 400	1 400	11 000
本月费用	15 000	2 400	6 000	4 000	27 400

要求:
(1) 编制约当产量计算表。
(2) 登记甲产品成本明细账,计算出甲产品的完工产品成本和月末在产品成本。月末在产品原材料费用按产量比例分配,其他各项费用按约当产量比例分配。
(3) 编制完工产品入库的会计分录。

思考:在原材料分次投入时,应该如何计算在产品的完工率(投料率)和月末在产品的约当产量?如何分配原材料费用?

2. 某工业企业乙产品由 A、B 两个零件各一件组成,原材料在零件投产时一次投入,单位原材料暂用定额为 A 零件 5 元,B 零件 6 元。该产品各项消耗定额比较准确、稳定,各月在产品数量变化不大,月末在产品按定额成本计价。

乙产品各工序工时定额和月末在产品数量如下:

零件名称	所在工序号	本工序工时定额	在产品数量/件
A	1	3	100
	2	2	80
	合计	5	180
B	1	6	200
	2	4	100
	合计	10	300

每道工序在产品的累计工时定额,按上道工序累计工时定额,加本工序工时定额的 50% 计算。每小时费用定额为:直接燃料与动力 0.5 元;直接人工 0.6 元;制造费用 0.8 元,工时定额为 15 小时。该产品月初在产品和本月生产费用如下:

单位:元

成本项目	直接材料	直接燃料及动力	直接人工	制造费用	合计
月初在产品费用	4 500	1 630	1 728	2 400	10 258
本月费用	13 200	3 835	4 950	8 356	30 341

要求：
(1) 计算并编制月末在产品定额成本计算表。
(2) 计算完工产品成本，登记乙产品成本明细账。

思考：为什么月末在产品按定额成本计价法在各项消耗定额或费用定额比较准确、稳定而且各月在产品数量变动不大的产品上才能使用？约当产量比例法与定额成本计价法是如何结合使用的？

3. 某企业丙产品消耗定额比较准确、稳定，各月末在产品数量变化较大，采用定额比例法分配完工产品与在产品费用，其中原材料费用按定额原材料费用比例分配，其他费用按定额工时比例分配。本月份丙产品有关资料如下：

单位：元

成本项目	月初在产品费用		本月生产费用	
	定额	实际	定额	实际
直接材料	3 000	3 500	7 000	7 500
直接人工	2 000 工时	2 500	3 000 工时	3 500
制造费用		1 500		2 500
合　计		7 500		13 500

本月丙产品完工 100 件，单件产品定额：直接材料 80 元，工时定额为 40 小时。

要求：
(1) 采用定额比例法分配完工产品与月末在产品费用，并登记产品成本明细账。
(2) 编制完工产品入库的会计方案。

思考：定额比例法与月末在产品按定额成本计价法的相同点与不同点；在采用本题的方法计算各种费用的分配率时，应注意什么问题？

Chapter 5

产品成本计算的基本方法

【学习要点及目标】

通过本章的学习,学生应了解生产的分类,掌握生产特点和管理要求对产品成本计算方法的影响及产品成本计算的基本方法和辅助方法所包括的内容。熟练掌握品种法、分批法和分步法的特点、适用范围、计算程序及账务处理过程。

【引导案例】

陶瓷公司采用批量生产的方法生产陶瓷产品(如用于集成电路的多层器件)。塑造和完工是两个主要加工工序。

* 塑造工序:材料混合、挤压、烘干。
* 完工工序:烧制、切割、研磨、包装。

多年来,陶瓷公司一直为计算机公司或国防公司等工业客户生产大批量的产品。

陶瓷公司采用分步成本法,按照标准成本确定单位产品的成本。成本数据在塑造和完工两个部门归集和确认。加工成本按照为部门的标准生产时间分配,厂房和设备折旧包括在加工成本之中。公司会计主管认为,这一成本系统准确地计量了产品成本,因为这些产品是按照高度标准化大批量生产的。

陶瓷公司最近增添了一条"客户生产线"。这条生产线完全按照客户的要求进行生产,产量和生产频率的起伏很大。例如,客户设计的用于控制污染(防止有害气体泄漏)的喷嘴,只是一个客户需要,其数量也有限。会计主管开始怀疑现行的分步成本核算系统能否准确地计量这类产品的成本。她认为影响这类产品的成本动因较多,绝不仅仅局限于每个部门的标准工作小时。

例如,许多客户的产品需要在与主生产区相邻的加工区进行特殊的处理。目前,会计主管对某些独立的加工采用分批成本法进行成本核算。

会计主管希望找到一种方法将分步成本法与分批成本法的某些因素结合起来。她认为新建立的客户生产线对陶瓷公司提出了不同于以往的大批量生产的需求。对这一生产线来说结合分步成本法与分批成本法的综合成本核算系统可能更合适。

第一节　产品成本计算方法的选择

不同生产特点的企业，其成本计算方法是有区别的，即使同一生产特点的企业，如果成本管理要求不一样，也会采用不同的成本计算方法。所以，在确定产品成本计算方法时，要考虑到企业的生产特点和管理要求。

一、生产分类

（一）生产按工艺过程特点分类

工业企业的生产，按其生产工艺过程的特点，可以分为单步骤生产和多步骤生产。

1. 单步骤生产

单步骤生产也称简单生产，是指生产工艺过程不能间断，不可能或不需要划分为几个生产步骤的生产，如发电、采掘就是典型的单步骤生产。

2. 多步骤生产

多步骤生产也称复杂生产，是指生产工艺由可以间断的若干个生产步骤组成的生产，它可以分散在不同地点、不同时间进行生产。多步骤生产按其产品的加工方式不同，又分为连续式多步骤生产和装配式多步骤生产。连续式多步骤生产是指原材料投入生产后，要依次经过各生产步骤加工，才能成为产成品的生产，如纺织、钢铁等的生产。装配式多步骤生产是指原材料投入生产后，要在各生产步骤平行加工成不同的零、部件，然后再将零、部件装配成产成品的生产，如汽车、仪表制造等生产。

（二）生产按组织特点分类

工业企业的生产，按其生产组织的特点，可以分为大量生产、成批生产和单件生产。

1. 大量生产

大量生产是指不断地重复生产相同产品的生产。这种生产的特点是产品品种较少，产量较大，生产比较稳定，如采掘、面粉等生产。

2. 成批生产

成批生产是指按照事先规定的产品批别和数量进行的生产。这种生产的特点是产品品种较多，有一定的重复性，如服装生产。成批生产按照产品批量的大小，又可分为大批生产和小批生产。

3. 单件生产

单件生产是指根据订货单位的要求，进行个别的、特殊产品的生产。这种生产的特点是产品品种较多，一般不重复生产，如造船、重型机械等生产。

二、生产特点和管理要求对产品成本计算方法的影响

生产特点和管理要求对产品成本计算方法的影响主要表现在以下三个方面。

（一）对成本计算对象的影响

从生产工艺过程特点看，单步骤生产由于工艺过程不能间断，所以不能按照生产步骤计算产品成本，必须以产品为成本计算对象，按产品品种分别计算成本；在多步骤生产中，为了加强对各生产步骤的管理，不仅要求按照产品的品种或批别计算成本，还要求按照产品的生产步骤计算成本。

从产品生产组织特点看，在大量生产情况下，由于企业连续不断重复生产产品，只能按产品品种为成本计算对象计算产品成本；在大批生产情况下，由于产品批量较大，不能按产品批别计算成本，而只能按产品品种为成本计算对象计算产品成本；但如果大批生产的零、部件是按产品批别投产的，也可按批别为成本计算对象计算产品成本；在小批、单件生产情况下，由于生产的产品批量小，一批产品一般可以同时完工，可按产品批别为成本计算对象计算产品成本。

（二）对成本计算期的影响

成本计算期就是间隔多长时间计算一次成本。生产组织的特点对成本计算期的影响非常大。在大量、大批生产中，由于生产连续不断地进行，随时都有产品加工完成，月末一般都有完工产品和在产品，因而产品成本是定期在每月末计算，与产品的生产周期不一致。在小批、单件生产中，每月不一定都有产品完工，产品成本要在某批产品完工以后计算，因而成本计算是不定期进行的，而与生产周期一致。

（三）对完工产品和在产品之间费用分配的影响

在单步骤生产中，由于生产工艺过程不能间断，生产周期比较短，一般没有在产品或在产品的数量较少，所以生产费用不必在完工产品与在产品之间进行分配。在多步骤生产中，是否需要在完工产品与在产品之间分配费用，很大程度上取决于生产组织的特点。在大量、大批生产中，由于生产连续不断地进行，而且经常有在产品，因而需要采用适当的方法，将生产费用在完工产品与在产品之间进行分配。在小批、单件生产中，如果成本计算期与生产周期一致，在每批产品完工前，产品生产成本明细账中所登记的生产费用就是月末在产品的成本；该批产品完工后，产品生产成本明细账中所登记的费用就是完工产品的成本，因而不需要在完工产品与在产品之间分配费用。

三、产品成本计算的基本方法和辅助方法

（一）产品成本计算的基本方法

如前所述，产品成本计算对象一般有三种：产品品种、产品批别和产品的生产步骤。以产品成本计算对象命名的基本方法有三种。

1. 品种法

品种法是指以产品的品种作为成本计算对象，来归集费用并计算产品成本的一种方法。品种法主要适用于大量大批的单步骤生产的企业，如发电、采掘等企业。在大量大批多步骤生产的企业中，如果企业生产规模较小，而且成本管理上又不要求提供各步骤的成本资料，也可以采用品种法计算产品成本，如小型水泥企业。此外，企业的辅助生产（如供水、供电、供气等）车间也可以采用品种法计算其劳务的成本。

2. 分批法

分批法是指以产品的批别作为成本计算对象，用以归集生产费用计算产品成本的一种方法。分批法主要适用于单件、小批单步骤生产或管理上不要求分步计算的多步骤生产企业，例如重型机器制造、船舶制造、精密仪器制造等。

3. 分步法

分步法是指以产品的品种及其所经过的生产步骤作为成本计算对象，来归集生产费用，计算产品及所经生产步骤成本的一种方法。分步法主要适用于大量大批的多步骤生产企业，如纺织、造纸和机械制造业等。

以上三种方法与企业生产类型的特点有直接联系，是计算产品成本必不可少的方法，无论哪一种生产类型的企业，计算产品成本所采用的基本方法就这三种，所以将上述三种方法称为产品成本计算的基本方法。

（二）产品成本计算的辅助方法

产品成本计算的辅助方法与企业的生产类型没有直接联系，应用产品成本计算的辅助方法目的是可以简化成本计算工作或加强企业的成本控制等。产品成本计算的辅助方法不能单独使用，必须结合产品成本计算的基本方法使用。

1. 分类法

分类法是以产品的类别作为成本计算对象，归集生产费用，计算产品成本的一种方法。分类法主要适用于产品品种、规格繁多，并且可以按照一定要求和标准分类的企业。

2. 定额法

定额法是把产品成本的计划、控制、核算和分析结合在一起，以便加强成本管理而采用的一种成本计算方法，此种方法计算产品成本时，以产品的定额成本为基础，加减脱离定额差异、材料成本差异和定额变动差异，来计算产品的实际成本。定额法适用于定额管理制度比较健

全,定额管理工作的基础比较好,产品的生产已经定型,消耗定额比较准确、稳定的企业。

四、产品成本计算方法的应用

实际工作中,一个企业单独采用一种成本计算方法计算产品成本的情况并不多。如果一个企业有不同的生产车间,一个车间生产不同的产品,由于其生产特点和成本管理要求不同,企业可以将几种不同的成本计算方法结合起来应用。

第二节 产品成本计算的品种法

一、品种法的含义、特点及适用范围

(一) 品种法的含义

品种法是指以产品的品种作为成本计算对象,来归集费用并计算产品成本的一种方法。

按照产品品种计算成本,是产品成本计算最一般、最起码的要求,不论什么方式的制造企业,也不论生产什么类型的产品,最终都要求按产品品种计算出产品成本,因此,品种法是最基本的产品成本计算方法。

(二) 品种法的特点

品种法在成本计算对象、成本计算期、生产费用在完工产品和在产品之间的分配三个方面有如下特点:

1. 以产品品种作为成本计算对象

品种法的成本计算对象是各种产品,因此,在进行成本计算时,需要按每种产品设置产品成本明细账。如果企业只生产一种产品,成本计算对象就是该种产品,只须设置一张成本明细账就可以,所有生产费用都可以直接计入该种产品的成本明细账。如果企业生产多种产品,就要按每种产品分别设置产品成本明细账,也就是生产几种产品就要设几张产品成本明细账,对于生产产品过程中发生的直接计入费用可以直接计入该产品的成本明细账中;对于生产产品过程中发生的间接计入费用应先归集,然后采用适当的方法在各种产品间进行分配,再计入各产品成本明细账中。

2. 按月计算产品成本

采用品种法计算产品成本的企业大多是大量大批生产组织形式的企业,由于该类型的企业会连续不断地生产出产品,有完工产品就计算其成本是不可能的,所以成本计算是定期按月进行的,与生产周期不一致。

3. 存在月末在产品的需要在完工产品和在产品之间分配生产费用

月末计算产品成本时,如果没有在产品或者在产品数量很少,则不需要在完工产品和在产

品之间分配生产费用;如果月末有在产品,而且数量比较多,此时需要采用一定方法,在完工产品和在产品之间分配生产费用,以便计算出完工产品和月末在产品成本。

(三) 品种法的适用范围

品种法主要适用于大量大批的单步骤生产的企业,如发电、采掘等企业。在大量大批多步骤生产的企业中,如果企业生产规模较小,而且成本管理上又不要求提供各步骤的成本资料时,也可以采用品种法计算产品成本,如小型水泥企业。此外,企业的辅助生产(如供水、供电、供气等)车间也可以采用品种法计算其劳务的成本。

二、品种法计算程序

(一) 开设产品成本明细账

产品成本明细账用来归集成本计算对象所发生的生产费用,在成本明细账中应按成本项目设专栏,通常包括直接材料、直接人工、燃料及动力和制造费用等项目。上月末没完工的在产品成本,即为本月成本明细账中的月初在产品成本。

(二) 分配各种要素费用

根据各项费用发生的原始凭证和其他有关凭证,归集和分配本月发生的材料费用、燃料及动力费用、人工费用和其他各项费用。按产品品种归集和分配生产费用时,凡能直接计入有关产品成本明细账的,应当直接计入;不能直接计入的,应当按照受益原则分配后,分别计入有关产品成本明细账中。

(三) 分配辅助生产费用

辅助生产单位发生的费用先在辅助生产成本明细账中进行归集,月末根据辅助生产成本明细账归集的本月辅助生产费用总额,采用一定的方法,编制"辅助生产费用分配表"分配辅助生产费用,分别计入有关产品成本明细账、制造费用明细账和期间费用明细账。

(四) 分配基本车间制造费用

根据基本生产车间制造费用明细账归集本月的制造费用,月末按照企业确定的分配方法编制"制造费用分配表"分配制造费用。根据分配结果,分别计入有关产品成本明细账中。

(五) 分配计算各种完工产品成本和在产品成本

根据产品成本明细账中归集的生产费用合计数,在完工产品和月末在产品之间分配生产费用,计算出本月完工产品的总成本和月末在产品成本。

(六) 结转产成品成本

根据产品成本明细账计算结果,编制结转本月完工产品成本的会计分录,结转完工产品成本。

三、品种法成本计算实例

(一) 企业基本情况

光明工厂为大量大批、单步骤生产的小型企业,设有一个基本生产车间,大量生产甲、乙两种产品。根据该厂两种产品的生产特点和成本管理要求,采用品种法计算产品生产成本。

(二) 成本计算程序

1. 成本计算对象和账户设置

该厂以生产的甲、乙两种主要产品作为成本计算对象。按甲、乙两种产品开设产品成本明细账,并按直接材料、直接人工、燃料及动力和制造费用四个成本项目设专栏,"制造费用"总分类账户只按基本生产车间设一个明细账,并按费用项目设专栏组织明细核算。

2. 生产费用在各成本计算对象之间的归集和分配

(1) 材料费用。产品生产直接耗用的原材料,均可直接计入各产品成本明细账,不需进行分配;低值易耗品采用一次摊销法。该厂2011年4月耗用材料汇总表见表5.1。

表5.1 光明工厂耗用材料汇总表

2011年4月 单位:元

领料用途	原材料	低值易耗品	合计
(1) 产品生产耗用	180 000		180 000
甲产品	100 000		100 000
乙产品	80 000		80 000
(2) 车间一般耗用	5 000	7 000	12 000
机物料消耗	5 000		5 000
劳保用品		7 000	7 000
(3) 企业管理部门领用	3 000		3 000
合　　计	188 000	7 000	195 000

根据耗用材料汇总表,做会计分录如下:

借:生产成本——基本生产成本——甲产品　　　　　　　　　　　100 000
　　　　　　——基本生产成本——乙产品　　　　　　　　　　　 80 000
　　制造费用　　　　　　　　　　　　　　　　　　　　　　　　 12 000
　　管理费用　　　　　　　　　　　　　　　　　　　　　　　　 3 000
　贷:原材料　　　　　　　　　　　　　　　　　　　　　　　　188 000
　　　周转材料——低值易耗品　　　　　　　　　　　　　　　　 7 000

(2)应付职工薪酬。该厂4月份工资结算汇总表见表5.2,产品生产工人工资需要按本月实际工时在甲、乙两种产品间进行分配。本月各产品实际工时及工资费用分配表见表5.3。本月提取的应付福利费见表5.4。

表 5.2　光明工厂工资计算汇总表

2011 年 4 月　　　　　　　　　　　　　　　　　　　　单位:元

人员类别	应付工资
基本生产车间	
产品生产工人	400 000
车间管理人员	20 000
厂部管理人员	50 200
销售部门人员	8 000
合　计	478 200

表 5.3　光明工厂工资费用分配表

2011 年 4 月　　　　　　　　　　　　　　　　　　　　单位:元

产品	生产工时	分配率	分配金额
甲产品	6 500		260 000
乙产品	3 500		140 000
合　计	10 000	40	400 000

表 5.4　光明工厂福利费计算表

2011 年 4 月　　　　　　　　　　　　　　　　　　　　单位:元

人员类别	工资额	提取福利费
甲产品生产工人	260 000	36 400
乙产品生产工人	140 000	19 600
车间管理人员	20 000	2 800
厂部管理人员	50 200	7 028
销售部门人员	8 000	1 120
合　计	478 200	66 948

根据工资计算汇总表和工资费用分配表,编制会计分录如下:

借:生产成本——基本生产成本——甲产品	260 000
——基本生产成本——乙产品	140 000
制造费用	20 000
管理费用	50 200
销售费用	8 000
贷:应付职工薪酬——工资	478 200

根据提取福利费计算表,编制会计分录如下:

借:生产成本——基本生产成本——甲产品	36 400
——基本生产成本——乙产品	19 600
制造费用	2 800
管理费用	7 028
销售费用	1 120
贷:应付职工薪酬——职工福利	66 948

(3) 折旧费用。该厂本月提取的折旧费见表5.5。

表5.5　光明工厂折旧费计算表

2011年4月　　　　　　　　　　　　　　　　　　　　单位:元

车间部门	提取折旧费
基本生产车间	22 000
企业管理部门	7 000
合　计	29 000

根据折旧费计算表,编制会计分录如下:

借:制造费用	22 000
管理费用	7 000
贷:累计折旧	29 000

(4) 以现金和银行存款支付的其他费用。本月以现金和银行存款支付的各项制造费用已计入"制造费用"明细账(支付办公用品费16 000元,支付水费10 000元)。本月外购电费先按用电度数在各车间部门之间分配,其中产品生产直接耗用的外购电力费按生产工时在甲、乙两种产品之间进行分配。外购电力费用分配表见表5.6。

表5.6　光明工厂外购电力费用分配表

2011年4月

车间部门	用电度数/(千瓦时)	生产工时	分配金额/元
产品生产直接耗用	25 000	10 000	15 000
甲产品		6 500	9 750
乙产品		3 500	5 250
车间照明耗用	2 500		1 500
企业管理部门耗用	3 500		2 100
合　计	31 000		18 600

根据外购电力费用分配表,编制会计分录如下:

借:生产成本——基本生产成本——甲产品　　　　　　　　　　9 750
　　　　　　——基本生产成本——乙产品　　　　　　　　　　5 250
　　制造费用　　　　　　　　　　　　　　　　　　　　　　　1 500
　　管理费用　　　　　　　　　　　　　　　　　　　　　　　2 100
　　贷:银行存款　　　　　　　　　　　　　　　　　　　　　18 600

3. 制造费用的分配

本月发生的制造费用已全部计入"制造费用明细账",见表5.7。月末,根据"制造费用明细账"汇总的合计数,按实际生产工时在甲、乙两种产品之间进行分配。编制"制造费用分配表",见表5.8。

表5.7　光明工厂制造费用明细账

车间:基本生产车间　　　　　　　　　　　　　　　　　　　　　　　　　　　单位:元

11年		凭证字号	摘要	应付职工薪酬	折旧费	办公费	水电费	机物料消耗	劳动保护费	合计
月	日									
4	1	略	购办公用品			16 000				16 000
			支付水费				10 000			10 000
	30	表5.1	耗用材料					5 000	7 000	12 000
	30	表5.2	分配工资	20 000						20 000
	30	表5.4	提取福利费	2 800						2 800
	30	表5.5	提取折旧费		22 000					22 000

续表 5.7

11年		凭证字号	摘要	应付职工薪酬	折旧费	办公费	水电费	机物料消耗	劳动保护费	合计
月	日									
	30	表5.6	支付电力费				1 500			1 500
	30		本月合计	22 800	22 000	16 000	11 500	5 000	7 000	84 300
	30	表5.8	分配转出	-22 800	-22 000	-16 000	-11 500	-5 000	-7 000	-84 300

表5.8 光明工厂制造费用分配表

2011年4月

产品	生产工时/小时	分配率	分配金额/元
甲产品	6 500		54 795
乙产品	3 500		29 505
合计	10 000	8.43	84 300

根据制造费用分配表,编制会计分录如下:

借:生产成本——基本生产成本——甲产品　　　　　54 795
　　　　　　——基本生产成本——乙产品　　　　　29 505
　贷:制造费用　　　　　　　　　　　　　　　　　84 300

4. 生产费用在完工产品和月末在产品之间的分配

(1) 甲产品生产费用的分配。该厂甲产品本月完工100台,月末在产品20台。甲产品的原材料于生产开始时一次投入,直接人工及其他费用在生产过程中陆续发生,在产品的完工程度按50%计算。甲产品的生产成本明细账见表5.9。

表5.9 生产成本明细账

产品名称:甲产品　　　　　　　　2011年4月　　　　　　　　单位:元

摘　要	直接材料	直接人工	燃料及动力	制造费用	合计
月初在产品成本	20 000	4 120	700	1 635	26 455
材料费(表5.1)	100 000				100 000
工资(表5.3)		260 000			260 000
福利费(表5.4)		36 400			36 400

续表 5.9

摘要	直接材料	直接人工	燃料及动力	制造费用	合计
电力费(表5.6)			9 750		9 750
制造费用(表5.8)				54 795	54 795
本月发生生产费用	100 000	296 400	9 750	54 795	460 945
生产费用合计	120 000	300 520	10 450	56 430	487 400
完工产品总成本	100 000	273 200	9 500	51 300	434 000
月末在产品成本	20 000	27 320	950	5 130	53 400

(2) 乙产品生产费用的分配。该厂乙产品本月完工80台，在产品10台。在产品按定额成本计算，单位在产品原材料费用为800元，直接人工费用为1 200元，燃料及动力费用为300元，制造费用为200元。乙产品的生产成本明细账见表5.10。

表 5.10 产品成本明细账

产品名称：乙产品　　　　　　　2011年4月　　　　　　　　　　　　单位：元

摘要	直接材料	直接人工	燃料及动力	制造费用	合计
月初在产品成本	18 400	3 800	1 700	2 200	26 100
材料费(表5.1)	80 000				80 000
工资(表5.3)		140 000			140 000
福利费(表5.4)		19 600			19 600
电力费(表5.6)			5 250		5 250
制造费用(表5.8)				29 505	29 505
本月发生生产费用	80 000	159 600	5 250	29 505	274 355
生产费用合计	98 400	163 400	6 950	31 705	300 455
完工产品总成本	90 400	151 400	3 950	29 705	275 455
月末在产品成本	8 000	12 000	3 000	2 000	25 000

根据表5.9和表5.10,编制会计分录如下：
借：库存商品——甲产品　　　　　　　　　　　　　　　　434 000
　　　　　　——乙产品　　　　　　　　　　　　　　　　275 455
　　贷：生产成本——基本生产成本——甲产品　　　　　　434 000
　　　　　　　　——基本生产成本——乙产品　　　　　　275 455

第三节　产品成本计算的分批法

一、分批法的含义、特点及适用范围

（一）分批法的含义

分批法是指以产品的批别作为成本计算对象，用以归集生产费用计算产品成本的一种方法。

（二）分批法的特点

分批法在成本计算对象、成本计算期、生产费用在完工产品和在产品之间的分配三个方面有如下特点：

1. 以产品批别作为成本计算对象

分批法应当以产品的批别作为成本计算对象，在单件、小批生产中，产品的种类和每批产品的数量，大多是根据购货单位的订单确定，如果在一张订单中规定有几种产品，或虽然只有一种产品但其数量较大、生产周期较长又要求分批交货时，企业计划部门可以将上述订单按照产品品种划分批别组织生产，或将同类产品划分数批组织生产，计算每批产品成本。如果在同一时期内，企业接到不同购货单位要求生产同一种产品的订单，为了经济合理地组织生产，企业计划部门可以将其合并为一批组织生产。在这种情况下，分批法的成本计算对象，就不是购货单位的订单，而是企业生产计划部门签发下达的生产任务通知单，生产任务通知单内对该批生产任务进行编号，称为产品批号或工作令号。会计部门根据产品批号设立产品成本明细账，归集生产费用计算各批产品成本。

2. 成本计算期与生产周期一致

在分批法下，以产品批别作为成本计算对象，按月归集各批产品的实际生产费用，但只有该批产品全部完工以后才能计算其实际成本。因此完工产品成本计算是不定期的，其成本计算期与产品的生产周期基本一致，与会计报告期不一致。

3. 一般不需要在完工产品和月末在产品之间分配生产费用

由于完工产品成本计算期与产品的生产周期一致，因而在月末计算产品成本时，一般不存在完工产品和月末在产品之间分配费用的问题。

但如果批内产品有跨月陆续完工的情况，在月末计算成本时，就有必要在完工产品和月末在产品之间分配费用，以便计算完工产品和月末在产品成本。如果跨月陆续完工的完工产品数量占批量比重较小，可以采用简化的方法，比如按计划单位成本、定额单位成本计算完工产品成本，从产品成本明细账中转出，剩余数额为在产品成本。如果跨月陆续完工的完工产品数量占批量比重较大时，为了提高成本计算的准确性，则应采用约当产量法或定额比例法等，在完工产品和月末在产品之间分配费用,计算完工产品和月末在产品成本。

(三) 分批法的适用范围

分批法主要适用于单件、小批单步骤生产或管理上不要求分步计算的多步骤生产企业,例如重型机器制造、精密仪器生产等。

二、分批法计算程序

(一) 按产品批别开设产品成本计算单

企业按产品批别组织生产,企业生产计划部门签发下达的生产任务通知单,生产任务通知单内对该批生产任务进行编号,就是批号,会计部门应根据通知单上的产品批号,开设产品成本计算单,并按成本项目设专栏计算产品成本。

(二) 按产品批别归集和分配本月发生的各种费用

对本月发生的生产费用,要按产品批别归集和分配,对于能直接计入某批产品的生产费用,可以直接计入该批产品的成本计算单中,对于不能直接计入某批产品的生产费用,要按照企业确定的分配方法在各批产品之间进行分配后,再计入该批产品成本计算单中。

(三) 计算、结转完工产品成本

由于完工产品成本计算期与产品的生产周期一致,因而在月末计算产品成本时,一般不需要在完工产品和月末在产品间分配生产费用。如果存在跨月陆续完工,但完工产品数量较少,可以用完工产品数量乘以计划单位成本、定额成本计算完工产品成本,在该产品全部完工后,再计算该批产品的实际总成本和单位成本。

三、分批法成本计算实例

(一) 企业基本情况

某工业企业根据购买单位订货单小批生产甲、乙两种产品,采用分批法计算产品成本。2011年4月份生产产品的批号有:

1101号甲产品40件,3月份投产,本月全部完工。

1102号乙产品100件,本月投产,本月全部完工。

1103号甲产品100件,本月投产,本月完工10件,未完工90件。

1101批甲产品期初在产品成本中直接材料9 200元,直接人工8 600元,制造费用7 800元。

由于1103批甲产品完工数量较少,完工产品成本按计划成本结转,每件计划成本170元,其中直接材料80元,直接人工60元,制造费用30元。

(二) 成本计算程序

1. 按成本计算对象设产品成本计算单

该厂以产品批别作为成本计算对象,设置 1101 批甲产品、1102 批乙产品和 1103 批甲产品三个成本计算单,设置的成本项目有直接材料、直接人工和制造费用。

2. 按产品批别归集和分配本月发生的各种费用

根据各种费用分配表,汇总各批产品本月发生的生产费用,见表 5.11。

表 5.11　各批产品本月发生的生产费用

2011 年 4 月　　　　　　　　　　　　　　　　　　　　　　　　　　　单位:元

批号	直接材料	直接人工	制造费用	合计
1101	9 000	8 000	6 900	23 900
1102	36 000	8 600	6 400	51 000
1103	7 400	6 800	3 540	17 740

3. 完工产品成本的计算和结转

1101 批甲产品本月全部完工,完工产品成本计算结果见表 5.12。

表 5.12　产品成本计算单

产品批号:1101　　　　　　　　　　　　　　　　　　　　投产日期:3 月
订货单位:　　　　　　　　产品名称:甲产品　　　　　　完工日期:4 月 30 日
完工数量:40 件　　　　　　产品批量:40 件　　　　　　　单位:元

项目	直接材料	直接人工	制造费用	合计
月初在产品成本	9 200	8 600	7 800	25 600
本月生产费用	9 000	8 000	6 900	23 900
生产费用合计	18 200	16 600	14 700	49 500
完工产品总成本	18 200	16 600	14 700	49 500
完工产品单位成本	455	415	367.5	1237.5

根据表 5.12 编制结转完工产品成本入库的会计分录如下:

借:库存商品 —— 甲产品　　　　　　　　　　　　　　　　　49 500
　　贷:生产成本 —— 基本生产成本 —— 甲产品　　　　　　　　49 500

1102 号乙产品本月投产,本月全部完工,完工产品成本计算结果见表 5.13。

表 5.13　产品成本计算单

产品批号:1102　　　　　　产品名称:乙产品　　　　　　投产日期:4月
订货单位:　　　　　　　　产品批量:100 件　　　　　　完工日期:4月30日
完工数量:100 件　　　　　　　　　　　　　　　　　　　　单位:元

项　目	直接材料	直接人工	制造费用	合计
本月生产费用	36 000	8 600	6 400	51 000
生产费用合计	36 000	8 600	6 400	51 000
完工产品总成本	36 000	8 600	6 400	51 000
完工产品单位成本	360	86	64	510

根据表 5.13 编制结转完工产品成本入库的会计分录如下:
借:库存商品 —— 乙产品　　　　　　　　　　　　　　　　51 000
　　贷:生产成本 —— 基本生产成本 —— 乙产品　　　　　　　　51 000

1103 号甲产品本月投产,本月完工 20 件,未完工 80 件,完工产品成本按计划成本结转,完工产品成本计算结果见表 5.14。

表 5.14　产品成本计算单

产品批号:1103　　　　　　产品名称:甲产品　　　　　　投产日期:4月
订货单位:　　　　　　　　产品批量:100 件　　　　　　完工日期:4月30日
完工数量:10 件　　　　　　　　　　　　　　　　　　　　单位:元

项　目	直接材料	直接人工	制造费用	合计
本月生产费用	7 400	6 800	3540	17 740
生产费用合计	7 400	6 800	3540	17 740
完工产品总成本	800	600	300	1 700
月末在产品成本	6 600	6 200	3 240	16 040

根据表 5.14 编制结转完工产品成本入库的会计分录如下:
借:库存商品 —— 甲产品　　　　　　　　　　　　　　　　17 00
　　贷:生产成本 —— 基本生产成本 —— 甲产品　　　　　　　　1 700

第四节 产品成本计算的分步法

一、分步法的含义、特点及适用范围

（一）分步法的含义

分步法是指以产品的品种及其所经过的生产步骤作为成本计算对象,来归集生产费用,计算产品及所经生产步骤成本的一种方法。

由于各企业生产的特点和对于生产步骤成本管理的要求不同,以及出于简化核算工作的考虑,计算产品成本时,各生产步骤成本的计算和结转,有逐步结转和平行结转两种方法。因此,产品成本计算的分步法,也就分为逐步结转分步法和平行结转分步法两种。

1. 逐步结转分步法

逐步结转分步法是按生产步骤逐步计算并结转半成品成本,直到最后步骤计算出产成品成本的方法。逐步结转分步法要求计算和结转各生产步骤的半成品成本,因此,又称为计算半成品成本的分步法。

2. 平行结转分步法

平行结转分步法是将各生产步骤应计入相同产成品成本的份额平行汇总,以求得产成品成本的方法。平行结转分步法不要求计算和结转各生产步骤的半成品成本,因此,又称为不计算半成品成本的分步法。

（二）分步法的特点

分步法在成本计算对象、成本计算期、生产费用在完工产品和在产品之间的分配三个方面有如下特点:

1. 以产品的品种及其所经过的生产步骤作为成本计算对象

采用分步法时,成本计算对象是产品品种及其所经过的生产步骤,产品成本明细账要按生产步骤和产品品种设置。企业如果只生产一种产品,成本计算对象就是该种产成品及其所经过的生产步骤,如果生产多种产品,成本计算对象就是各种产成品及其所经过的生产步骤。这里所说的生产步骤,是指成本计算上的步骤,是按企业成本管理的要求来划分的。它与产品的实际生产步骤(加工步骤)可能一致,也可能不完全一致。如为了简化核算,对于成本管理上没有必要分步计算成本的生产步骤,可以与其他生产步骤合并计算成本。但是,当一个生产单位的规模比较大,其内部包含几个生产步骤,而企业成本管理上又要求在生产单位内部再分生产步骤计算成本时,成本计算对象中的生产步骤就应是生产单位内部的生产步骤。

2. 成本计算按月进行

分步法主要适用于大量大批复杂的生产企业,这种类型的生产企业生产周期比较长,可以

间断,其成本计算期与生产周期无法一致,成本计算一般都是按月、定期地进行。

3. 通常需要在完工产品和月末在产品之间分配生产费用

在大量大批复杂的生产企业,产品往往跨月陆续完工,月末各步骤经常存在在产品,所以,在计算成本时,需要把各步骤的生产费用合计数采用适当的方法在完工产品和月末在产品之间分配,计算各步骤完工产品和在产品的成本。

（三）分步法的适用范围

分步法主要适用于大量大批的多步骤生产企业,如纺织、造纸和机械制造业等。在这些企业中,产品生产可以划分为若干生产步骤。

二、分步法计算程序

（一）逐步结转分步法的成本计算程序

逐步结转分步法下,各生产步骤会耗用上一个生产步骤所产的半成品,半成品成本要随着半成品的实物转移,就是要将上一生产步骤的半成品成本转入到下一个生产步骤相同产品的成本明细账中。如果各步骤完工的半成品通过半成品库收发,还应当在半成品库和有关生产步骤之间,随着半成品实物的收入和发出,进行半成品成本的结转。逐步结转分步法的成本计算程序如图5.1所示。

第一步骤甲产品成本明细账

| 月初在产品成本： | 4 000 | 半成品成本： | 38 000 |
| 本月发生生产费用： | 50 000 | 月末在产品成本： | 16 000 |

第二步骤甲产品成本明细账

月初在产品成本：	5 200	半成品成本：	40 000
本月：其他费用：	20 000	月末在产品成本：	23 200
上步转入半成品成本：	38 000		

第三步骤甲产品成本明细账

月初在产品成本：	3 000	完工产品成本：	39 000
本月：其他费用：	6 000	月末在产品成本：	10 000
上步转入半成品成本：	40 000		

图5.1 逐步结转分步法成本计算程序图

逐步结转分步法,按照半成品成本在下一生产步骤产品成本明细账中反映方法的不同,又分为综合结转法和分项结转法两种。

（二）平行结转分步法的成本计算程序

平行结转分步法下，不用计算各步骤所产半成品成本，要计算出各生产步骤应计入产成品成本的份额，最后，将各生产步骤应计入相同产成品成本的份额平行汇总，计算出最终产成品的成本。

平行结转分步法的成本计算程序如图 5.20 所示。

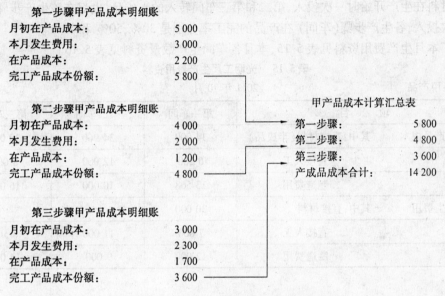

图 5.2　平行结转分步法成本计算程序图

三、逐步结转分步法

（一）综合结转法

综合结转法是将各生产步骤所耗用的上一生产步骤的半成品成本，按照上一生产步骤的综合成本，列示到下一生产步骤产品成本明细账中的"直接材料"或"自制半成品"成本项目中，综合反映各步骤所耗上一步骤所产半成品成本。综合结转时，可以按照上一步骤所产半成品的实际成本结转，也可以按照企业确定的半成品计划成本结转。

1. 半成品按实际成本综合结转

（1）企业基本情况。光明工厂设有三个基本生产车间，大量生产甲产品。甲产品顺序经过三个车间加工，第一车间生产的产品为 A 半成品，完工后直接交第二车间继续加工；第二车间将 A 半成品进一步加工为 B 半成品，完工后直接交第三车间继续加工，第三车间的完工产品为甲产品。

该厂要求计算各车间所生产的半成品成本，所以应采用逐步结转分步法，成本结转方式为半成品按实际成本综合结转。

该厂以甲产品及其所经过的生产步骤的 A 半成品和 B 半成品为成本计算对象,按成本计算对象设产品成本明细账,产品成本明细账按直接材料、直接人工和制造费用三个成本项目设专栏组织核算。

该厂各生产步骤(车间)完工产品和月末在产品之间的费用分配,均采用约当产量法。甲产品原材料在生产开始时一次投入,第二和第三车间转入的半成品,也都在该生产步骤生产开始时一次投入,各生产步骤(车间)在产品的完工率分别是30%,50% 和50%。

该厂本月生产费用资料见表 5.15,本月各车间生产数量资料见表 5.16。

表 5.15　光明工厂生产费用资料

产品:甲产品　　　　　　　2011 年 10 月　　　　　　　　　　　　　单位:元

项　　目		第一车间	第二车间	第三车间
月初在产品成本	其中:直接材料(半成品)	14 000	34 960	30 000
	直接人工	6 260	12 000	8 000
	制造费用	13 568	10 000	16 000
本月发生费用	其中:直接材料	30 000		
	直接人工	7 000	11 000	8 500
	制造费用	12 000	9 000	14 000

表 5.16　光明工厂生产数量资料

产品:甲产品　　　　　　　2011 年 10 月　　　　　　　　　　　　　单位:元

项　　目	第一车间	第二车间	第三车间
月初在产品	10	20	30
本月投入或上步转入	100	50	30
本月完工转入下步或交库	50	30	40
月末在产品	60	40	20

(2)产品成本计算程序。

1)计算第一车间本月所产 A 半成品实际成本。计算过程如下:

①"直接材料"项目:

$$费用分配率 = \frac{14\ 000 + 30\ 000}{50 + 60} = 400$$

本月完工 A 半成品成本 = 400 × 50 = 20 000(元)

$$月末在产品成本 = 400 × 60 = 24\,000(元)$$

② "直接人工" 项目:

$$费用分配率 = \frac{6\,260 + 7\,000}{50 + 18} = 195$$

$$本月完工 A 半成品成本 = 195 × 50 = 9\,750(元)$$

$$月末在产品成本 = 195 × 18 = 3\,510(元)$$

③ "制造费用" 项目:

$$费用分配率 = \frac{13\,568 + 12\,000}{50 + 18} = 376$$

$$本月完工 A 半成品成本 = 376 × 50 = 18\,800(元)$$

$$月末在产品成本 = 376 × 18 = 6\,768(元)$$

根据上述计算过程,登记第一车间产品成本明细账,见表 5.17。

表 5.17 第一车间产品成本明细账

产品:A 半成品　　　　2011 年 10 月　　　　单位:元

项　　目	直接材料	直接人工	制造费用	合计
月初在产品成本	14 000	6 260	13 568	33 828
本月发生费用	30 000	7 000	12 000	49 000
生产费用合计	44 000	13 260	25 568	82 828
完工产品数量	50	50	50	
月末在产品约当量	60	18	18	
约当总产量	110	68	68	
完工产品总成本	20 000	9 750	18 800	48 550
完工产品单位成本	400	195	376	971
月末在产品成本	24 000	3 510	6 768	34 278

2)计算第二车间本月所产 B 半成品实际成本。第二车间的生产费用合计数,采用约当产量法在本月完工产品和月末在产品之间分配,计算方法与第一车间相同,不再列式计算过程,计算结果在第二车间产品成本明细账中登记见表 5.18。

表5.18　第二车间产品成本明细账

产品:B半成品　　　　　　2011年10月　　　　　　　　　　　　　　　　单位:元

项　　目	A半成品	直接人工	制造费用	合计
月初在产品成本	34 960	12 000	10 000	56 960
本月发生费用	48 550	11 000	9 000	68 550
生产费用合计	83 510	23 000	19 000	125 510
完工产品数量	30	30	30	
月末在产品约当量	40	20	20	
约当总产量	70	50	50	
完工产品总成本	35 790	13 800	11 400	60 990
完工产品单位成本	1 193	460	380	2 033
月末在产品成本	47 720	9 200	7 600	64 520

3) 计算第三车间本月所产甲产品的实际成本。第三车间的生产费用合计数,采用约当产量法在本月完工产品和月末在产品之间分配,计算方法与第一、第二车间相同,不再列式计算过程,计算结果在第三车间成品成本计算单中登记见表5.19。

表5.19　第三车间产品成本明细账

产品:甲产品　　　　　　×2011年10月　　　　　　　　　　　　　　　　单位:元

项　　目	B半成品	直接人工	制造费用	合计
月初在产品成本	30 000	8 000	16 000	54 000
本月发生费用	60 990	8 500	14 000	83 490
生产费用合计	90 990	16 500	30 000	137 490
完工产品数量	40	40	40	
月末在产品约当量	20	10	10	
约当总产量	60	50	50	
完工产品总成本	60 660	13 200	24 000	97 860
完工产品单位成本	1 516.5	330	600	2 446.5
月末在产品成本	30 330	3 300	6 000	39 630

根据成本计算结果,编制结转完工入库甲产品实际成本的会计分录如下:
　　借:库存商品——甲产品　　　　　　　　　　　　　　　　　　　　　97 860

贷：生产成本 —— 基本生产成本 —— 第三车间   97 860

（3）综合结转的成本还原。采用综合结转法时，上一生产步骤转入的自制半成品成本，综合登记在下一步骤产品成本明细账中的"半成品"成本项目。这种方法在转账时较为简单，但不能反映成本的原始构成情况，为了能够从整体角度分析和考核产成品成本的构成，必须对产成品成本中的"半成品"项目成本进行"还原"，以反映产成品成本原始构成的实际情况。

成本还原是将产品成本构成中的"半成品"项目的成本，还原为按"直接材料"、"直接人工"和"制造费用"等原始成本项目反映的成本，从而反映产品成本的原始构成。成本还原以后产成品的实际总成本与还原前产成品的实际总成本一定是相等的。

成本还原的方法通常有以下两种：

1）按半成品各成本项目占总成本的比重还原。这种方法的计算过程如下：

第一，计算各步骤（最后步骤除外）各成本项目占总成本的比重，计算公式为

$$各成本项目占总成本的比重 = \frac{某成本项目数额}{完工半成品成本} \times 100\%$$

第二，从最后一个步骤起，将各步骤耗用上一步骤的半成品成本乘以上一步骤该半成品各成本项目占总成本的比重，将半成品的成本进行还原，直到还原为直接材料、直接人工和制造费用等原始成本项目为止。

第三，将各生产步骤相同成本项目的成本数额相加，就可以求得成本还原以后产成品的实际总成本。

下面，以上述光明工厂生产的甲产品成本资料为例，进行成本还原，成本还原通过填制"产品成本还原计算表"完成，见表5.20。

表5.20 产品成本还原计算表

产品：甲产品   2011年10月   产量：40件   单位：元

摘要	成本项目					
	B半成品	A半成品	直接材料	直接人工	制造费用	合计
还原前总成本	60 660			13 200	24 000	97 860
B半成品成本构成		58.68%	22.63%		18.69%	100%
B半成品成本还原	-60 660	35 595.3	13 727.4		11 337.3	0
A半成品成本构成			41.19%	20.08%	38.73%	100%
A半成品成本还原		-35 595.3	14 661.7	7 147.5	13 786.1	0
还原后总成本			14 661.7	34 074.9	49 123.4	97 860
还原后单位成本			366.5	851.9	1 228.1	2 446.5

2）按成本还原分配率法进行成本还原。成本还原分配率是本月产成品所耗上一步骤半

成品费用与该步骤本月所产半成品成本的比率。用下列公式表示：

$$成本还原分配率 = \frac{本月产成品所耗上一步骤半成品费用}{该步骤本月所产半成品成本}$$

表 5.21 产品成本还原计算表

产品：甲产品　　　　　　　　2011 年 10 月　　　　　　　产量：40 件　　　单位：元

摘要	成本还原分配率	成本项目					
		B 半成品	A 半成品	直接材料	直接人工	制造费用	合计
还原前总成本		60 660			13 200	24 000	97 860
本月所产 B 半成品成本			35 790		13 800	11 400	60 990
B 半成品成本还原	0.99	-60 660	35 432.1		13 662	11 565.9	0
本月所产 A 半成品成本				20 000	9 750	18 800	48 550
A 半成品成本还原	0.73		-35 432.1	14 600	7 117.5	13 714.6	0
还原后总成本				14 600	33 979.5	49 280.5	97 860
还原后单位成本				365	849.5	1 232	2 446.5

2. 半成品按计划成本综合结转

企业也可以采用半成品按计划成本综合结转的方式，即各步骤在计算成本时，领用的上一步骤半成品按实际耗用量和计划单位成本计价，在半成品实际成本计算出来以后，再计算半成品的成本差异率，调整所耗半成品的成本差异。在这种结转方式下，需设置"半成品成本差异账户"，以记录反映完工半成品的成本差异数。在产品成本明细账中，对于所耗用的上一步骤半成品成本，可以按调整成本差异后的实际成本登记，也可以将计划成本和成本差异分别登记。如果采用后一种方式，产品成本明细账中的"半成品"项目，要分设"计划成本"、"成本差异"、"实际成本"三栏。

（二）分项结转法

分项结转法是将上一生产步骤转入下一生产步骤的半成品成本，按其原始成本项目，分别计入下一步骤产品成本明细账中对应的成本项目中。在分项结转方式下，通常都以实际成本结转。

下面举例说明分项结转法的成本计算。

1. 企业基本情况

假定某企业大量生产乙产品，依次经过两个步骤加工，第一车间为第二车间直接提供半成品，第二车间将半成品加工成产成品。材料在第一步骤开工时一次投入，各车间月末在产品成本按定额成本计价。

产量资料及成本资料见表 5.22 和表 5.23。

表 5.22 产量资料

2011 年 10 月　　　　　　　　　　　　　　　　　　　　　　　　单位:件

项　　目	第一步骤	第二步骤
月初在产品	30	20
本月投入或上步转入	60	50
本月完成或转入下步	50	40
月末在产品	40	30

表 5.23 成本资料

2011 年 10 月　　　　　　　　　　　　　　　　　　　　　　　　单位:元

摘　　要	直接材料	直接人工	制造费用
第一步骤:			
月初在产品	2 000	1 200	1 600
本月生产费用	9 000	4 500	4 000
月末在产品成本	3 000	900	500
第二步骤:			
月初在产品	4 000	3 000	4 000
本月加工费用		2 000	3 400
月末在产品成本	1 900	1 200	2 000

2. 成本计算程序

(1) 根据成本资料登记第一车间产品成本明细账,见表 5.24。

表 5.24 第一车间产品成本明细账

产品:甲半成品　　　　　　　　　2011 年 10 月　　　　　　　　　　　　单位:元

摘　　要	直接材料	直接人工	制造费用	合计
月初在产品成本	2 000	1 200	1 600	4 800
本月生产费用	9 000	4 500	4 000	17 500
生产费用合计	11 000	5 700	5 600	22 300
完工产品成本	8 000	4 800	5 100	17 900
月末在产品成本	3 000	900	500	4 400

135

(2) 根据成本资料登记第二车间产品成本计算单,见表5.25。

表 5.25 第二车间产品成本明细账

产品:甲产品　　　　　　　2011 年 10 月　　　　　　　　　　　　　单位:元

摘　　要	直接材料	直接人工	制造费用	合计
月初在产品成本	4 000	3 000	4 000	11 000
本月加工费用		2 000	3 400	5 400
本月耗用上步半成品	8 000	4 800	5 100	17 900
生产费用合计	12 000	9 800	12 500	34 300
完工产品成本	10 100	8 600	10 500	29 200
月末在产品成本	1 900	1 200	2 000	5 100

根据成本计算结果,编制结转完工入库乙产品实际成本的会计分录如下:
　　借:库存商品 —— 乙产品　　　　　　　　　　　　　　　　　　29 200
　　　　贷:生产成本 —— 基本生产成本 —— 二车间　　　　　　　　29 200

四、平行结转分步法

采用平行结转分步法计算产品成本,各步骤只归集在本步骤发生的生产费用,并于月终计算出各步骤应计入产成品的成本份额,将同一产品的成本份额平行汇总,计算出完工产品的成本。下面举例说明平行结转分步法的成本计算过程。

1. 企业基本情况

某工厂生产甲产品,依次经过第一、第二、第三车间加工,各步骤加工完的半成品不经过半成品库在各步骤间直接结转。原材料在生产开始时一次投入,各车间的直接人工和制造费用发生比较均衡,月末在产品的完工程度按50%计算。该厂生产费用在完工产品和月末在产品之间的分配采用约当产量法。

各车间甲产品月初在产品成本和本月各车间发生的生产费用资料见表5.26,本月各车间生产数量资料见表5.27。

表 5.26 生产费用资料

产品:甲产品　　　　　　　2011 年 10 月　　　　　　　　　　　　　单位:元

项　　目		第一车间	第二车间	第三车间
月初在产品成本　其中:直接材料		2 100		
	直接人工	3 500	2 625	2 240

续表 5.26

项　　目		第一车间	第二车间	第三车间
本月生产费用	制造费用	2 600	2 795	2 380
	其中：直接材料	3 000		
	直接人工	4 000	4 200	3 500
	制造费用	3 400	3 400	2 800

表 5.27　生产数量资料

产品：甲产品　　　　　　　2011 年 10 月　　　　　　　　　　　单位：件

项　　目	第一车间	第二车间	第三车间
月初在产品	20	40	30
本月投入或上步转入	80	60	50
本月完工转入下步或交库	60	50	60
月末在产品	40	50	20
月末在产品完工程度	50%	50%	50%

2. 产品成本计算程序

(1) 计算各步骤应计入产成品成本份额。月末，应将各步骤生产费用合计数在完工产品和月末广义在产品之间进行分配。在采用约当产量法在完工产品和月末广义在产品之间分配费用时，各步骤月末广义在产品的约当产量应用下列公式计算：

某步骤月末广义在产品约当量 = 该步骤月末在产品数量 × 该步骤在产品完工程度 + 以后各步骤在产品数量

假定一件产成品只耗用一件自制半成品，某生产步骤月末广义在产品的约当量，加上最终完工产品的数量，等于该步骤的生产总量。

三个车间月末广义在产品的约当量分别计算如下：

第一车间：

分配"直接材料"项目的约当量 = 40 + (50 + 20) = 110

分配"直接人工"和"制造费用"项目的约当量 = 40 × 50% + (50 + 20) = 90

第二车间：

分配"直接人工"和"制造费用"项目的约当量 = 50 × 50% + 20 = 45

第三车间：

分配"直接人工"和"制造费用"项目的约当量 = 20 × 50% = 10

有关费用分配率和产成品成本负担的份额以第一车间为例,计算如下:

第一车间费用分配率的计算:

$$\text{"直接材料"项目} = \frac{2\,100 + 3\,000}{60 + 110} = 30$$

$$\text{"直接人工"项目} = \frac{3\,500 + 4\,000}{60 + 90} = 50$$

$$\text{"制造费用"项目} = \frac{2\,600 + 3\,400}{60 + 90} = 40$$

第一车间最终产成品成本负担的份额为:

"直接材料"项目 = 60 × 30 = 1 800

"直接人工"项目 = 60 × 50 = 3 000

"制造费用"项目 = 60 × 40 = 2 400

第二、第三车间有关费用分配率和产成品成本负担的份额计算方法同第一车间,不再赘述。

将上述计算结果分别计入各生产车间产品成本明细账后,可以分别计算出各车间应计入的产成品成本份额。计算结果见表5.28、表5.29和表5.30。

表5.28　第一车间产品成本明细账

产品:甲产品　　　　　　　　　2011年10月　　　　　　　　　　单位:元

项　　目	直接材料	直接人工	制造费用	合计
月初在产品成本	2 100	3 500	2 600	8 200
本月发生生产费用	3 000	4 000	3 400	10 400
生产费用合计	5 100	7 500	6 000	18 600
在产品约当量	110	90	90	
最终产成品数量	60	60	60	
生产总量	170	150	150	
单位成本份额	30	50	40	120
产成品成本份额	1 800	3 000	2 400	7 200
广义在产品成本	3 300	4 500	3 600	11 400

表5.29　第二车间产品成本明细账

产品：甲产品　　　　　　　2011年10月　　　　　　　　　　　　　　单位：元

项　目	直接材料	直接人工	制造费用	合计
月初在产品成本		2 625	2 795	5 420
本月发生生产费用		4 200	3 400	7 600
生产费用合计		6 825	6 195	13 020
在产品约当量		45	45	
最终产成品数量		60	60	
生产总量		105	105	
单位成本份额		65	59	124
产成品成本份额		3 900	3 540	7 440
广义在产品成本		2 925	2 655	5 580

表5.30　第三车间产品成本明细账

产品：甲产品　　　　　　　2011年10月　　　　　　　　　　　　　　单位：元

项　目	直接材料	直接人工	制造费用	合计
月初在产品成本		2 240	2 380	4 620
本月发生生产费用		3 500	2 800	6 300
生产费用合计		5 740	5 180	10 920
在产品约当量		10	10	
最终产成品数量		60	60	
生产总量		70	70	
单位成本份额		82	74	156
产成品成本份额		4 920	4 440	9 360
广义在产品成本		820	740	1 560

（2）汇总计算甲产品产成品总成本和单位成本。将各生产步骤应计入相同产成品成本的份额汇总，见表5.31。

表 5.31　产品成本汇总计算表

产品：甲产品　　　　　　　　　　2011 年 10 月　　　　　　　　　　　　　　单位：元

车间	直接材料	直接人工	制造费用	合计
第一车间	1 800	3 000	2 400	7 200
第二车间		3 900	3 540	7 440
第三车间		4 920	4 440	9 360
完工产品总成本	1 800	11 820	10 380	24 000
完工产品单位成本	30	197	173	400

根据产品成本汇总计算表，编制结转完工甲产品成本入库的会计分录如下：

借：库存商品——甲产品　　　　　　　　　　　　　　　　　　　24 000
　　贷：生产成本——基本生产成本——第一车间　　　　　　　　　7 200
　　　　　　　　——基本生产成本——第二车间　　　　　　　　　7 440
　　　　　　　　——基本生产成本——第三车间　　　　　　　　　9 360

五、逐步结转分步法与平行结转分步法的比较

（一）成本管理的要求不同

采用逐步结转分步法的企业，企业的半成品可以加工成多种产成品，或者有自制半成品对外销售，或者需要进行半成品成本控制，为了分析和考核各步骤半成品成本计划的执行情况，成本管理上必然要求计算半成品成本。而采用平行结转分步法的企业，生产的半成品种类很多，且不对外销售，为了简化和加速成本核算工作，不需要逐步计算和结转半成品成本。

（二）产成品成本的计算方式不同

逐步结转分步法是逐步计算并结转半成品成本，直到最后步骤计算出产成品成本。平行结转分步法是将各生产步骤应计入相同产成品成本的份额平行汇总，以求得产成品成本的。

（三）在产品的含义不同

逐步结转分步法下，在产品指本步骤未加工完的在产品，即狭义的在产品。平行结转分步法下，期末在产品既包括本步骤未加工完的在产品，也包括本步骤已加工完转入以后各步骤但尚未最终完工的在产品。

【案例 5.1】　品种法。

某工厂生产甲、乙两种产品，原材料都是在生产开始时一次投料，采用品种法计算产品成本。直接人工和制造费用按两种产品的实际工时分配。有关资料如下：

(1) 甲产品期初在产品成本:原材料6 600元,直接人工2 300元,制造费用3 200元。乙产品期初无在产品。

(2) 本月有关费用:甲产品耗用材料费用23 000元,乙产品耗用材料费用31 000元。两种产品共耗用直接人工40 000元,制造费用65 000元,甲产品实际工时400小时,乙产品实际工时600小时。

(3) 甲产品本月完工90件,期末在产品20件,在产品完工程度50%。乙产品本月全部完工。

要求:登记甲、乙产品成本明细账。

【案例5.2】 分步法。

某企业生产甲产品经过第一、第二车间连续加工完成。第一车间生产完产品直接进入第二车间继续加工,两个车间月末在产品按定额成本计算。有关资料见表5.32。

表5.32   单位:元

	项目	直接材料	直接人工	制造费用	合计
一车间	月初在产品成本	5 000	3 000	3 500	11 500
	本月费用	7 000	2 000	3 000	12 000
	月末在产品成本	1 000	800	1 100	2 900
二车间	月初在产品成本	7 000	3 500	4 000	14 500
	本月费用	8 000	2 000	2 800	12 800
	月末在产品成本	2 000	1 200	1 400	4 600

要求:(1) 采用逐步综合结转分步法完成第一车间、第二车间生产成本明细账。

(2) 按成本还原分配率法进行成本还原。

本章小结

产品成本计算的基本方法有品种法、分批法和分步法。在确定产品成本计算方法时,要考虑到企业的生产特点和管理要求。品种法以全厂(或某一封闭车间)某月份生产的某种产成品作为成本计算对象,来汇集生产费用,计算其总成本与单位成本。品种法主要适用于大量大批的单步骤生产的企业。分批法以全厂的某一批产品(从开工到完工期间生产的产成品)作为成本计算对象,来归集生产费用,计算该批产品的总成本和单位成本。在分批法下,一般不存在将费用分配于在产品和产成品的问题。分批法适用于单件小批生产的产品成本计算。分步法是按照产品的生产步骤归集生产费用,计算产品成本的一种方法。为了计算各种产成品成本,在各步骤之间还存在成本结转问题。分步法主要适用于大量大批的多步骤生产企业,分步法有逐步结转分步法和平行结转分步法两种形式,这两种方法在成本管理的要求、产成品成本的计算方式和在产品的含义上有所区别。

自 测 题

一、单项选择题

1. 品种法的成本计算对象是（　　）。
   A. 产品品种　　　B. 产品批别　　　C. 产品订单　　　D. 生产步骤
2. 采用分批法,生产成本明细账应当按照（　　）分别开设。
   A. 生产单位　　　B. 产品类别　　　C. 生产步骤　　　D. 产品批别
3. 分步法适用于（　　）。
   A. 大量生产　　　　　　　　　　　B. 成批生产
   C. 单件小批生产　　　　　　　　　D. 大量大批多步骤生产
4. 区分各种成本计算基本方法的主要标志是（　　）。
   A. 成本计算对象　　　　　　　　　B. 成本计算期
   C. 完工产品与在产品之间分配费用的方法　　D. 分配生产费用的方法
5. 下列方法中,要进行成本还原的分步法是（　　）
   A. 逐步结转分步法　　　　　　　　B. 平行结转分步法
   C. 综合结转分步法　　　　　　　　D. 分项结转分步法

二、多项选择题

1. 下列方法中属于计算半成品成本的分步法有（　　）。
   A. 逐步结转分步法　　　　　　　　B. 综合结转法
   C. 分项结转法　　　　　　　　　　D. 平行结转法
2. 产品成本计算的基本方法包括（　　）。
   A. 分批法　　　B. 分步法　　　C. 品种法　　　D. 分类法
3. 下列属于产品成本计算的辅助方法的有（　　）。
   A. 定额法　　　B. 分步法　　　C. 品种法　　　D. 分类法
4. 工业企业生产按照生产组织特点划分,可以分为（　　）。
   A. 大量生产　　　B. 成批生产　　　C. 单件生产　　　D. 单步骤生产
5. 工业企业的生产按照其生产工艺过程的特点,可以分为（　　）。
   A. 大量生产　　　B. 大批生产　　　C. 单步骤生产　　　D. 多步骤生产

三、判断题

1. 重型机器和船舶等的生产一般属于大量生产。（　　）
2. 生产经营特点和成本管理要求不同,所采用的产品成本计算的方法也不相同。（　　）
3. 在大量大批生产企业里,产品成本的计算期与生产周期一致。（　　）
4. 分批法月末通常需要在完工产品和在产品之间分配生产费用。（　　）

5. 品种法是产品成本计算方法中最基本的方法。（   ）

四、计算题

1. 某工厂生产 A、B 两种产品，生产组织属于小批生产，采用分批法计算成本。

(1) 4月份生产的产品批号如下：

96401 批号：A 产品 12 台，本月投产，本月完工 6 台。

96402 批号：B 产品 10 台，本月投产，本月完工 4 台。

(2) 4月份各批号生产费用资料见下表：

单位：元

批号	直接材料	直接人工	制造费用
96401	3 840	2 540	2 840
96402	5 860	3 286	2 880

96401 号 A 产品完工数量较大，原材料在生产开始时一次投入，其他费用采用约当产量比例法在完工产品和月末在产品之间分配；在产品完工程度为 50%。

96402 号 B 产品完工数量少，完工产品按计划成本结转，每台产品计划成本：直接材料 580 元，直接人工 320 元，制造费用 280 元。

试采用分批法，计算登记产品成本明细账，计算各批产品的完工产品成本和月末在产品成本。

Chapter 6

产品成本计算的辅助方法

【学习要点及目标】

本章学习的目标是了解产品成本计算辅助方法:分类法和定额法的特点、适用范围、应用条件和优缺点;掌握分类法和定额法的计算程序和计算方法;了解两种产品辅助成本计算方法的适用范围及其在企业的生产经营过程中的具体应用。本章学习的重点是分类法中产品类别的确定与分配标准的选择,分类法的核算程序与适用范围,以及联产品、副产品的成本核算问题。

【引导案例】

辛克莱石油煤气公司拥有其子公司辛克莱精炼公司(以下简称SRC)的股权。SRC的一个加工厂进一步加工由辛克莱石油天然气公司拥有100%控制权的另一家子公司——辛克莱制造公司出售给它的碳氢化合物。SRC公司的加工厂从加工碳化合物的过程中得到三种产出——原油、液化天然气和煤气。前两种产出是液体而煤气是气体。然而,采用一种标准工业转换装置,煤气可以压缩成液体。为计算成本,SRC公司假定直到分离点前三种产品是联合生产的,在分离点三种产品被分别确认并被进一步加工。

19×6年8月的数据(单位:百万美元)如下:

- 原油——产出150桶并以每桶18美元的价格出售。分离点后可分属成本为175美元。
- 液化天然气——生产出50桶并以每桶15美元的价格出售。分离点后可分属成本105美元。
- 煤气——生产出800桶液态煤气,并以每桶1.30美元的价格出售。分离点后可分属成本为210美元。

19×6年8月,SRC公司为辛克莱制造公司从其海边栈桥上层运来的碳氢化合物支付了

1 400 美元。8 月份加工厂分离点前的运营成本为 400 美元,其中包括一个独立实体公司戴德霍斯公司订购的 100 美元,几年前戴德霍斯公司与 SRC 公司签订了一个长期合同,在那时煤气价格远远低于 19×6 年煤气价格。

一项关于向原油征收营运收益 30% 的税收法案最近被通过。液化天然气和煤气不需要再征新的税收,从 19×6 年 8 月开始,SRC 公司必须单独报告原油的产品收益表,SRC 公司面对的一个挑战是如何将联合成本分配给这三种单独可售的产品。对此,你能提供一些建议和方法吗?

第一节 产品成本计算的分类法

一、分类法的含义、特点及适用范围

(一) 分类法的含义

分类法是按照产品的类别归集生产费用,先计算各类产品成本,再按一定标准分配计算该种类内各种产品成本的一种成本计算方法。

在一些工业企业中,生产的产品品种、规格繁多,如果以产品品种或规格作为成本计算对象来归集生产费用并计算产品成本,则成本计算工作量过大。产品成本计算的分类法,就是在产品品种、规格繁多,但可以按照一定标准分类的情况下,为简化成本计算工作而采用的一种成本计算方法。因此,分类法是一种简化的成本计算方法,必须与成本计算的各种基本方法结合使用。

(二) 分类法的特点

1. 按产品类别归集费用计算成本

采用分类法计算产品成本时,首先将产品划分为不同的类别,在计算出某一类别产品的完工总成本的基础上,再按一定标准分配计算同一类别内各种产品的成本。通常根据产品的性质、结构、所用原材料以及工艺的特点等进行产品类别的划分。将不同品种、规格的产品按上述特征划分为不同的类别后,是以产品类别作为成本计算对象,按类别设置产品成本计算单,并结合生产类型的不同,选择一定的方法,按产品类别划分成本项目归集生产费用,进行成本计算。

2. 同一类产品内不同品种产品的成本采用一定的分配方法分配确定

采用分类法计算产品成本,实际上是先将各类产品作为不同品种的产品,按品种计算出各类产品的总成本,然后再采用分类法,选择适当的分配标准,将某类完工产品的总成本在类内各种产品之间进行分配,从而计算出各种产品的成本。因此,分类法是品种法的一种具体运用,它不是一种独立的成本计算方法,必须与成本计算的基本方法结合使用,即分类法下某类产品的总成本是采用成本计算的各种基本方法计算出来的。

(三) 分类法的适用范围

凡是产品的品种繁多,而且可以按照一定要求划分为若干类别的企业或车间,均可以采用分类法计算成本,因为分类法与产品生产的类型没有直接的联系,所以可以在各种类型的生产中应用,如食品工业、针织企业、照明工业企业、无线电元件企业及钢铁企业等的各种产品成本的计算,均可以采用分类法。分类法适用以下范围的产品成本的核算:

(1) 企业产品品种、规格繁多,又可以按照一定的标准划分为若干类别的企业或车间。
(2) 生产联产品的企业。
(3) 生产零星产品(数量少、比重小)或生产副产品的企业。

二、分类法的成本计算程序

分类法成本计算程序如图 6.1 所示。

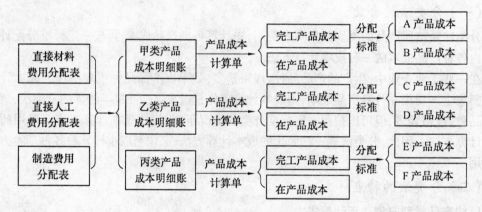

图 6.1 分类法成本计算程序

(一) 按照产品的类别设置产品成本计算单

根据产品结构、所用原材料和工艺过程的不同,将产品划分为若干类,按照产品的类别设立产品成本明细账,归集产品的生产费用,设置产品成本计算单,计算各类产品成本。因此,产品的分类是否恰当,将直接影响到成本计算结果的准确性。所以要求产品类别的划分要恰当、类距要合理。所谓分类恰当,是对分类的依据而言,即不能将所用原材料、所经过工艺不同的产品划分为一类,否则将影响成本计算的准确性,因为产品耗用材料不同,其所应分配的材料费用也不一样。若生产工艺过程不同,各种产品所应分配的加工费用的差别就很大。如果不具备分类条件,即使产品品种、规格很多,也不宜分类计算产品成本。同时,类内产品之间的类距也不能相差太大,类距过大,就会使产品品种、规格相差较大的产品成本相同,影响成本计算的准确性;类距过小,就会加大成本计算工作量。所以,产品类别的划分应本着既简化成本计算,又能使成本计算结果比较准确的原则进行。

（二）选择合理的分配标准在类内各种产品间进行分配

按类别计算出各类产品的总成本后,如何将每类产品的总成本在类内各种产品之间进行分配从而计算出各种完工产品的成本,是一个重要问题。在计算类内各种产品成本时,分配标准的选择是非常关键的,分配标准应选择与产品成本高低有着直接联系的项目。各成本项目可以采用同一个分配标准,也可以采用不同的分配标准,如定额消耗量、定额成本、计划成本、产品售价、产品的重量或体积等,都可以作为成本分配的标准。

类内产品成本的计算,一般采用系数法、定额成本计价法或定额比例法计算。

三、分类法的成本计算实例

（一）采用系数法计算类内产品成本

【例6.1】 某企业生产A、B、C三种产品,所用原材料和工艺过程相同,只是规格不同,所以合为一类计算成本。该类产品的直接材料费用按照各种产品的直接材料费用系数进行分配,直接材料费用系数按直接材料费用定额确定,直接人工等其他费用项目均按各种产品定额工时系数分配。该企业规定A种产品为标准产品。有关产品产量、分配标准和成本资料等详见表6.1、表6.2和表6.3。

表6.1 单位产品直接材料消耗定额和计划单价

产品类别	产品品种	直接材料名称或编号	消耗定额	计划单价/元
甲类	A产品	1001	90	1.00
		2021	50	1.40
		3310	20	1.50
	B产品	1001	75	1.00
		2021	45	1.40
		3310	22	1.50
	C产品	1001	69	1.00
		2021	60	1.40
		3310	50	1.50

表6.2 产量和定额工时资料

产品类别	产品品种	计量单位	产量	单位产量工时定额
甲类	A	件	500	110
	B	件	400	165
	C	件	120	154

表6.3 甲类产品成本计算单

单位:元

月	日	项目	直接材料	直接人工	制造费用	合计
6	1	在产品成本(定额成本)	3 140	2 850	5 380	11 370
6	30	本月发生费用	403 000	119 300	107 000	629 300
6	30	合计	406 140	122 150	112 380	640 670
6	30	完工产品成本	391 560	119 192	107 780	618 532
6	30	在产品成本(定额成本)	14 580	2 958	4 600	22 138

根据上述资料,成本计算具体程序如下:

首先,根据单位产品材料消耗定额和计划单价,计算确定直接材料费用系数,根据单位产品工时定额计算定额工时系数,计算结果见表6.4:

表6.4 甲类产品直接材料及定额工时系数

产品类别	产品品种	原材料名称或编号	消耗定额/千克	计划单价/元	定额成本/元	直接材料费用系数	定额工时系数
甲类	A产品	1001	90	1.00	90	1	1
		2021	50	1.40	70		
		3310	20	1.50	30		
		小计			190		
	B产品	1001	75	1.00	75	171÷190=0.9	165÷110=1.5
		2021	45	1.40	63		
		3310	22	1.50	33		
		小计			171		
	C产品	1001	69	1.00	69	228÷190=1.2	154÷110=1.4
		2021	60	1.40	84		
		3310	50	1.50	75		
		小计			228		

其次,根据材料费用系数、定额工时系数及甲类产品成本计算单的相关资料,分配计算甲类产品中各种完工产品成本,见表6.5。

表6.5　甲类完工产品成本计算单　　　　　　　　　　　　　　　　　　　　　单位：元

项目	产量	材料系数	直接材料总系数	定额工时系数	定额工时总系数	应分配的费用				单位成本
						直接材料	直接人工	制造费用	合计	
(3)	(2)	(3)	(4)	(5)	(6)	(7)	(8)	(9)	(10)	(11)
分配率						390	94	85		
A产品	500	1	500	1	500	195 000	47 000	42 500	284 500	569
B产品	400	0.9	360	1.5	600	140 400	56 400	51 000	247 800	619.50
C产品	120	1.2	144	1.4	168	56 160	15 792	14 280	86 232	718.60
合计			1 004		1 268	391 560	119 192	107 780	618 532	

说明：(2)、(3)、(5)栏的数据取自表6.2和表6.4；(7)、(8)、(9)栏的数据取自表6.3；
(4) = (2) × (3)；(6) = (2) × (5)；(7) = (4) × 直接材料分配率；(8) = (6) × 直接人工分配率；
(9) = (6) × 制造费用分配率；(10) = (7) + (8) + (9)；(11) = (10) ÷ (2)。

（二）采用定额比例法计算类内产品成本

【例6.2】 某企业生产乙系列产品，该系列产品又有不同规格，根据生产特点和性能结构将该系列产品归为一类，采用分类法计算产品成本，同类不同规格产品成本采用定额比例法计算。

2××1年×月月初在产品成本及本月发生的费用见表6.6及表6.7。

表6.6　乙类产品成本计算单　　　　　　　　　　　　　　　　　　　　　　单位：元

项　　目	直接材料	直接人工	其他直接支出	制造费用	合计
月初在产品成本	6 400	460	64.4	310	7 234.4
本月费用	143 640	1 900	266	3 820	149 626
合计	150 040	2 360	330.4	4 130	156 860.4

乙类产品产量及其定额资料如表6.7和表6.8。

表6.7　乙类产品产量及定额计算表

产品名称	数量/件	材料定额成本/元		定额工时/小时	
		单位定额	总成本	工时定额	合计
产成品					
A产品	500	92	46 000	6	3 000
B产品	300	138	41 400	4	1 200
小计			87 400		4 200

续表 6.7

产品名称	数量/件	材料定额成本/元		定额工时/小时	
		单位定额	总成本	工时定额	合计
在产品					
C产品	4 000	11	44 000	0.4	1 600
D产品	1 000	5	5 000	0.1	100
小计			49 000		1 700
合计			136 400		5 900

乙类产品成本计算具体程序如下：

首先,将乙类产品成本计算单中归集的总生产费用在乙类完工产品和在产品之间进行分配,计算出乙类完工产品总成本;然后,再将计算出的乙类完工产品的总成本在类内的 A、B 两种产品之间进行分配,计算出 A、B 产品的成本。具体计算结果见表 6.8。

表 6.8 产品成本计算单　　　　　　　　　　单位:元

项目	产量	直接材料		定额工时	直接人工	其他直接支出	制造费用	合计
		定额成本	实际成本					
生产费用			150 040		2 360	330.4	4 130	156 860.4
定额合计		136 400		5 900				
分配率			1.1		0.4	0.056	0.7	
月末在产品成本		49 000	53 900	1 700	680	95.2	1 190	55 865.2
产成品成本		87 400	96 140	4 200	1 680	235.2	2 940	100 995.2
A产品	500	46 000	50 600	3 000	1 200	168	2 100	54 068
B产品	300	41 400	45 540	1 200	480	67.2	840	46 927.2

四、应用分类法时应注意的问题

1. 联产品

有一些工业企业,特别是化工企业,在生产过程中对同一原料进行加工,可以生产出几种主要产品,如原油经过提炼,可以炼出汽油、煤油和柴油等主要产品,这些产品就叫做联产品。

联产品的工艺过程和所用原材料相同,因而最适宜于,也只能归为一类,采用分类法计算产品成本。

2. 零星产品

有一些工业企业,除了生产主要产品以外,还可能生产一些零星产品,如协作企业生产少量的零部件或自制少量工具等。这些零星产品虽然内部结构、所耗原材料和工艺过程不一定完全相似,但是因其品种、规格繁多,而且数量少、费用比重小,为了简化核算也可以将其归为一类,采用分类法进行成本核算。

3. 等级产品

有一些工业企业,特别是轻工业企业,有时可能生产出品种相同,但质量不同的产品。

(1) 如果这些产品的结构、所用原材料和工艺过程完全相同,产品质量的差别是由于人工操作造成的,则这些产品为等级产品,其单位成本相同,不能采用分类法进行费用的分配和成本的计算。

(2) 如果不同质量的产品是由于内部结构、所用原材料或工艺技术上的要求不同而产生的,那么这些产品应当是同一品种、不同规格的产品,可以归为一类,采用分类法计算成本。

五、联产品、副产品的成本计算

(一) 联产品的成本计算

联产品是指企业在生产过程中,利用同一种原材料,经过同一个生产过程,同时生产出几种产品,并且这些产品都是企业的主要产品。例如炼油厂从原油中可同时提炼出汽油、煤油、柴油等产品,这些产品都是炼油厂的主要产品,可称之为联产品。联产品虽然可以按类别归集费用,计算成本,但它同分类法是有区别的,因为联产品分离后有时还需要继续加工,这样,就需要按照分离后产品的生产特点,选择适当的方法计算分离后产品的加工成本。通常情况下,将分离前发生的成本称为联合成本,而把分离后每种产品发生的成本称为可归属成本。因此,联产品的成本应该包括其所应负担的联合成本和分离后的继续加工成本。

联产品分离前的联合成本计算,可采用前述分类法进行。计算出联合成本之后,需要将其在各种联产品之间进行分配,分配时可根据企业具体情况确定应采用的分配方法,常用的分配方法包括:

1. 实物计量分配法

实物计量分配法是指将联合成本按各联产品实物量(如重量、长度或容积)进行分配的一种方法。其计算公式为

$$联产品分配率 = 联合成本 / 各种联合产品实物量之和$$

$$某种产品应分配的联合成本 = 该种联产品实物数量 \times 联合成本分配率$$

【例 6.3】 某企业生产 A、B、C 三种联产品,本期发生的联合成本为 348 000 元。根据各种产品重量可进行联合成本分配计算结果见表 6.9。

表6.9 联合产品成本计算单　　　　　　　　　　　　　　　　　　　单位:元

产品名称	产量/千克	分配率	应分配成本
A产品	450		156 600
B产品	260		90 480
C产品	290		100 920
合计	1 000	348	348 000

2. 系数分配法

系数分配法也称标准产量比例法，它是根据各种联产品实际产量，按系数将其折算为标准产量来分配联合成本的一种方法。具体程序是：先确定各种联产品的系数，然后用每种产品的产量乘上各自的系数，计算出标准产量；再将联产品成本除以各种联产品标准产量之和，求得联合成本分配率；最后，用联合成本分配率乘以每种产品的标准产量，就可以计算出各种联产品应负担的联合成本。

$$各种联产品的标准产量 = 该联产品的实际产量 \times 系数$$
$$分配率 = 联合成本 / 各种联产品标准产量之和$$
$$某种联产品应负担的联合成本 = 分配率 \times 该种联产品的标准产量$$

（二）副产品的成本计算

副产品是指企业在生产主要产品的过程中附带生产出来的一些非主要产品。一些在高炉炼铁过程中，在生产生铁这种主要产品时，可以收回煤气；炼油厂在提炼原油过程中，会产生一些渣油、石油焦等。

由于副产品和主要产品是在同一生产过程中生产出来的，它们发生的费用很难分开，因此，一般是将副产品和主要产品归为一类，按照分类法归集费用，计算其总成本。一般来说，副产品的价值相对较低，在企业全部产品中所占比重较小，所以，可将副产品按照简化的方法计价，从主副产品的总成本中扣除，从而确定主要产品的成本。副产品的计价，可以根据不同情况采用不同方法，常见方法包括：

1. 副产品按售价减去销售税金和销售利润后的余额计价

该种计价方法也可以说是按副产品的售价减去按正常利润率计算的销售利润后的余额计价，以此作为分离前的共同成本中副产品应负担的部分。这种方法适用于副产品价值较高的情况。如果副产品在分离后还需要进一步加工才能出售，那么按这一方法对副产品计价时，还应从售价中扣除分离后的加工费。

2. 副产品按计划单位成本计价

对于一些除了生产主要产品以外还为其他企业或本企业其他车间和部门提供少量加工、修理等作业的工业企业或生产车间，由于这些作业费用的比重很小，所以其成本核算也可以比照副产品成本按计划单位成本计价的方法来计算。这样,不仅可以简化成本计算工作,而且还便于受益车间或部门进行成本分析和考核。

【例6.4】 某企业在生产主要产品甲产品的同时,附带生产出乙、丙两种副产品。乙种副产品按售价减去销售税金和销售利润后的余额计价,并按比例从联合成本各成本项目中扣除;丙种副产品按计划成本计价,从联合成本的直接材料项目中扣除;有关产量、成本资料见表6.10和表6.11。

表6.10 产量、单价、计划成本资料　　　　　　　　　　　　　　　　单位:元

产品名称	产量/吨	单价	单位税金	单位销售费用	计划单位成本
甲	1 500				
乙	270	40	5	6	
丙	80				20

表6.11 有关成本费用资料　　　　　　　　　　　　　　　　单位:元

项目	直接材料	直接人工	制造费用	合计
本月主副产品共同成本	36 000	10 000	4 000	50 000
乙产品分离后加工费用		500	580	1 080

根据上述材料编制完工产品成本计算表,见表6.12。

表6.12 完工产品成本计算表　　　　　　　　　　　　　　　　单位:元

项目	共同成本		丙产品(80 吨)		乙产品(270 吨)				甲产品(1 500 吨)	
	金额	比重/%	总成本	单位成本	单位成本			单位成本	总成本	单位成本
					分离前	分离后	后计			
直接材料	36 000	72	1 600	20	4 860	—	4 860	18	29 540	19.69
直接人工	4 000	8	—	—	540	500	1 040	3.85	3 460	2.31
制造费用	10 000	20	—	—	1 350	580	1 930	7.15	8 650	5.77
合计	50 000	100	1 600	20	6 750	1 080	7 830	29	41 650	27.77

第二节　产品成本计算的定额法

一、定额法的含义、特点及适用范围

（一）定额法的含义

定额法是以产品的品种或批别作为成本计算对象，根据产品的实际产量，计算产品的定额生产费用以及实际费用脱离定额的差异，用完工产品成本的定额成本，加上或减去定额差异、定额变动差异，从而计算出完工产品成本和在产品成本的一种方法。

定额成本法简称定额法，是为了及时反映和监督生产费用和产品成本脱离定额的差异，把产品成本的计划、控制、核算和分析结合在一起，以便加强成本管理而采用的一种成本计算方法。

定额法下，产品实际成本的计算与其他成本计算方法不一样，其他成本计算方法是在生产费用实际发生额的基础上减去在产品的成本，计算出完工产品成本，而定额法却是在定额成本的基础上，加上或减去脱离定额的差异、定额变动差异来计算完工产品的实际成本的，其实际成本的计算公式为

$$产品实际成本 = 定额成本 \pm 定额差异 \pm 定额变动$$

（二）定额法的特点

产品成本计算的定额法，是以产品品种为成本计算对象，以月初现行定额计算的产品定额成本为基础，加减脱离定额差异、定额变动差异，如果是计划成本核算，还应加减材料成本差异，计算产品实际成本的一种方法。前面介绍的成本计算的品种法、分批法、分步法和分类法，生产费用的日常核算，都是按照其实际发生额进行，产品的成本也是根据实际生产费用计算的。因此，生产费用和产品成本脱离定额差异及其原因，只有在月末通过实际资料和定额资料的对比、分析才能得到反映，而不能在月份内生产费用发生的当时就得到反映。这样不利于更好地加强定额管理，及时对产品成本进行控制，不能有效地发挥成本核算对于节约费用、降低成本的作用。定额法的特点是：① 事前制定产品的消耗定额、费用定额和定额成本作为降低成本的目标，在生产费用发生时将符合定额的费用和发生的差异分别核算，加强对成本差异的日常核算、分析与控制；② 月末在定额成本的基础上加减各种成本差异，计算产品的实际成本，为成本的定期分析与考核提供数据。

（三）定额法的适用范围

定额法一般适用于产品已经定型，产品品种比较稳定，各项定额比较健全、准确，原始记录健全的企业采用。定额法不是基本成本计算方法，它一般与企业的生产类型无关，它只是为了加强成本控制，及时揭露成本计划执行过程中存在的问题，及时采取措施，加以改进而采用

的。它虽然计算手续麻烦一些,但对于企业的成本控制来说是非常重要的。

二、定额法的成本计算程序

（一）制定定额成本

采用定额法计算产品成本,必须首先制定产品的原材料、动力、工时等消耗定额,并跟进各种消耗定额和原材料的计划单价、计划工资率（计划每小时工资额）、计划制造费用率（计划每小时制造费用额）等资料,计算产品的各项费用定额和产品的单位定额成本。

产品的定额成本与计划成本既有相同之处,又有不同之处。相同之处在于,两者都是以生产的定额耗费和计划单价为依据确定的目标成本。如：

原材料费用定额 = 原材料消耗定额 × 原材料计划单价

工资费用定额 = 工时定额 × 计划工资率

制造费用定额 = 工时定额 × 计划制造费用率

产品的定额成本与企业的计划成本不同,虽然两者都是以定额为基础进行计算的,但还是有较大的区别,主要表现在计算的依据和用途不同。定额成本计算的依据是现行消耗定额和费用预算,主要用于企业内部进行成本控制和成本考核,在现有技术条件下,它能反映企业当前应达到的成本水平,同时,又能衡量企业成本费用是节约了还是超支了。随着生产条件的变化,劳动生产率的提高,应随时对定额成本进行修改,使之与当前的水平相适应。为了及时反映定额的执行情况,应及时、经常地对定额的变动情况进行核算;而计划成本计算的依据是计划期内平均先进的消耗定额和费用预算,该项指标反映企业在计划期内应当达到的成本水平,其主要用途是为了进行成本考核,为企业进行经济预测和决策提供资料。在整个计划期内,计划成本一般不进行修改,因而不必经常核算,只有在变动时才进行核算。

从上述公式可知,产品的定额成本,就是根据各种有关的现行的定额计算的成本。产品的定额成本的制定,应包括零件、部件的定额成本和产成品的定额成本,通常由计划、会计等部门共同制定。一般是先制定部件的定额成本,然后汇总计算部件和产成品的定额成本。

【例6.5】 零件定额成本计算表格式见表6.13。

表6.13 零件定额成本计算表 单位:元

零件名称:A_1

材料名称	计量单位	材料定额	材料计划单位成本		材料定额成本	
甲	千克	10	20		200	
工序	工时定额	累计工时定额	小时工资率	小时费用率	工资定额	制造费用定额
1	2	2	4	5	30	45
2	4	6	4	5	70	75
合计					100	120

其余各零件的定额成本计算表略。根据各零件定额成本计算表编制的部件定额成本计算见表6.14。

表6.14　部件定额成本计算表

单位:元
部件名称:A部件

零件名称	需用数量	材料定额成本	工资定额成本	制造费用定额成本	定额成本合计
A_1	2	200	50	80	330
A_2	3	180	60	60	300
合计		380	110	140	630

B部件定额成本计算表略。根据A、B两个部件定额成本计算表,即可汇总编制甲产品定额成本计算单,见表6.15。

表6.15　产品成本计算单

单位:元
产品名称:甲产品

部件名称	材料定额成本	工资定额成本	制造费用定额成本	定额成本合计
A	380	110	140	630
B	400	100	200	700
合计	780	210	340	1 330

(二) 核算脱离定额差异

脱离定额的差异是指生产过程中各项实际生产费用脱离现行定额的差异,它反映了各项生产费用支出的合理程度和现行定额的执行情况。企业应及时地对定额差异进行核算,以便控制生产费用的发生,降低产品成本。定额差异的计算,是采用定额法计算产品成本的一个重要环节。对于定额差异,一般是按成本项目进行计算的。

1. 直接材料定额差异的核算

直接材料脱离定额差异的核算一般采用以下三种方法:限额领料法、整批分割法、盘存法。直接材料脱离定额差异的计算公式为

$$\text{某产品直接材料脱离定额的差异} = \left(\text{该产品材料实际耗用量} - \text{该产品材料定额耗用量} \right) \times \text{材料计划单位成本}$$

在实际工作中,不论采用哪种方法,都应根据各种领料凭证和差异凭证,按照产品成本计算对象汇总编制"材料定额费用和脱离定额差异汇总表",表中应详细列明该批货该种产品所耗各种材料的计划成本、定额费用、定额差异及产生差异的原因,并据以登记"生产成本明细

账"和各种产品成本计算单。

【例6.6】 材料定额费用和脱离定额差异汇总表格式见表6.16。

表6.16 材料定额费用和脱离定额差异汇总表   单位:元

原材料类别	材料编号	计量单位	计划单位成本	定额费用		实际费用		脱离定额差异		差异原因
				数量	金额	数量	金额	数量	金额	
原材料	1201	千克	5	6 000	30 000	6 200	31 000	+200	+1 000	略
主要材料	1304	千克	4	5 000	20 000	4 500	18 000	-500	-2 000	略
合计					50 000		49 000		-1 000	略

2. 工资定额差异的核算

工资定额差异的核算,由于企业所采用的工资形式不同,其核算方法也不一样。

(1) 计件工资下的工资定额差异。在计件工资形式下,按计件单价支付的工资就是工资定额,如果工资定额不变,生产工人劳动生产率的提高,并不影响单位产品成本中的工资额。单位产品成本中工资额的变动,可能是由于变更工作条件或支付了补加工资和发给工人的奖励工资的变动,以及加班加点津贴而造成的。在这种情况下,为了便于及时查明工资差异的原因,符合定额的生产工人工资,可以反映在产量记录中;对于脱离定额的差异,应该经过一定的手续,反映在专设的工资差异凭证中,并填明差异的原因,以便根据工资差异凭证进行分析。

(2) 计时工资下的工资定额差异。

如果生产工人工资不是直接计入产品成本中,其定额差异的计算公式为

$$\text{某产品工资脱离定额的差异} = \text{该产品实际工人工资} - \left(\text{该产品实际产量} \times \text{单位产品定额工资}\right)$$

如果生产工人工资是根据实际工时比例分配计入产品成本的,其差异额的计算公式为

$$\text{某产品工资脱离定额的差异} = \left(\text{该产品实际产量的实际生产工时} \times \text{实际单位小时工资}\right) - \text{该产品实际产量的定额生产工时} \times \text{计划单位小时工资}$$

实际单位小时工资 = 某车间实际生产工人工资总额 / 某车间实际生产工时总额

计划单位小时工资 = 某车间计划产量的定额生产工人工资总额 / 某车间计划产量的定额生产工时总额

在进行分析时,应计算工时差异和工资率差异对工资脱离定额差异的影响程度。工时差异主要反映因劳动效率提高或下降而影响工资的节约或浪费。其计算公式为

工时差异 = (实际工时 − 定额工时) × 计划单位小时工资率

工资率差异主要反映因实际小时工资率脱离计划小时工资率而形成的工资差异,其计算公式为

工资率差异 =（实际小时工资率 - 定额小时工资率）× 实际工时

计算工资费用脱离定额的差异时，应按产品的成本计算对象，汇总编制"定额工资和定额差异汇总表"并据以登记生产成本明细账和有关的产品成本计算单，考核和分析各种产品生产工人工资定额的执行情况。

3. 制造费用定额差异

制造费用属于间接费用，不能在费用发生时直接按产品确定其定额的差异。在平时核算时，主要是通过制定费用预算，按照费用的性质，下达给各车间，并采用费用限额手册对各车间的费用支出进行核算和管理，计算费用脱离定额的差异额。这项差异一般是在月末实际费用分配到产品之后才能确定，其计算公式为

$$某车间制造费用定额的差异 = 该产品实际的制造费用 - \left(该产品实际产量的定额工时 \times \frac{计划小时}{制造费用}\right)$$

影响制造费用高低的因素也分为工时差异和制造费用分配率差异两个，其计算公式为

工时差异 =（实际工时 - 定额工时）× 计划单位小时制造费用率

制造费用率差异 =（实际单位小时制造费用率 - 计划单位小时制造费用率）× 实际工时

4. 废品损失差异

对于废品数量及其产生的原因，应该采用废品通知单的方式反映，其中不可修复废品的成本可以根据定额成本或各项消耗定额计算。由于废品损失一般不列入产品的定额成本，因而它的实际发生额，通常列作定额差异处理。有的行业，要消灭废品还不可能，可根据历史资料制定废品率，作为控制废品的尺度。这时，班组应逐日或定期计算废品率提高或降低所形成的节约额（有利差异）或浪费额（不利差异），计算公式为

节约或浪费额 =（实际废品数量 - 实际送检数量 × 计划废品率）×
（废品单位定额成本 - 单位废品残值）

（三）核算定额变动差异

定额变动差异是指由于对旧定额进行修改而产生的新旧定额之间的差额。定额变动差异的产生，说明企业生产技术水平的提高和生产组织的改善对定额的影响程度。定额变动差异的产生，是由于定额本身变动的结果，与生产费用的节约或超支无关。

为了说明定额变动差异，有必要分析一下它与定额差异的不同。定额变动差异与定额差异的主要区别表现在以下两个方面：

1. 发生的时间不同

定额变动差异不是经常发生的，因而不需要经常核算，只有在定额发生变化的情况下，才需要核算。一般情况下，定额不是经常变动的；定额差异是经常发生的，因为定额与实际发生的数额毕竟不是完全一样。为了及时理解定额差异产生的原因，不断降低生产费用，应及时地对脱离定额的差异进行核算。采用定额法的主要目的就是要核算定额差异，以便于对成本进行及时的控制。

2. 处理方式不同

定额变动差异是与某一产品相联系的,对哪一种产品的定额进行修改,定额变动差异就可以直接计入该种产品成本中,而不能转入其他产品中;定额差异一般不是由某一种产品所引起的,它是企业各方面工作的综合结果,因而不一定直接计入某种产品的成本中,往往采用分配的方法在各有关产品中进行分配。

修订消耗定额一般是在年初或月初进行,在定额变动的月份,其月初在产品的定额成本仍然是按照旧定额计算的。因此,随着消耗定额的修订,月初按旧定额计算的在产品定额成本,必须加减定额变动差异进行调整。为了简化计算工作,可以按照单位产品成本的折算系数进行计算,系数计算公式为

系数 = 按新定额计算的单位产品成本 / 按旧定额计算的单位产品成本

月初在产品定额变动差异 = 按旧定额计算的产品成本 × (1 - 系数)

(四) 在完工产品和月末在产品间分配成本差异

若定额差异和定额变动差异不大,为了简化成本核算工作,可将定额差异和定额变动差异全部计入完工产品,由完工产品成本负担,在产品不负担定额差异和定额变动差异。若定额差异和定额变动差异较大,则应将定额差异和定额变动差异按定额成本的比例,在完工产品和在产品之间进行分配。

定额差异分配率 = 定额差异合计 / (完工产品定额成本 + 在产品定额成本)

定额变动差异分配率 = 定额变动差异 / (完工产品定额成本 + 在产品定额成本)

完工产品应负担的定额差异 = 完工产品的定额成本 × 定额差异分配率

在产品应负担的定额差异 = 在产品的定额成本 × 定额差异分配率

完工产品应负担的定额变动差异 = 完工产品的定额成本 × 定额变动差异分配率

在产品应负担的定额变动差异 = 在产品的定额成本 × 定额变动差异分配率

如果定额变动差异不大,在产品可不负担定额变动差异,定额变动差异全部由完工产品负担。

按定额法计算产品成本时,材料的日常核算一般都是按计划成本进行的,这样,在月末时,还应计算完工产品应负担的材料成本差异,将材料的计划成本调整为实际成本,其计算公式为

某产品应分配的材料成本差异 = (该产品直接材料的定额成本 + 直接材料脱离定额的差异) × 材料成本差异分配率

产品成本 = 定额成本 ± 定额差异 ± 定额变动差异 ± 材料成本差异

(五) 计算完工产品的实际总成本和单位成本

完工产品的实际总成本 = 按现行定额计算的产品定额成本 ± 脱离定额差异 ± 月初在产品定额变动差异

完工产品实际单位成本 = 完工产品实际总成本 / 完工产品数量

三、定额法的成本计算实例

【例6.7】 某年8月,投入A产品600件,月初在产品50件,月末完工620件,期末在产品30件。材料在生产开始时一次投入。单位产品定额成本资料见表6.17。

表6.17 单位产品定额成本 单位:元

项目	材料定额成本			工资费用定额成本			制造费用定额成本			合计
	消耗定额	计划单价	金额	工时定额	工资率	金额	工时定额	制造费用率	金额	
	90	5	450	100	0.6	60	100	0.4	40	
合计			450			60			40	550

月初在产品成本和本月定额成本见表6.18。

表6.18 月初在产品成本和本月定额成本 单位:元

成本项目	月初在产品成本		本月定额成本		
	定额成本	脱离定额差异	定额成本	实际成本	脱离定额差异
直接材料	25 000	-1 600	270 000	268 000	-2 000
直接人工	1 500	+100	36 000	36 400	+400
制造费用	1 000	+80	24 000	23 800	-200
合计	27 500	-1 420	330 000	328 200	-1 800

材料成本差异率为-3%,定额变动差异全部由完工产品负担。

根据以上资料计算产品成本,见表6.19。

表6.19 产品成本计算单 单位:元

产品名称:A产品

成本项目	生产费用合计				差异分配率 脱离定额差异/%	产成品成本					月末在产品	
	定额成本	脱离定额差异	材料成本差异	定额变动差异		定额成本	脱离定额差异	材料成本差异	定额变动差异	实际总成本	定额成本	脱离定额差异
直接材料	292 500	-3 600	-8 040	+2 500	-1.2	279 000	-3 348	-8 040	+2 500	270 112	13 500	-252
直接人工	37 500	+500			+1.3	37 200	483.6			37 683.6	300	16.4

续表6.19

成本项目	生产费用合计				差异分配率 脱离定额差异/%	产成品成本					月末在产品	
	定额成本	脱离定额差异	材料成本差异	定额变动差异		定额成本	脱离定额差异	材料成本差异	定额变动差异	实际总成本	定额成本	脱离定额差异
制造费用	25 000	-120			-0.48	24 800	-119			24 681	200	-1
合计	355 000	-3 220	-8 040	+2 500	—	341 000	-2 983.4	-8 040	+2 500	332 476.6	14 000	-236.6

【案例6.1】 分类法的成本计算。

某企业生产 A、B、C 三种产品,所用原材料和工艺过程相似,合为一类计算成本。该类产品的原材料费用按照各种产品的原材料费用系数进行分配;原材料费用系数按原材料费用定额确定。该企业规定 B 种产品为标准产品。根据各产品所耗各种原材料的消耗定额、计划单价以及费用总定额,编制原材料费用系数计算表,见表6.20。

表6.20 各种原材料费用系数表   单位:元

产品名称	单位产品原材料费用				原材料费用系数
	原材料名称或编号	消耗定额/千克	计划单价	费用定额	
A	104	6.15	20	123	2 128/2 660 = 0.8
	208	25	37	925	
	401	24	45	1 080	
	合计			2 128	
B(标准产品)	104	19	20	380	1
	208	30	37	1 110	
	401	24	45	1 170	
	合计			2 660	
C	104	48.45	20	969	3 458/2 660 = 1.3
	208	23	37	851	
	401	36.4	45	1 638	
	合计			3 458	

该企业规定:同类产品内各种产品之间的工资及福利费和制造费用,均按各种产品的定额工时比例分配。其工时定额为:A产品16小时,B产品14小时,C产品11小时。其中8月份的产量为:A产品120件,B产品90件,C产品150件。8月份产品成本明细账见表6.21。

表6.21 分类产品成本明细账 单位:元

月	日	摘要	原材料	工资费用	制造费用	合计
7	31	在产品成本(定额成本)	41 910	13 530	44 550	99 990
8	31	本月生产费用	53 340	18 500	60 090	131 930
8	31	生产费用合计	95 250	32 030	104 640	231 920
8	31	产成品成本	64 770	19 320	62 790	146 880
8	31	在产品成本(定额成本)	30 480	12 710	41 850	85 040

根据各种产品的产量、原材料费用系数,以及该类产品成本明细账中8月份产成品成本资料,编制该类各种产成品成本计算表,见表6.22。

表6.22 该类各种产成品成本计算表 单位:元

项目	产量/件	原材料费用系数	原材料费用总系数	工时定额	工时总定额	原材料	工资费用	制造费用	成本合计
费用分配率						170	4	13	
产成品A	120	0.8	96	16	1 920	16 320	7 680	24 960	48 960
产成品B	90	1	90	14	1 260	15 300	5 040	16 380	36 720
产成品C	150	1.3	195	11	1 650	33 150	6 600	21 450	61 200
合计			381		4 830	64 770	19 320	62 790	146 880

说明:原材料费用分配率 = 64 770/381 = 170;

工资费用分配率 = 19 320/4 830 = 4;

制造费用分配率 = 62 790/4 830 = 13。

【案例6.2】 联产品的成本计算。

某工厂用同一种原材料,在同一个工艺过程中生产出甲、乙、丙三种联产品。这些联产品以售价为系数分配联合成本,以甲产品为标准产品,其售价系数为1。甲产品分离后,还需要继续加工成为产品A才能出售,乙、丙产品则分离后直接对外出售。有关资料见表6.23,表6.24,表6.25,表6.26。

表6.23 产量和单价

产品名称	产量/件	单位售价/元
甲产品	500	10
乙产品	200	15
丙产品	100	20

表6.24 成本计算资料　　　　　　　　　　　　　　　　　　　　单位:元

项目	直接材料	直接人工	制造费用	合计
分离前的联合成本	20 000	10 000	10 000	40 000
各成本项目占总成本的比重	50%	25%	25%	100%
分离后甲产品的分离成本	4 000	2 500	2 500	9 000

表6.25 联产品成本计算表　　　　　　　　　　　　　　　　　　单位:元

产品名称	产量/件	系数	标准产量	联合成本	标准产量单位成本	联产品总成本	联产品单位成本
甲产品	500	1	500			20 000	40
乙产品	200	1.5	300			12 000	60
丙产品	100	2	200			8 000	80
合计			1 000	40 000	40	40 000	

表6.26 A产品成本汇总计算表　　　　　　　　　　　　　　　　单位:元

成本项目	联产品		分离成本	总成本	单位成本
	比重	金额			
直接材料	50%	10 000	4 000	14 000	28
直接人工	25%	5 000	2 500	7 500	15
制造费用	25%	5 000	1 500	6 500	13
合计		20 000	8 000	28 000	56

【案例6.3】 定额法的成本计算。

某厂甲产品采用定额法计算成本。本月份有关甲产品原材料费用的资料如下:

(1) 月初在产品原材料定额费用为 1 400 元,月初在产品原材料脱离定额的差异为节约 20 元,月初在产品原材料定额费用调整为降低 20 元。原材料定额变动差异全部由完工产品负担。

(2) 本月投入原材料定额费用为 5 600 元,本月原材料脱离定额的差异为节约 400 元。

(3) 本月原材料成本差异为节约 2%,材料成本差异全部由完工产品负担。

(4) 本月完工产品原材料的定额费用为 6 000 元。

要求:

1) 计算月末在产品原材料定额费用。

2) 在完工产品和月末在产品之间分配原材料脱离定额差异。

3) 计算本月原材料费用应分配的材料成本(价格)差异。

4) 计算本月完工产品和月末在产品成本应负担的原材料实际费用。

解答:

1) 月末在产品原材料定额费 =

月初在产品定额费用(旧定额) + 月初在产品定额费用调整(因新定额比旧定额低) +

本月投入定额费用(新定额) - 完工产品定额费用(新定额) =

1 400 - 20 + 5 600 - 6 000 = 980(元)

2) 原材料脱离定额差异合计 =

月初在产品原材料脱离定额的差异(脱离旧定额的量差异) +

本月原材料脱离定额的差异(脱离新定额的量差异) =

- 20(脱离旧定额的量差异:原材料实际成本 - 原材料旧的定额成本) - 400(脱离新定额的量差异) = - 420(元)(不包含新旧定额的量差异)

(- 20 是月初在产品原材料实际费用脱离旧定额的量差异)

原材料脱离定额差异率 =

月初在产品原材料脱离定额的差异 + 本月原材料脱离定额的差异 /

完工产品原材料定额费用 + 月末在产品原材料定额费用 =

- 420/(6 000 + 980) × 100% ≈ - 6.02%

(根据完工加月末在产品)

完工产品应负担原材料脱离定额差异 = 6 000 × (- 6.02%) = - 361.20(元)

月末在产品应负担原材料脱离定额差异 = - 420 - (- 361.03) = - 58.97(元)

3) 本月所耗原材料应分配的材料成本差异 =

(本月所耗原材料定额费用 + 原材料脱离定额差异) × 材料成本(价格)差异率 =

(5 600 - 400) × (- 2%) = - 104(元)(本月所耗原材料应分配的材料价格差异)

4) 本月完工甲产品原材料实际费用 =

完工产品原材料定额费用(新定额) + 完工产品应负担原材料脱离定额差异(实际费用脱

离含有投入原材料新的定额,也含有期初原材料旧的定额,而且都只有量的差异) + 原材料成本差异(价差全部由完工产品承担) + 月初在产品定额变动差异 = 6 000 + (- 361.2) + (- 104) + 20 = 5 554.8(元)

(实际成本脱离新旧定额差异之间变动全部由完工产品承担,即

月初在产品定额变动差异 = 原材料实际成本脱离新定额差异 -

原材料实际成本脱离旧定额差异

月初在产品定额变动差异应理解为旧定额变为新定额产生的实际成本脱离新旧定额差异之间的差异)

月末在产品原材料实际费用 =

月末在产品原材料定额费用(新定额) + 月末在产品应负担原材料脱离定额差异(实际费用脱离含有新的也含有旧的原材料定额而且只有量差) =

980 + (- 58.8) = 921.2(元)

(原材料定额变动差异全部由完工产品负担应理解成因为原材料新定额变动而产生的实际脱离新旧定额的差异变动全部由完工产品负担)

本章小结

　　产品成本计算的辅助方法与企业的生产类型没有直接联系,应用产品成本计算的辅助方法目的是可以简化成本计算工作或加强企业的成本控制等。产品成本计算的辅助方法不能单独使用,必须结合产品成本计算的基本方法使用,产品成本计算的辅助方法包括分类法和定额法等。分类法是先按照一定的分类标准对产品进行分类,然后按照类别归集生产费用、核算产品成本的方法。合理确定产品类别与选择合理的分配标准,是采用分类法的关键因素。分类法主要适用于产品品种规格繁多,并可以合理分类的企业,或是生产联产品、副产品的企业。联产品的成本计算,主要是分离点前联产品的联合成本在各联产品之间进行分配的问题。副产品的成本计算往往采用简易的方法,即先将副产品按照一定标准作价,再从分离前的联合成本中扣除。定额法的基本做法是:事前,以产品的各项现行消耗定额和计划单价为依据,计算产品的定额成本,并以此作为成本分析、成本控制、成本核算的基础和依据;事中,根据实际产量,核算产品的实际生产费用和定额生产费用的差异,以及时揭示实际偏离定额的情况;事后,在完工产品定额成本的基础上,加减脱离定额差异和定额变动差异,计算出完工产品的实际成本,从而完成成本核算的功能。

自 测 题

一、思考题

1. 产品成本计算的分类法在什么情况下使用? 它有哪些特点?
2. 产品成本计算的分类法的核算程序是什么?

3. 分类法下产品成本的分配方法有哪些？
4. 常用的联产品成本分配方法有哪些？常用的副产品计价方法有哪些？

二、计算题

1. 某企业生产甲、乙、丙、丁四种产品。根据产品的生产特点，可将这四种产品作为一类产品计算成本，这类产品称为 A 类产品。在 A 类产品完工产品和在产品之间进行费用分配以及计算类内四种产品成本时，均采用定额比例法，直接材料费用按材料定额成本分配，其他费用项目按定额工时分配。A 类产品成本计算单资料，见下表：

A 类产品成本计算单　　　　　　　　　　　　　　　单位：元

项目	直接材料	直接人工	制造费用	合计
月初在产品成本	5 814	678	825	7 317
本月发生生产费用	66 302	36 442	32 455	135 199
	72 116	37 120	33 280	142 516

A 类产品产量及定额资料　　　　　　　　　　　　单位：元

产品名称		产量/件	材料定额成本		定额工时/小时	
			单位定额	总成本	工时定额	合计
产成品	甲	200	50	10 000	15	3 000
	乙	150	80	12 000	18	2 700
	丙	300	70	21 000	19	5 700
	丁	550	40	22 000	21	11 550
	小计			65 000		22 950
在产品	甲	60	50	3 000	7	420
	乙	70	80	5 600	9	630
	丙	65	70	4 550	10	650
	丁	95	40	3 800	10	950
	小计			16 950		2 650
	合计			81 950		25 600

根据上述资料，请用分类法中的定额比例法计算各产品成本，并编制产品成本计算单。

2. 某企业生产甲产品，采用定额法计算产品成本，原材料在开始生产时一次投入。月初在产品 10 件，月初在产品有关资料见下表：

月初在产品资料　　　　　　　　　　　　　单位:元

成本项目	产量/件	消耗定额	计划单价	定额成本	定额差异	定额变动差异
直接材料	10	120(千克)	4.50	5 400	+800	+150
直接人工	10	140(小时)	0.37	259	-120	
制造费用	10	140(小时)	0.28	196	-80	
合计				5 855	+600	+150

自本月初起,原材料消耗定额由120千克降低为115千克,工时由140小时降低为130小时。本月份甲产品应分配的直接材料费用为24 050元,材料成本差异率为-1%,直接工资为2 350元,制造费用为1 700元。本月投产50件,月末完工45件。根据上述资料,按定额法计算甲产品的成本。

第七章
Chapter 7

标准成本法

【学习要点及目标】

本章学习的目标是了解标准成本系统的内容及应用意义,了解各种标准成本的制定,掌握各种成本差异的计算方法,并能够利用成本标准成本差异的信息进行成本差异的分析和处理。本章学习的重点是成本价格差异与用量差异的分类,成本差异的通用公式以及各种成本差异的计算分析方法。

【引导案例】

新奥尔良美国铜管公司迎来了自己的50华诞。在新奥尔良成立美国铜管公司时,乔治芬尼才32岁,但如今已82岁。芬尼自豪地说:"我们生产美国最好的,也是世界上最好的铜管乐器。"当问到芬尼先生公司成功的秘密是什么时,他简洁地回答道:"质量控制和成本控制。我们紧缩银根,产品具有极高的质量、极低的缺陷率并进行严密的成本控制。"芬尼继续说道:"我们为每件事情制定标准,如材料数量和价格、人工效率和工资率以及间接费用。我们的会计长不断提供详细的成本报告,告诉我们标准成本和实际发生的成本有无差异。"

第一节 标准成本法概述

成本控制是成本管理者对成本的发生和形成过程以及影响成本的各种因素和条件施加主动的影响,在保证产品或服务充分满足顾客需要的情况下,剔除不必要不合理的支出项目或压缩必要支出项目的支出额度,以实现成本最小化的管理行为。标准成本法成本控制的主要方法,也是成本计量的有效方法。其首先制定标准成本,再将实际发生的成本与标准成本进行比较,分析差异产生的原因,寻找发扬有利差异,克服不利差异的措施。

一、标准成本体系

(一)标准成本体系的定义

标准成本体系(standard cost system)又称标准成本控制系统、标准成本制度或标准成本会计,是指以标准成本为核心,通过标准成本的制定、执行、核算、控制、差异分析等一系列有机结合的环节,将成本的核算、控制、考核、分析融为一体,实现成本管理目的的一种成本管理制度,一种成本管理系统。

标准成本系统与一般成本计算方法的不同,主要表现在:以目标成本(标准成本)为基础,把实际发生的成本与标准成本进行比较,揭示出成本差异,使差异成为向人们发出的一种"信号";以此为线索,企业可进一步查明形成差异的原因和责任,并据以采取相应的措施,奖优罚劣,以实现有效的激励,促使企业员工巩固成绩,克服缺点,从而实现对成本的有效控制。标准成本系统以标准成本为核心,将一系列成本管理环节有机联系在一起,不仅实现了成本的事前、事中控制和事后分析,还将日常核算与差异分析、成本管理与核算有机地结合起来,不仅大大提高了成本核算速度,最大限度地发挥了成本核算的功能,还大大提高了成本管理的效率,的确不失为一种科学、完善的成本管理手段。

(二)标准成本体系的内容

标准成本控制系统包括以下三部分内容。

1. 标准成本的制定

制定标准成本,即根据企业已经达到的生产技术水平,各项成本标准和与此相关的业务量之间的关系,通过精密调查、分析和技术测定,分别确定出相应的标准成本内容,经汇总后再确定出产品标准成本的一系列行为过程。其基本内容是:依据材料、人工、费用消耗数量标准和价格标准,制定各产品成本项目的标准成本,并应用于成本管理的全过程。在企业内部,它是各车间实现"等价补偿"的价格尺度;在企业外部,它是制定产品销售价格的最低界线,对赢得市场竞争胜利,具有重要意义。标准成本的制定,既便于分清成本责任,为成本控制与考核提供客观依据,又能为成本决策提供依据,在简化成本核算等方面发挥重要作用。

标准成本制定的指导思想是:从现实出发,立足于先进,并指明一种激励性的目标。因此,它必须是在消除一些不利的条件下,制定出先进可行的考评尺度,通过制定过程,实现事前成本控制的目的。

2. 成本差异的计算分析

计算分析成本差异,即通过记录当期发生的实际成本,并根据成本项目的标准开支数和当期实际业务量,计算出当前产品各项标准成本,在产品生产过程中随时将实际成本同标准成本进行比较,评价、分析实际成本与标准成本之间的差异性质及其原因,并及时提醒有关责任者,尽早采取有效措施,达到降低成本目的的一系列行为过程。通过这一过程,不仅可以及时发现实际工作同目标要求之间的差距,促使其不断改进工作,避免今后工作中重复出现相同的不必要的耗费,达到事中控制的目的,还可为成本管理工作的绩效考核提供充足的资料和依据。

3. 成本差异的账务处理

处理成本差异,即对各成本项目在成本核算中以标准成本为基础,结合相应的成本计算方法及时地进行核算反映和账务处理,并利用差异分析的数据,将产品的标准成本调整为符合要求的产品实际成本的一系列行为过程。通过这一过程,不仅在加快成本计算与核算速度的基础上满足了实际成本核算的需要,还可明确各种成本差异对产品成本高低的影响程度,为成本管理提供反馈信息,实现事后成本控制的目的。

标准成本控制系统中的三个内容是相互联系、相互影响的,第一个内容不仅实现了事前控制,而且为后两个内容提供了客观依据;第二个内容不仅实现了事中纠正,而且还使第一个内容的目的进一步得到落实,并为第三个内容提供了客观依据;第三个内容不仅实现了事后控制,而且通过成本计算反映,为前两个部分的工作进行了客观总结,同时也为下期标准成本控制系统的形成收集和整理了非常有用的素材。

这三个内容如果能够实现相互有机结合,将可以充分体现出标准成本控制系统的科学性和先进性,大大提高企业成本管理水平。

二、运用标准成本法的意义

采用标准成本控制系统,对加强企业成本管理有着重要的意义,其主要表现为:

(一) 为成本管理确定目标

标准成本是在实际生产经营活动发生之前,以产品的设计和工艺方案、企业的技术装备水平、员工技术能力为基础,再结合经营者的成本理念和意图而制定的。它不仅事先就剔除了过去存在的一切浪费的或不合理的支出,而且还对未来可预见的影响成本变化的因素进行研究,充分考虑了未来可以采取的一切积极措施,并采用相应的激励机制,促使员工自觉地挖掘潜力,降低成本,实现成本管理的目标。

(二) 为成本控制提供依据

标准成本提供了一个具体衡量成本水平的适当尺度,可用来明确生产经营各有关方面、各相关部门在正常生产经营条件下应当达到的成本目标,明确其在成本管理工作中的职责、权利范围,并将标准成本作为评价和考核其成本管理工作绩效的重要依据,及时修正和改进生产经营活动规程,合理地分配和消耗资源,以达到各自的成本目标。

(三) 为经营决策提供数据

差量分析法是决策分析的重要方法,其中差量成本分析占据重要地位。在制定产品价格或评价有关方案的经济效益时,利用标准成本进行具体、客观、科学的差量成本分析。不仅产品定价决策中的产品成本可以依据标准成本来确定,还可以以标准成本为基础预计新产品的市场价格，向后推算出目标成本，以此作为设计和生产人员在成本上必须达到的目标。

（四）为责任会计实施提供支持

责任会计是以责任中心为主体的、责权利密切结合的企业内部控制制度；责任会计是推行经济责任制时所采取的有效的会计管理措施，核心是责任中心的合理划分及其业绩考评。借助于标准成本的制定和推行，有利于划分经济责任，加强各部门管理人员和职工的成本意识，促进成本管理和其他各项经济管理工作的进一步开展。成本是各项管理工作的综合表现，标准成本可为企业内部的业绩考评提供客观标准。标准成本系统中，实际成本脱离标准成本的差异汇总及其原因分析是重要内容之一，可使管理者明确企业的有关成本责任者在从事成本管理工作中的工作成效，从而在促使其改善成本管理的同时，也为考核和评价经营业绩提供了有力的凭据。所以，标准成本系统是推行责任会计的重要前提。

（五）为预算管理提供必不可少的工具

企业生产经营全面预算，为企业的未来发展提供了总体规划，其中相当多的内容与成本费用相关。所以，全面预算在实际执行过程中，离不开有效的成本管理系统的支持。标准成本系统能有效地支持成本费用预算的执行。这是因为，标准成本系统可以使成本费用预算得以具体落实，并且符合客观实际。成本费用预算执行得好坏，可以通过标准成本及相关的差异分析进行检验、控制。所以，全面预算的有效实施离不开标准成本系统的配合。

（六）简化成本计算工作

标准成本法是传统成本核算体系的一大改变。它在日常的成本核算和计算中，将标准成本和成本差异分别列示，原材料、在产品、产成品和产品销售成本均以事先统一制定的标准成本计价入账，只要有了实际发生的业务量（如产品产量、工时等），就可立即计算出上述账户的入账金额，测算出相应的产品标准成本。整个成本计算与核算过程均按标准成本来进行，对实际脱离标准的差异平时单独列示为产品成本差异，期末汇总后一次性地对确定出的产品标准成本进行调整，以求得一定期间产品生产的实际成本，从而简化成本计算的手续，加快成本核算速度。

三、实行标准成本法的前提条件

标准成本法的实施依托于明确的战略目标、健全的组织结构、合理的奖惩机制以及完善的成本管理等基础工作，只有在这些条件下标准成本法的实施才能取得预期的效果。企业如果采用标准成本法，就必须创造其实施所需要的这些必要条件。

（一）必须确立明确的战略目标

成本管理系统作为企业管理的一个子系统是为实现企业总体战略目标服务的。一个企业只有明确其战略目标，才能针对其战略目标提出与之相应的成本管理措施。

（二）健全成本管理组织

为了有效地实行标准成本法,必须相应地确定成本责任中心,把标准成本法作为各成本中心的成本目标并据以进行成本控制,分析成本差异原因,查明责任者。

（三）完善各项成本管理基础工作

首先研究构成产品的零部件、半成品、生产工艺等因素,确定产品的标准成本;然后要对生产作业进行时间研究和动作分析,以正确确定工时定额;最后建立健全原始记录以及计量、检验制度。

（四）必要的技术保障与职工的成本意识

必要的技术手段是一项措施得以实施的基本保证,如,先进的企业 ERP 系统将为标准成本控制目标的实现提供优质而高效的平台。提高全体职工的成本意识才能够在工作中具有节约成本的主动性;此外,高层经营者的大力支持也是标准成本计算实行的重要保证。

（五）建立有效的成本控制监督与奖惩机制

标准成本制度的实施需要一种实时的监督机制来保证。有效的成本控制、监督机制能及时发现和纠正制度实施过程中出现的偏差,还能及时反映实际状况的改变,以修正某些制度。奖惩机制则是对在成本控制方面做出贡献的员工进行奖励,使造成成本浪费的员工承担相应责任的机制。监督与奖惩机制的协调运用,能确保标准成本控制制度落到实处。

第二节　标准成本的制定

一、标准成本的种类

在标准成本控制系统中,首先要明确的一个重要概念是标准成本。一般的解释,标准成本就是指对产品的生产经营过程进行仔细调查分析后,根据产品和工艺方案的要求、企业技术装备状况及企业员工技能所确定的,在本企业有效经营条件下应该达到的成本。由此可见,标准成本是一种预定的目标成本。标准成本根据制定者的出发点和意愿的不同,通常有以下三种有代表性的标准成本可供采用。

（一）理想标准成本

理想标准成本是以现有的生产技术和经营管理条件均处于最佳的理想状态为基础所制定的一种标准成本。这种标准成本在排除机器故障、工作停顿等一切失误、浪费和耽搁的基础上,技术最熟练、工作效率最高的工作人员在最佳状态下尽最大努力才能实现的生产成本,是企业一定技术条件下生产成本的极限水平,为成本管理提供极为理想的目标。但是,这种理想成本目标往往是可望而不可即,按此种标准将严重挫伤员工的积极性,按此所揭示的成本差异也没有实际意义,难于进行日常成本控制与考核。所以,这种标准成本很少被采用。

(二) 基本标准成本

基本标准成本是以某一会计期间发生的成本作为标准,根据其发生的实际成本制定的标准成本。这种标准成本实立足于历史基础,不仅承认过去的存在是合理的,而且将现在和未来看做是历史的继续和延伸。即使某一历史基础或许是先进的,但随着时间的延续,各种因素如计划年度价格、生产技术、产品质量、经营环境等都会发生变化,过去先进的成本也会变得不再先进,因而这种标准成本难于在当前生产经营中直接发挥应有的作用。另外,基本标准成本在实际生产过程中很容易达到,很难激励员工主观能动性,因此在实际工作中很少被采用。

(三) 正常标准成本

现实标准成本,也称现实可达到的标准成本,是指依据已达到的正常生产技术条件和经营管理水平,以有效的经营条件为基础,并考虑一些先进因素所确定的,经过一定的努力应达到的标准成本。一般是在先进的历史成本基础上,剔除所发现的异常因素,并考虑今后的变化趋势以及企业可采取的积极措施所制定的,具有较长适应性的标准成本。其所揭示的成本差异,代表了常态情况下多次出现的低效率的偏差,值得管理当局的密切重视。所以,现实标准成本在实际工作中被广泛采用。

需要指出的是,在任何标准成本系统中,并不是仅采用一种标准观念。通常根据管理的目标,可以将基本标准成本作为比较基础,以理想标准成本为远大目标,经过适当调和放宽,从而形成科学合理的现实标准成本。

二、标准成本的制定

标准成本的制定按成本项目分别进行,制定时必须对企业生产经营的具体条件进行认真地分析,要充分认识企业的装备水平、管理人员的整体素质和一线操作员工的工作技能及企业的文化环境,使之符合实际。

(一) 直接材料的标准成本

制定直接材料的标准成本时主要考虑两个因素:材料的数量标准和材料的价格标准。

1. 材料的数量标准

制定材料的数量标准,要以正常生产条件下形成产品实体的材料数量和正常范围内允许发生的消耗及不可避免的废品所消耗的材料数量为依据。一般由工艺部门在生产人员的帮助下,经过分析测算,确定用于产品生产的材料品种、标准数量。

2. 材料的价格标准

材料的价格标准是指换取某种材料应支付的单位材料价格,包括买价和采购费。制定标准价格时应充分研究市场环境及其变化趋势、供应商的报价和最佳采购批量等因素。企业不但要求采购部门对采购的材料价格负责,还要对采购材料的质量负责,借以避免采购部门只追求最低的采购价格而忽视对采购物品的质量要求。

直接材料的标准成本可以按以下公式计算：

$$某产品直接材料标准成本 = 直接材料标准价格 \times 直接材料标准用量$$

（二）直接人工的标准成本

制定直接工资时，主要考虑两个因素：直接人工数量标准和直接人工工资标准。

1. 直接人工用量标准

直接人工用量标准是指在正常的生产技术条件下生产某单位产品所需的标准工作时间，一般包括加工过程所需的时间、必要的停工时间和不可避免的废品损失所耗用的时间等。

2. 直接人工工资标准

在计件工资制下，直接人工工资标准表现为单位产品应支付的计件单价，在计时工资之下，它表现为每一标准工时应分配的工资，可以按合同规定的工资标准计算。企业管理部门应考虑企业所采取的工资制度、企业的管理水平、直接人工操作技能综合确定直接人工工资标准。

直接人工的标准成本可以按下式计算：

$$某产品直接人工标准成本 = 直接人工标准工资率 \times 直接人工标准用量$$

（三）制造费用的标准成本

制造费用的标准成本是指在正常生产条件下某种单位产品按照所需标准工时与标准分配率确定制造费用的承担额。制造费用分配率标准是指每标准工时应负担的制造费用。制造费用分配率标准可以按下式计算：

$$制造费用的标准分配率 = 制造费用预算额 / 标准总工时$$

某产品制造费的标准成本可以根据标准工时和标准费用分配率计算求得。其计算公式为

$$制造费用的标准成本 = 制造费用标准分配率 \times 标准工时$$

（四）单位产品的标准成本

单位产品的标准成本为单位产品的标准直接材料、标准直接人工和标准的制造费用综合而成，其计算公式为

$$单位产品的标准成本 = 直接材料标准成本 + 直接人工标准成本 + 制造费用标准成本$$

三、标准成本的修订

多数公司在年度当中不愿意改变标准。一旦在年初制定一个标准，在年中就很少被修订。只有在一项标准发生大的预料外的变化时才在年度中改变标准。例如，在生产塑料工程中油是重要的原料。如果油价突然上升，就像近期由于中东局势的复杂，油价居高不下，原来制定的标准成本则显然太低了。如果管理人员让公司沿用旧的标准成本，并作为内部制定运营决策的依据，管理人员则不能对相关价格的变化做出迅速反应，决策管理也将受到影响。然

而,如果标准在一年当中频频变动,不利差异将可能由于标准的变化被消除,如果这样,基层的经理人员将没有动力控制成本开支,导致成本管理的激励机制扭曲;另外也会使成本管理费用增加,甚至会带来成本管理的紊乱。因而在一年当中是否修订标准的决策也与决策管理者和决策控制者的抉择相关。经常修订标准有利于提高决策管理水平,却不利于决策控制。

第三节 成本差异的计算和分析

一、标准成本差异及种类

所谓标准成本差异是指产品实际成本与标准成本之间的差额。标准成本事先明确了在正常状态下预计应当发生的成本限额,由于实际生产经营过程中各种情况都在发生变化,成本发生的实际结果不可能与之完全一致,两者存在的偏差,就形成了成本差异。对于成本差异,应在发生时及时进行计算分析,寻找出不同种类的差异产生的原因,从而在明确责任的基础上,及时给予合理的纠正,以达到降低成本、提高经济效益的目的。

在利用成本差异进行分析与控制时,首先应对成本差异进行分类认识。成本差异有以下四种分类:

(一) 按成本差异构成内容分类

按成本差异构成内容的不同,可将成本差异分为总差异、直接材料成本差异、直接人工成本差异和制造费用成本差异。

1. 总差异

总差异即生产某种产品的实际总成本与总的标准成本之间的差异。通过总差异可以概括反映企业成本管理工作的总体情况。

2. 直接材料成本差异

直接材料成本差异即产品生产过程中应消耗的直接材料的实际耗用额与标准耗用额之间的差额。

3. 直接人工成本差异

直接人工成本差异即产品生产过程中应消耗的生产工人工资费用的实际耗用额与标准耗用额之间的差额。

4. 制造费用成本差异

制造费用成本差异即产品生产过程中应由产品成本负担的各种间接费用的实际支出额与标准制造费用之间的差额。

(二) 按成本差异形成的影响因素分类

按成本差异形成的过程,可将成本差异分为数量差异和价格差异。

1. 数量差异

数量差异即构成成本的各种实际耗用量脱离标准耗用量的差额按标准价格计算的成本差异。

2. 价格差异

价格差异即在各种实际耗用量下因各种实际价格水平(或费用分配率)脱离标准价格水平而产生的成本差异。

(三)按成本差异的性质分类

1. 按成本差异性质不同分类方法一

按成本差异:性质的不同,可将成本差异分为有利差异和不利差异。

(1)有利差异。有利差异即指实际成本小于标准成本的差额。这种差异表明了实际成本的节约,因此也将其称为节约差异或顺差,通常用字母F表示,也可以用正值表示超支差。

(2)不利差异。不利差异即指实际成本大于标准成本的差额。这种差异表明了实际成本的超支,因此也将其称为超支差异或逆差,通常用字母U表示,也可用负值表示节约差。

2. 按成本差异性质不同分类方法二

按成本差异性质的不同,也可将成本差异分为纯差异和混合差异。

(1)纯差异。纯差异即指假定其他因素在某一标准基础上不变,由于某个因素变动所形成的成本差异。如纯用量差异就是标准价格与实际产量下的用量差之积;纯价格差异就是价格差与标准用量之积。

(2)混合差异。混合差异即指将总差异扣除所有纯差异后的剩余差异。它等于价格差异与用量差异之积。

(四)按成本差异是否可以控制进行分类

按成本差异是否可以控制,可将成本差异分为可控差异和不可控差异。

1. 可控差异

可控差异即指与主观努力程度相联系而形成的差异,又称为主观差异。它是成本差异控制的重点所在。

2. 不可控差异

不可控差异即指与主观努力程度关系不大,主要受客观原因影响而形成的差异,又叫客观差异。

这种成本差异的划分方法有利于调动有关方面进行成本控制的积极性,有利于对成本指标考核与评价。

二、成本差异计算的通用公式

如果实际成本超过标准成本,所形成差异叫做不利差异(unfavorable variance),通常用字母 U 表示;如果实际成本小于标准成本,所形成差异叫做有利差异(favorable variance),通常用字母 F 表示。采用标准成本制度设立账户,不利的差异可以反映在有关账户的借方,有利的差异可以反映在有关账户的贷方。

成本差异对管理者而言,是一种重要的"信号",可据此发现问题,具体分析差异形成的原因和责任,进而采取相应的措施,实现对成本的控制,促进成本的降低。

成本差异计算的通用模式公式为

$$标准成本 = 标准价格 \times 标准用量$$
$$实际成本 = 实际价格 \times 实际用量 =$$

而
$$实际价格 \times 标准用量 =$$
或
$$标准价格 \times 实际用量$$

或

标准价格 × 实际用量 − 标准价格 × 标准用量 =
(实际用量 − 标准用量) × 标准价格 = 纯用量差异
实际价格 × 标准用量 − 标准价格 × 标准用量 =
(实际价格 − 标准价格) × 标准用量 = 纯价格差异
实际价格 × 实际用量 − 标准价格 × 实际用量 =
(实际价格 − 标准价格) × 实际用量 = 纯价格差异
实际成本 − 标准成本 − 纯用量差异 − 纯价格差异 =
(实际价格 − 标准价格) × (实际用量 − 标准用量) = 价量混合差异

由于价格差异属于客观差异具有不可控的性质,故往往将其与价量混合差异合计,因此价格差异的通用计算公式为

$$价格差异 = (实际价格 − 标准价格) \times 实际用量 \qquad ①$$

而用量差异为可控差异,要求将其精确计算,故用量差异的通用计算公式为

$$用量差异 = (实际用量 − 标准用量) \times 标准价格 \qquad ②$$

总差异的计算公式则为

$$总差异 = 实际成本 − 标准成本 = 价格差异 + 用量差异 \qquad ③$$
$$单位产品成本差异 = 总差异 / 实际产量$$

无论直接材料、直接人工,还是变动制造费用,都可利用成本差异计算的通用模式进行价格差异与数量差异的分析。由于固定性制造费用预算额不随产量的变动而变动,使固定性制造费用的差异分析对比上述通用模式又有不同特点。

177

三、成本差异的名称及计算公式

按照内容划分的各种成本差异的名称及计算公式见表 7.1。

表 7.1 按照内容划分的各种成本差异的名称及计算公式

差异性质	差异种类	差异名称	计算公式
价格差异	直接材料	材料价格差异	（实际价格 - 标准价格）× 实际用量
	直接人工	工资率差异	（实际工资率 - 标准工资率）× 实际工时
	变动制造费用	耗费差异	（实际分配率 - 标准分配率）× 实际工时
	固定制造费用	预算差异	固定制造费用实际额 - 固定制造费用预算额
用量差异	直接材料	材料用量差异	（实际用量 - 标准用量）× 标准价格
	直接人工	效率差异	（实际工时 - 标准工时）× 标准工资率
	变动制造费用	效率差异	（实际工时 - 标准工时）× 标准分配率
	固定制造费用	效率差异	（实际工时 - 标准工时）× 标准分配率
		生产能力利用差异	（产能工时 - 实际工时）× 标准分配率

四、具体成本差异项目的计算与分析

（一）直接材料差异的计算与分析

直接材料差异由直接材料的价格差异和用量差异构成。

1. 直接材料差异的计算示例

【例 7.1】 设某公司的有关数据见表 7.2。

表 7.2 某公司的有关数据 单位：元

	标准成本			实际成本		
	用量／千克	单价／(元·千克$^{-1}$)	金额／元	用量／千克	单价／(元·千克$^{-1}$)	金额／元
直接材料	330(11 件 × 30)	1.0	330	400	0.8	320
直接人工	11(11 件 × 1)	8.0	88	13	8.1	105.3
合计			418			425.3

根据上述公式，结合表 7.2 中的有关数据，可计算直接材料差异如下：

直接材料价格差异 = (0.8 - 1.00) × 400 = -80 元(F)

直接材料用量差异 = (400 - 330) × 1.00 = 70 元(U)

直接材料总差异 = 310 - 320 = 70 + (-80) = -10 元(F)

为了及时获得差异信息,进行有效的成本控制,材料价格差异应在购买原材料时计算,材料用量差异应在材料被领用投入生产时计算。在这种情况下,由于材料的购买数量往往不等于使用数量,所以预算材料的总差异就不会等于材料价格差异和材料用量差异之和,但这并不影响直接材料差异的分析。

2. 直接材料差异的分析

直接材料用量差异表明制造过程中已使用的直接材料量与原来预计使用的材料量不同,该种差异可能缘于直接材料质量标准的差别、生产工作缺乏训练或经验、工作上的粗心大意造成过量耗费或其他因素。直接材料价格差异则可能缘于没有享受采购折扣、材料价格的异常变化、运费的变化、采购项目等级的差异或其他因素。实际工作中,应谨慎对待价格差异。例如,低成本的材料如果在质量上存在差异,则有利的直接材料价格差异可能会导致从总体上提高制造成本。

在本例中,材料价格出现有利差异而材料用量出现不利差异,若这项不利差异数额较大,则应在排除由于材料质量导致用量不利差异的原因后,具体分析形成差异的原因。

(二) 直接人工差异的计算与分析

直接人工差异由直接人工工资率差异(即直接人工的"价格"差异)和直接人工效率差异(即直接人工的"用量"差异)构成。

1. 直接人工差异的计算示例

【例 7.2】 现仍以表 7.2 的数据为例,计算直接人工差异如下:

$$直接人工工资率差异 = (8.10 - 8.00) \times 13 = 1.3(元)(U)$$
$$直接人工效率差异 = (13 - 11) \times 8.00 = 16(元)(U)$$
$$直接人工总差异 = 105.3 - 88 = 1.3 + 16 = 17.3(元)(U)$$

2. 直接人工差异的分析

直接人工工资率差异反映了实际工资率与标准成本中指定的工资率之差对经营收益的影响。直接人工工资率差异可能缘于公司没有按标准成本单的指定工资支付,或者没有雇用标准成本单指定的同等技能的工人。人力资源管理部门通常对直接人工工资率差异负责。直接人工效率差异反映了制造产品实际工时与所需标准工时之差对经营收益的影响,应由生产部门对此负责。

(三) 变动性制造费用差异的计算与分析

变动性制造费用差异,由变动性制造费用效率差异(即变动性制造费用的"用量"差异)和变动性制造费用耗费差异(即变动性制造费用的"价格"差异)构成。

1. 变动性制造费差异的计算示例

【例 7.3】 设某企业 2011 年 6 月的制造费用预算见表 7.3。

表7.3 2011年6月的制造费用预算   单位:元

	工时耗费	预计产量的预算	按实际产量调整后的预算	实际成本	成本差异
产量		9 000	8 000	8 000	
变动制造费用:					
动力	0.03	270	240	245	5(U)
维修	0.05	450	400	410	10(U)
管理人员工资	0.70	6 300	5 600	5 660	60(U)
其他	0.10	900	800	860	60(U)
变动制造费用合计	0.88	7 920	7 040	7 175	135(U)
固定制造费用:					
管理人员工资		750		850	100(U)
厂房租金		900		1 000	100(U)
维护		300		250	50(F)
间接人工		500		520	20(U)
厂房设备维修		1 200		1 200	0
其他		400		430	30(U)
固定制造费用合计		4 050		4 250	650(U)

设该企业预算月份正常工作应完成直接人工工时2 250小时,应完成产量9 000件,单位产品需用直接人工工时0.25小时。

预算执行结果:

(1) 实际完成产量8 000件。

(2) 实际完成直接人工小时2 050工时。

结合本例所提供的数据,变动制造费用差异可计算如下。

先计算变动制造费用的实际分配率和标准分配率,见表7.4。

表7.4 变动制造费用分配率

标准	变动制造费用预算额	7 040元
	工时	2 000工时(8 000×0.25)
	变动制造费用分配率	3.52元/工时
实际	变动制造费用实际额	7 175元
	工时	2 050工时
	变动制造费用分配率	3.50元/工时

据此,得出

$$变动制造费用耗费差异 = (3.50 - 3.52) \times 2\,050 = -41(元)(F)$$
$$变动制造效率差异 = (2\,050 - 2\,000) \times 3.52 = 176(元)(U)$$
$$变动制造费用总差异 = 7\,175 - 7\,040 = -41 + 176 = 135(元)(U)$$

2. 变动性制造成本差异的分析

变动制造费用不是由同类投入组成的,而是由大量的个别项目组成的,如间接材料、间接人工、电力费、维护费等。标准间接费用分配率表示每一工时所发生的所有变动制造费用项目的成本。如果变动制造费用项目的价格变动很小,超支差异就很有可能是生产中制造费用使用效率的问题,而这个问题是生产管理者可以控制的。相应地,变动制造费用的耗费差异责任通常会分派给生产部门。

变动制造费用效率差异与直接人工效率差异直接相连。如果变动制造费用是由直接人工工时的消耗引起的,那么变动制造费用效率差异就会和直接人工用量差异一样,也是由于无效或比预期有效地使用直接人工引起的。如果实际工时比标准工时多(或少),那么总变动制造费用就会增加(或减少)。

(四) 固定性制造费用差异的计算与分析

固定性制造费用差异可进一步分解为三种差异:一是实际固定性制造费用脱离预算而形成的预算差异;二是实际工时脱离标准工时而形成的效率差异;三是由于实际工时未能达到生产能量而形成的生产能力利用差异。

1. 固定制造费差异的计算示例

【例 7.4】 继续以表 7.2 的数据为例,计算固定制造差异如下。
先确定固定制造费用的标准分配率:

$$固定制造费用标准分配率 = 4\,050/2\,250 = 1.8(元/工时)$$

结合表 7.3 所提供的有关数据,固定性制造费用差异计算如下:

$$固定制造费用预算差异 = 4\,250 - 4\,050 = 200(元)(U)$$
$$固定制造费用效率差异 = (2\,050 - 2\,000) \times 1.80 = 90(元)(U)$$
$$固定制造费用生产能力利用差异 = (2\,250 - 2\,050) \times 1.80 = 360(元)(U)$$
$$固定制造费用总差异 = 4\,250 - 8\,000 \times 0.25 \times 1.8 = 200 + 90 + 360 = 650(元)(U)$$

2. 固定制造费用差异的分析

固定制造费用预算差异表示固定制造费用实际支付额与预算额之差,由于固定制造费用由许多个别项目组成,所以要将实际和预算固定制造费用进行逐个项目的比较,这样可以提供更多的有关预算差异的信息。

固定制造费用生产能力利用差异反映了企业在一定时期内经营目标实现的效果,而不是其在成本控制中的效率。如本例中,该企业预计生产 9 000 件,实际完成 8 000 件,由此导致的结果是固定制造费用生产能力利用差异出现了 360 元的不利差异。固定制造费用数量差异产生的原因有管理决策或者生产中的其他诸多问题引起，需要深入分析。

第四节　标准成本法的账务处理

为了在日常核算中能够同时反映标准成本、实际成本和成本差异三项内容。标准成本系统中，需要把实际发生的各项成本进行归集，期末时再分别调整有关的各项成本差异，使其能够反映实际成本的有关情况。

一、成本差异的会计账户设置

会计核算工作有赖于账户的合理设置，成本核算工作同样如此。在标准成本系统下，企业应设置的账户除相关账户之外，直接应设置的有生产成本、产成品账户和各种差异账户两大类。

生产成本、产成品账户在标准成本系统下所列计的入账及出账金额均以标准成本为基础。

各种差异账户的设置方法可以按大的成本项目分别设置总账账户，如"直接材料成本差异"、"直接人工成本差异"、"制造费用成本差异"等账户，然后在各账户下再按具体成本差异内容分别设置相应的明细分类账户；也可以直接按各个具体的成本差异的内容分设为总账账户，这种方法可以使成本差异反映得更为直接清晰。各种差异账户在核算中，借方登记不利差异，贷方登记有利差异，它们与"生产成本"账户之间的关系应是附加或抵消调整与被调整的关系，但在具体应用时，视对成本差异的处理方法不同而有所不同。

二、成本差异的会计处理程序

采用标准成本进行核算时：首先，应将日常发生的各项生产要素的实际消耗分别按照成本计入"生产成本"账户的各个成本项目中，实际成本脱离标准成本的差异分别列入事先所设置的各成本差异账户中予以单独反映。其次，采用相应的成本计算方法计算出完工产品和期末在产品的标准成本。基本原理就是依据完工产品数量和单位产品标准成本计算出完工产品标准成本，本期汇总的全部标准生产成本减去完工产品应负担的标准成本即为期末在产品标准成本。具体计算时可以结合不同的成本计算方法，或按产品品种计算，或分生产步骤计算，或按产品批量或订单计算等。再次，将计算出的完工产品标准成本在期末一次转入"产成品"账户。最后，将各种成本差异分账户汇总后，在会计期末，根据各项成本差异的性质和对此的处理观念，分别采用当期转销法或分配递延法等进行有关处理。

三、成本差异的会计处理方法

（一）当期转销法

当期转销法也称直接处理法或损益法，即在每个会计期末将汇总的各项成本差异一次全部转入当期损益的一种会计处理方法。这种方法认为,成本差异都是由于各期经营管理的成功与否等主客观因素所致,并非成品的功过,成品成本应当负担的是生产过程中应该发生的成本,不应该发生的成本即脱离标准成本的差异,也不应由成品来负担,因而,不能用来调整成品存货的价值,而使当期的经营功过递延转移到以后各期,这样更符合权责发生制的要求。在这种方法下,生产成本和产成品存货成本均以标准成本反映,由此所产生的信息,也更有利于成品定价决策的选择。

采用这种方法在标准成本与实际成本出现较大背离,且又主要是由于各种客观因素所致时,应及时调整各项成本标准,使之尽可能接近于实际。

(二) 分配递延法

分配递延法就是指在每个会计期末,将汇总的各项成本差异,分别采用相应的方法分配转入成品成本中,随着成品的转移而将其递延的一种会计处理方法。这种方法认为,会计原则要求存货应以实际成本反映,因此,不能因为会计核算方法的改变而改变会计原则;并且许多成本差异并非都是与企业经营相关,客观因素导致成本差异的现象大量存在,如市场因素、国家政策的调整、不可抗拒的闲置损失或浪费等,这些都将体现在成品成本中,这种方法所产生的成本信息才更符合实际情况。

在具体应用分配递延法时,还可采用两种方法处理:一种方法是将各项成本差异分别在完工成品和在成品之间分配,将完工成品负担部分随着完工成品标准成本的结转而转入"产成品"账户或单独设立的"成品成本差异"账户;在成品负担部分仍保留在各成本差异账户中,随同下期再做分配处理。这种方法,可以使实际成本计算更为准确,但分配的工作量较大,有时分配还较困难。另一种方法是将各项成本差异在期末汇总后一次转入完工产品的"产成品"账户或"产品成本差异"账户中,在产品成本将不负担各项成本差异。这种方法比第一种方法简便,并且在期末在产品数额不大或不存在期末在产品时,产品成本也基本符合实际要求。但是如果在某一会计期间完工产品较少,期末在产品比例较大时,这种方法所产生的成本就不符合实际情况。具体采用哪种方法应结合企业或相关部门的具体情况,合理确定。

采用分配递延法存在两个困难:一是在成本差异种类和产成品类别较多时,成本差异分配的工作量是很大的,这将会部分丧失标准成本系统的优越性;二是详细正确划分各种成本差异的性质也是不易的事情,常常会出现一些模棱两可的现象,从而给成本差异的处理带来许多随意性的机会,致使存货价值仍然不实。

成本差异会计处理流程如图7.1所示。

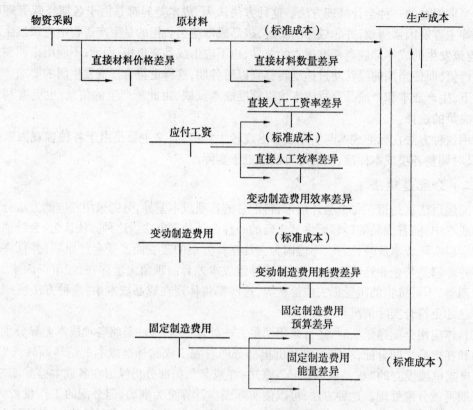

图7.1 成本差异会计处理流程

【案例7.1】 标准成本制定。

实达工厂是一家生产甲产品的中型企业,企业产品在市场上的销售一直不错,但近几年由于成本较高,企业效益低于行业的平均水平,为了改变该厂的现状,企业领导决定实行严格的成本管理,成立了由厂长直接领导,由会计部门牵头,其他部门负责人直接参与的成本控制领导小组,动员全体职工从一点一滴入手,严格控制损失浪费现象,严把质量关,实施全厂、全员、全过程的全面成本控制体系。为此厂领导采纳了会计部门的建议,提出建立一套标准成本控制系统,实施标准成本控制。

会计部门在认真分析的基础上,统计出2009年甲产品直接材料、直接人工、制造费用等资料见表7.5,表7.6,表7.7。

表7.5　甲产品消耗的直接材料资料

标　准	品　种	
	A材料	B材料
预计发票单价/(元·千克$^{-1}$)	30	40
装卸检验等成本/元	2	3
直接材料价格标准/(元·千克$^{-1}$)	32	43
材料设计用量/千克	500	700
允许损耗量/千克	1	2
直接材料用量标准/(千克·件$^{-1}$)	501	702

表7.6　甲产品消耗的直接人工资料

标　准	工　序	
	第一工序	第二工序
每人月工时(8小时/天×22天)	176	176
生产工人人数	100	80
每月总工时/小时	17 600	14 080
每月工资总额/元	1 408 000	1 408 000
工资率标准/(元·小时$^{-1}$)	80	100
应付福利费提取率/%	14	14
直接人工价格标准/(元·小时$^{-1}$)	91.2	114
加工时间/(小时·件$^{-1}$)	45	35
休息时间/(小时·件$^{-1}$)	4	3
其他时间/(小时·件$^{-1}$)	1	2
直接人工用量标准/(小时·件$^{-1}$)	50	40

表7.7 甲产品消耗的制造费用资料　　　　　　　　单位:元

标　准	部　门	
	第一车间	第二车间
制造费用预算	316 800	394 240
变动性制造费用预算	200 000	260 000
间接材料费用	80 000	70 000
间接人工费用	36 800	64 240
水电费用	422 400	619 520
固定性制造费用预算	60 000	180 000
管理人员工资	28 000	31 200
折旧费	334 400	408 320
其他费用	21 120	28 160
用量标准/(台时·件$^{-1}$)	60	80

会计部门根据以上资料制定了2009年的标准成本如下:

1. 甲产品消耗直接材料的标准成本制定

　　单位甲产品消耗 A 材料的标准成本 = 32 × 501 = 16 032(元／件)
　　单位甲产品消耗 B 材料的标准成本 = 43 × 702 = 30 186(元／件)
　　单位甲产品直接材料的标准成本 = 16 032 + 30 186 = 46 218(元／件)

2. 甲产品直接人工标准成本的制定

　　第一工序直接人工标准成本 = 91.2 × 50 = 4 560(元／件)
　　第二工序直接人工标准成本 = 114 × 40 = 4 560(元／件)
　　单位甲产品消耗的直接人工标准成本 = 4 560 + 4 560 = 9 120(元／件)

3. 甲产品制造费用标准成本的制定

第一车间:

　　变动性制造费用分配率 = 316 800 ÷ 21 120 = 15(元／小时)
　　固定性制造费用分配率 = 422 400 ÷ 21 120 = 20(元／小时)
　　制造费用分配率 = 15 + 20 = 35(元／小时)
　　制造费用标准成本 = 35 × 60 = 2 100(元／件)

第二车间:

　　变动性制造费用分配率 = 394 240 ÷ 28 160 = 14(元／小时)
　　固定性制造费用分配率 = 619 520 ÷ 28 160 = 22(元／小时)

制造费用分配率 = 14 + 22 = 36(元／小时)
制造费用标准成本 = 36 × 80 = 2 880(元／件)
单位甲产品制造费用标准成本 = 2 100 + 2 880 = 4 980(元／件)

根据以上的计算编制的标准成本见表 7.8。

表 7.8　2009 年甲产品标准成本表

项　目	价格标准	用量标准	标准成本
直接材料			
A 材料	32 元／千克	501 千克／件	16 032 元／件
B 材料	43 元／千克	702 千克／件	30 186 元／件
小　计	—	—	46 218 元／件
直接人工			
第一工序	91.2 元／工时	50 工时／件	4 560 元／件
第二工序	114 元／工时	40 工时／件	4 560 元／件
小　计	—	—	9 120 元／件
变动性制造费用			
第一车间	15 元／台时	60 台时／件	900 元／件
第二车间	14 元／台时	80 台时／件	1 120 元／件
小　计	—	—	2 020 元／件
固定性制造费用			
第一车间	20 元／台时	60 台时／件	1 200 元／件
第二车间	22 元／台时	80 台时／件	1 760 元／件
小　计	—	—	2 960 元／件
制造费用合计	—	—	4 980 元／件
单位甲产品标准成本			60 318 元／件

【案例 7.2】　标准成本差异分析。

承前案例 7.1，实达工厂 2009 年 1 月份实际生产资料如下：

(1) 生产甲产品 500 件。

(2) 实际耗用 A 材料 251 000 千克，其实际单价为 30 元／千克；实际耗用 B 材料 350 000 千克，其实际单价为 45 元／千克。

(3) 生产甲产品由两道工序完成，第一工序和第二工序实际耗用人工小时分别为 24 975

小时和 20 250 小时,两道工序实际发生的直接人工成本(包括直接工资和计提的应付福利费)分别为 2 297 700 元和 2 227 500 元。

(4) 第一车间和第二车间的实际耗用的机器小时分别为 31 250 小时和 38 750 小时,两个车间的实际工时变动性制造费用分配率均为 14.5 元／小时。

(5) 2009 年 1 月份甲产品的预计生产能力为 450 件。为生产甲产品,两个车间实际发生的固定性制造费用总额分别为 528 750 元和 773 750 元。

根据 2009 年 1 月份的实际资料,进行的成本差异的计算和分析如下:

1. 甲产品成本差异的计算

(1) 直接材料成本差异的计算。

$$A\ 材料成本差异 = 30 \times 251\ 000 - 32 \times 501 \times 500 = -486\ 000 (元)(F)$$

其中:

$$价格差异 = (30 - 32) \times 251\ 000 = -502\ 000(元)(F)$$

$$用量差异 = 32 \times (251\ 000 - 501 \times 500) = 16\ 000(元)(U)$$

$$B\ 材料成本差异 = 45 \times 350\ 000 - 43 \times 702 \times 500 = 657\ 000(元)(U)$$

其中:

$$价格差异 = (45 - 43) \times 350\ 000 = 700\ 000(元)(U)$$

$$用量差异 = 43 \times (350\ 000 - 702 \times 500) = -43\ 000(元)(F)$$

$$甲产品直接材料成本差异 = -486\ 000 + 657\ 000 = 171\ 000(元)(U)$$

(2) 甲产品的直接人工成本差异的计算。

$$第一工序实际人工价格 = 2\ 297\ 700 \div 24\ 975 \approx 92(元／小时)$$

$$第二工序实际人工价格 = 2\ 227\ 500 \div 20\ 250 = 110(元／小时)$$

$$第一工序直接人工成本差异 = 2\ 297\ 700 - 91.2 \times 50 \times 500 = 17\ 700(元)(U)$$

其中:

$$人工价格差异 = (92 - 91.2) \times 24\ 975 = 19\ 980(元)(U)$$

$$效率差异 = 91.2 \times (24\ 975 - 50 \times 500) = -2\ 280(元)(F)$$

$$第二工序直接人工成本差异 = 2\ 227\ 500 - 114 \times 40 \times 500 = -52\ 500(元)(F)$$

其中:

$$人工价格差异 = (110 - 114) \times 20\ 250 = -81\ 000(元)(F)$$

$$效率差异 = 114 \times (20\ 250 - 40 \times 500) = 28\ 500(元)(U)$$

$$甲产品直接人工成本差异 = 17\ 700 - 52\ 500 = -34\ 800(元)(F)$$

(3) 甲产品的变动性制造费用成本差异。

$$第一车间变动性制造费用成本差异 = 14.5 \times 31\ 250 - 15 \times 60 \times 500 = 3\ 125(元)(U)$$

其中:

$$耗费差异 = (14.5 - 15) \times 31\ 250 = -15\ 625(元)(F)$$

效率差异 = 15 × (31 250 − 60 × 500) = 18 750(元)(U)
第二车间变动性制造费用成本差异 = 14.5 × 38 750 − 14 × 80 × 500 = 1 875(元)(U)
其中：
耗费差异 = (14.5 − 14) × 38 750 = 19 375(元)(U)
效率差异 = 14 × (38 750 − 80 × 500) = − 17 500(元)(F)
甲产品变动制造费用成本差异 = 3 125 + 1 875 = 5 000(元)(U)

(4) 用两差异法计算甲产品固定性制造费用的成本差异。
第一车间固定性制造费用差异 = 528 750 − 20 × 60 × 500 = − 71 250(元)(F)
其中：
预算差异 = 528 750 − 20 × 60 × 450 = − 11 250(元)(F)
能量差异 = 20 × (60 × 450 − 60 × 500) = − 60 000(元)(F)
第二车间固定性制造费用差异 = 773 750 − 22 × 80 × 500 = − 106 250(元)(F)
其中：
预算差异 = 773 750 − 22 × 80 × 450 = − 18 250(元)(F)
能量差异 = 22 × (80 × 450 − 80 × 500) = − 88 000(元)(F)
甲产品固定性制造费用成本差异 = − 71 250 − 106 250 = − 177 500(元)(F)

(5) 用三差异法计算甲产品的固定性制造费用成本差异。
第一车间固定性制造费用差异 = 528 750 − 20 × 60 × 500 = − 71 250(元)(F)
其中：
耗费差异 = 528 750 − 20 × 60 × 450 = − 11 250(F)
能力差异 = 20 × (60 × 450 − 31 250) = − 85 000(元)(F)
效率差异 = 20 × (31 250 − 60 × 500) = 25 000(元)(U)
第二车间固定性制造费用差异 = 773 750 − 22 × 80 × 500 = − 106 250(元)(F)
其中：
耗费差异 = 773 750 − 22 × 80 × 450 = − 18 250(元)(F)
能力差异 = 22 × (80 × 450 − 38 750) = − 60 500(元)(F)
效率差异 = 22 × (38 750 − 80 × 500) = − 27 500(元)(F)
甲产品固定性制造费用成本差异 = − 71 250 − 106 250 = − 177 500(元)(F)
甲产品成本总差异 = 171 000 − 34 800 + 5 000 − 177 500 = − 36 300(元)(F)

2. 甲产品标准成本差异分析

根据以上计算得知,2009年1月份甲产品实际成本比标准成本节约了36 300元,是由于直接材料超支171 000元、直接人工节约34 800元、变动性制造费用超支5 000元和固定性制造费用节约177 500元共同作用的结果。现分析如下：

首先,甲产品直接材料成本超支了171 000元。其中,A材料节约了486 000元,B材料超支了 657 000 元。前者是因为 A 材料实际价格降低而节约了 502 000 元成本和因耗用量增加而导致 16 000 元的成本超支额共同作用的结果；后者是因为 B 材料实际价格提高而增加了 700 000 元的成本开支和因耗用量的减少而节约了 43 000 元的成本共同造成的。可见，该企业在对 A、B 两种材料耗用方面的控制效果是不同的，应进一步进行分析、评价其原因，以明确各部门的责任。

其次，甲产品直接人工成本节约 34 800 元，是由于第一工序超支了 17 700 元和第二工序节约了 52 500 元共同作用的结果。前者是因为该工序实际人工价格的提高而超支的成本 19 980 元和因实际耗用工时减少而节约的成本 2 280 元共同作用的结果；后者是由于该工序实际人工价格的降低而节约的成本 81 000 元和因耗用工时的增加而超支的成本 28 500 元所形成的。针对第二工序耗用工时的增加，应分析其具体原因，以提高工人的劳动效率，降低人工成本。

再次，甲产品变动性制造费用形成了 5 000 元不利差异。其中，第一车间发生了 3 125 元的不利差异，第二车间发生了 1 875 元的不利差异。前者是因为费用分配率降低而形成的 15 625 元的有利差异和因效率降低而增加的 18 750 元的不利差异共同作用的结果；后者是因为费用分配率提高而形成的 19 375 元的不利差异和由于效率提高而形成的 17 500 元的有利差异共同作用的结果。可见，这两个车间对变动性制造费用的控制效果是不同的。应有针对性地进行具体分析，努力降低变动性制造费用。

最后，针对固定性制造费用实际与标准的差异，分别按两差异分析法和三差异分析法两种方法进行分析，采用两差异分析法分析得知，甲产品固定性制造费用节约 177 500 元，是由第一生产车间的 71 250 的有利差异和第二生产车间的 106 250 元的有利差异形成的。其中前者是 11 250 元的有利的预算差异和 60 000 元有利的能量差异共同作用的结果；后者是由 18 250 元有利的预算差异和 88 000 元有利的能量差异的共同形成的。说明 2009 年甲产品固定性制造费用控制得比较好，应继续保持。

采用三差异成本分析法能将成本差异的原因划分得更加具体，如在两差异法中只能看出两车间由于固定性制造费用预算产量脱离实际产量形成的有利的能量差异分别为 60 000 元和 88 000 元，在三差异法中又将该差异分为由于实际工时未达到生产能量所形成的生产能力利用差异（第一车间和第二车间均为有利差异，分别为 85 000 元和 60 500 元）和由于实际工时脱离标准工时所形成的效率差异（第一车间为不利差异 25 000 元，第二车间为有利差异 27 500 元），这样更便于分清责任，有利于进行成本控制。

本章小结

标准成本法是成本核算与成本管理紧密结合的方法，其通过标准成本系统予以实施。标准成本系统由标准成本制定、标准成本的差异分析以及成本差异处理三部分构成。

成本差异的计算与分析是标准成本系统的重要内容。成本差异从不同的角度可以进行不同的分类，包括价格差异与用量差异、有利差异与不利差异、主观差异与客观差异等。

标准成本系统以标准成本为中心,通过标准成本的制定、执行、核算、控制、差异分析等一系列有机结合的环节,将成本的核算、控制、考核分析融为一体,以实现成本管理目标。运用标准成本系统进行成本控制和成本差异分析是重要工作,通过将实际成本与标准成本进行比较分析,并利用所获得的成本差异信息,寻找差异产生的原因,在明确责任的基础上及时合理纠正,才能达到降低成本,提高经济效益的目的。

自 测 题

一、思考题

1. 如何发挥标准成本系统的成本核算功能?
2. 如何发挥标准成本系统的成本差异分析功能?
3. 如何发挥标准成本系统的成本控制功能?
4. 固定制造费用生产能力利用差异的性质和分析的目的是什么?
5. 如何确定标准成本?

二、案例题

1. 美国铜管公司在其位于新奥尔良的 Sousa 分部生产各种号。生产过程由几部分组成。首先,将铜管用沙包起来,然后将其加热,铸成号的形状。随后制作阀门并将之粘到号上,并且在所有的缝隙和联结处都覆盖上铜。最后,涂上几层漆,并且进行人工检测。制造一把号,铜的标准耗用量和标准价格如下:

标准用量:

产品中的铜	9.5 磅(1 磅 = 0.453 6 千克)
正常浪费补贴	0.5 磅
每把号耗用铜的标准数量	10.0 磅

标准价格:

每磅的购买价格(扣除购买折扣)	$ 6.50
每磅运输成本	$ 0.50
每磅铜的标准价格	$ 7.00

制造一把号需耗用铜的标准数量为 10 磅,实际上只有 9.5 磅进入产成品,0.5 磅作为生产过程中切割和铸造的正常浪费。但是,制造一把号需要的全部铜都要计入材料标准数量中。

铜的标准价格反映了取得和运输材料到工厂发生的全部成本。注意,运输成本加到买价中。取得的购买折扣应从买价中扣除,得到净价。

制造一把号的直接人工标准用量和工资率如下:

标准用量:

每把号需耗用的直接人工:	5 小时

标准工资率：
小时工资率 $ 16
附加福利（工资的25%） $ 4
每小时总标准工资率 $ 20

直接人工标准用量是正常生产一把号需要的直接人工小时数。标准工资率为包括附加福利在内的小时报酬成本总额。

9月Sousa分部生产了2 000把号。直接材料和直接人工总标准或预算成本如下：

直接材料：
每把号的直接材料标准成本（10磅 × $ 7.00/磅） $ 70
实际产出   2 000 把
直接材料标准成本总额 $ 140 000

直接人工：
每把号直接人工成本（5小时 × $ 20/小时） $ 100
实际产出   2 000 把
直接人工标准成本总额 $ 200 000

直接材料和直接人工投入的标准成本总额以Sousa分部的实际产出为基础。假定制造2 000把号，该分部应发生的直接材料和直接人工成本共计340 000美元。9月Sousa分部实际发生的直接材料和直接人工成本如下：

购买直接材料：实际价格 $ 7.10/磅，25 000磅 $ 177 500
使用直接材料：实际价格 $ 7.10/磅，20 500磅 $ 145 550
使用直接人工：实际工资率 $ 21/小时，9 800小时 $ 205 800

9月Sousa分部实际发生的直接材料和直接人工成本都超过预算，为什么发生超额成本呢？计算并分析成本差异形成的原因。

2. Victoria造纸公司生产复印纸。公司在每月180 000个直接人工小时的基础上制定了标准制造费用分配率：

单位标准制造费用： $ 16
变动制造费用（2 × $ 3） $ 6
固定制造费用（2 × $ 5） $ 10

4月份公司计划生产90 000个产品，实际仅生产了80 000个。具体数据如下：

（1）实际直接人工成本为1 567 500美元，耗用165 000小时。

（2）实际制造费用总计1 371 500美元，其中511 500美元是变动的，860 000美元是固定的。计算并分析变动制造费用开支差异、变动制造费用效率差异、固定制造费用预算差异以及固定制造费用数量差异。

3. 巴拿马制造公司制定年度预算制造费用分配率。预算基础为预计总产出为720 000个单位和需要 3 600 000 个机器小时。公司可以在一年内统一规划生产。5 月份共生产 66 000 个单位产品,耗用 315 000 个机器小时。5 月实际制造费用为 375 000 美元。实际费用和年度预算以及月度预算的比较如下表所示:

巴拿马制造公司年度、月度预算 单位:美元

	总 量	单位产品	单位机器小时	月预算额
变动制造费用				
间接材料	1 224 000	1.7	0.34	102 000
间接人工	900 000	1.25	0.25	75 000
固定制造费用				
管理费	648 000	0.90	0.18	54 000
公共设施	540 000	0.75	0.15	45 000
折旧	1 008 000	1.40	0.28	84 000
总计	4 320 000	6.00	1.20	360 000

要求准备一份反映下面巴拿马制造公司 5 月份实际数额的计划。并计算:
(1) 已分配制造费用。
(2) 变动制造费用开支差异。
(3) 固定制造费用预算差异。
(4) 变动制造费用效率差异。
(5) 固定制造费用效率差异。

第八章
Chapter 8

作业成本法

【学习要点及目标】

本章学习的目标是了解作业成本法与传统成本制度的区别;理解作业成本法在作业管理、成本控制中的作用和价值;掌握作业成本法的基本假设与原理;理解作业成本法的一般程序和具体应用方式。本章的学习重点是掌握作业成本法的基本要素作业与成本动因的概念及分类,掌握作业划分与成本动因识别的主要方法,理解作业成本法间接费用间接分配的思路与方法,以及利用作业成本信息进行作业成本控制和作业链及价值链的重构思路与方法。

【引导案例】

精密制铜公司生产适用于各种用途的精良的机制黄铜产品,如柱、栓、舵轮及豪华游艇上的部件。公司董事长约翰陶尔斯最近参加了一个讨论作业成本法的管理学术会议。会后,他召集了全公司各高层经理来探讨他刚学到的知识。参加这次会议的有生产部经理苏珊·瑞奇、市场营销部经理汤姆·奥利弗森和财务经理玛丽·古德曼。他们讨论了以下的问题。

汤姆:会议有没有告诉你为什么我们按常规高效工作,却在最近所有投标中失败了?

约翰:汤姆,你可能不期望得到这种答案,但是,这儿有一个简单原因可解释我们这些投标为什么会失败。

汤姆:让我想想,我们投标失败是因为我们面临着更多的竞争。

约翰:是的,竞争是不可忽略的原因,但是,汤姆,我们还得找找自身的原因。

汤姆:那是什么呢? 我不知道其他人,但我的营销人员已是尽其所能地为公司积极拉生意了。

苏珊:我们生产部门的员工在废品率、及时运送等方面已经做出巨大的努力了。

汤姆:价格。竞争对手的价格比我们低。

约翰：为什么我们的价格这么高？

汤姆：我们的价格并不高，只是他们的价格太低了，我们的竞争对手标价一定低于他们的成本。

约翰：汤姆，你为什么会这么认为？

汤姆：如果我们按我们的竞争对手的投标价来定价，我们的标价就会低于我们的成本，并且我知道我们的工作与任何竞争对手一样高效。

苏珊：汤姆，为什么我们竞争对手的标价会低于他们的成本？

汤姆：他们全力抢占市场份额。

苏珊：那有什么意义呢？若他们的标价低于成本，那么，即便有更多的市场份额又有什么益处呢？

约翰：我认为苏珊说到了关键。玛丽，你是这方面专家，你有其他的解释吗？

玛丽：我就怕你问这个。呈交给你的部门报告中所标明的产品单位成本主要是被用于确定存货成本和销货成本，是供外部财务报表使用的。而用这种信息来投标我觉得非常不安。事实上，我提醒过几次，但没人在意。

约翰：现在，我注意到了。玛丽，你是告诉我们大家，我们用于投标的产品成本是错误的吗？可能竞争对手并不是以低于我们成本的价格投标，我们只是不知道我们的成本是多少。

玛丽：是的，这就是问题，我希望有人早听到这些。

第一节　　作业成本法概述

一、作业成本法产生的背景

经济的全球化和信息化将企业推向上了更加激烈的竞争舞台，要想获得更多的经济效益，要想实现价值的最大化，就要必须采用先进的科学技术，加强成本的管理与控制，以获得市场中的竞争优势。作业成本法作为一种新的成本计算与控制方法，在西方国家已经获得了较为普遍的应用，从制造业到服务业、国防工业乃至金融业，都取得了很好的效果。传统的成本方法重视对直接材料、直接人工等直接成本的核算和管理，对间接费用则采用单一的以数量标准为基础的平均分配方式。这样的间接成本分配方式在产品品种单一、间接费用比例较小的情况下，还能提供较为准确的成本信息。但是，近些年来，随着经济的发展、科学技术的进步，企业环境发生了很大变化。在新的技术经济环境中企业产品的品种繁多，产品的成本结构中直接与间接成本的比例关系发生了重大的变化，间接成本是直接成本若干倍的情况非常普遍，传统的成本核算方法已经不能正确反应产品的消耗，从而导致成本信息的失真，企业经营决策失误的现象屡见不鲜。因此，改变传统的成本核算方法，引进新成本方法显得迫切而重要，作业成本法正是在这样的背景下应运而生的。

(一) 企业经营环境的变化

时代在变迁,社会在发展,现代企业面临的社会经济环境发生了巨大的变化。首先,随着社会生产力的飞跃发展,社会财富的快速增长,人们有了选择余地,消费者的行为变得更加挑剔,他们希望购买多样化、标新立异、能体现个性的产品。其次,卖方市场向买方市场的转变,厂商之间的竞争愈加激烈。在激烈的市场竞争中,企业必须以顾客需求为导向,关注市场的动态及消费者的消费倾向。竞争的结果使大量的传统产品不得不退出市场,新的产品不断投放市场,而这些产品又很快被更加新型的、独特的新产品所取代。产品的生命周期越来越短,有些产品在未达到成熟期就开始衰退。企业经济由单一品种、通过大规模来达到专业化生产的规模经济向多品种、小批量生产、满足顾客不同需求的范围经济方向发展;由传统的降低产品成本的单一做法向低成本、高质量、交货速度快、售后服务完善的方向发展。随着社会经济的发展,人们对生活质量的要求越来越高,追求更加个性化的消费,这就要求企业必须提高适应性,向消费者提供更加多样化的产品和服务。

以微电子技术为核心的高新技术革命对科技、经济、社会各个领域的辐射力和渗透力都是空前的,极大地促进了生产力的发展。这场革命不仅仅改变了生产结构、产业结构、劳动结构和社会结构,也改变了人们的工作方式、生活方式和思维方式。

当代高新技术革命的发生,电子数控机床和机器人、计算机辅助设计(computer-aided design,CAD)、计算机辅助工程(computer-aided engineering,CAE)、计算机辅助制造(computer-aided manufacturing,CAM)、弹性制造系统(flexible manufacturing system,FMS)的广泛应用,以及其高级形式计算机集成制造系统(computer integrated manufacturing system,CIMS)的形成和应用,把整个价值链过程中所使用的各种自动化系统综合成一个整体,由计算机统一进行调控。计算机集成制造系统把生产的电脑化、自动化带入到一个崭新的发展阶段,并为生产经营管理进行革命性的变革提供了技术上的可能。

(二) 企业经营管理的创新

现代社会需求的多样性、多变性及市场竞争的激烈性,给企业提出了更高的要求,要求它们以市场为导向,把传统的追求"规模经济"为目标的大批量生产方式转变为能对顾客多样化、日新月异的需求迅速做出反应的"顾客化生产方式"——弹性制造系统,以保证能在较短的时间内生产出不同的新产品,及时满足消费者的需求。

传统生产系统是一种生产程序由前向后的推动式生产系统(push-through production system),由原材料仓库向第一个生产程序供应原材料,把它们加工成在产品、半成品,转入第一生产程序的在产品、半成品仓库;然后由第一生产程序的在产品、半成品仓库向第二个生产程序供应在产品、半成品,由第二个生产程序将它们继续进行深加工,如此由前向后顺序推移,直至最终完成全部生产程序,转入产成品仓库,等待对外发运销售。由此可见,传统的推动式的生产系统,使前面的生产程序居于主导地位,后面的生产程序只是被动地接受前一程序转移下来的加工对象，继续完成其未了的加工程序。推行这种生产系统，造成生产经营的各个环节的原材料、在产品、半成品、库存产成品等的大量存在，就不可避免。

适时生产系统是以高科技的应用为基础，于 20 世纪 70 年代在日本首先创建的，随后在西方经济发达国家（美、加、西欧）得到广泛应用的一种新的生产管理系统。新的适时生产系统则与此相反，它是采取由后向前的拉动式生产系统（pull-through production system）。这就意味着"企业要根据顾客订货所提出的有关产品数量、质量和交货时间等特定要求作为组织生产的基本出发点，即以最终满足顾客需求为起点，由后向前进行逐步推移，来全面安排生产任务"。前一生产程序只能严格按照后一生产程序所要求的有关在产品、半产品的数量、质量和交货时间来组织生产，至于生产程序生产什么、生产多少、质量要求和交货时间只能根据后一生产程序提出的具体要求来进行。因而在这种新的生产系统中，前、后生产程序中的主、客位置颠倒过来，它是由后面的生产程序为主导，前面的生产程序只能被动地同时极为严格地按时、按质、按量地完成后面生产程序所提出的生产任务。这一新的生产系统之所以被称为适时生产系统，就意味着它要求企业供、产、销的各个环节，尽可能实现"零存货"（zero inventory），也就是说，要求原材料、外购零部件的供应能"适时"到达生产现场，直接交付使用，而无须建立原材料、外购件的库存储备；生产的各个环节紧密地协调配合，生产的前阶段按生产后阶段提出的加工要求，保质、保量地生产在产品，并"适时"地送达后一加工阶段，直接投入生产，而无须建立在产品库存储备；在销售阶段又将已生产出来的产成品保质、保量地"适时"送到顾客手中，而无须建立产成品库存储备。由此可见，实施生产系统的目标就是消除一切不必要的作业。只有有效地实施作业成本法（activity based costing, ABC）和作业管理（activity based management, ABM），才能使整个企业的生产经营的各个环节能像钟表一样互相协调，准确无误地运转，使之达到很高的效率和效益。由于作业账户的设置方法是从最底层、最具体、最详细的作业开始，逐级向上设置的，操作比较复杂，因而需要较为精确而高效的成本统计和计算手段，需要严格而科学的控制和管理体系，而 JIT 的出现增强了作业成本法应用的可行性。

现代企业管理认为质量、成本与交货期是决定产品价值的三大因素，而其中质量又是首要的。质量管理从产品质量检验阶段发展到统计质量管理阶段；市场竞争的日益激烈迫使企业对质量管理的重视日渐加强，统计质量管理又受到全面质量管理的挑战。质量管理学家们认识到，影响产品质量的因素是多方面的，仅仅依靠统计质量管理是无法取得质量管理的理想效果的。全面质量管理是为了使顾客完全满意而在最经济的水平上进行生产，使企业各部门在质量改善、质量保持、质量成本控制上所作的努力产生最佳的效果。全面质量管理关注顾客的满意程度，重视员工对质量管理的参与以及质量的持续改进。全面质量管理是这样一种观念，它要求消除不能增加产品价值的一切浪费、缺陷和作业。这种管理强调顾客至上，把管理重点放在满足顾客的要求上，同适时生产系统有着直接的联系。适时生产系统要求生产经营的各个环节实现"零存货"，这样原材料、外购件的供应，在成品、半成品生产的每一个环节都要把好质量关，使之尽量做到"零缺陷"（zero defect），否则，就会出现生产秩序的混乱，各有关方面由此产生的连锁性不良后果所造成的损失、浪费将是难以估量的。可见,只有依靠全面质量管理消除因质量问题引起的一切不必要作业,适时生产系统才能得以顺利实施。

(三)经营环境与方式变化对产品成本及其计量的影响

随着经济的全球化和高新技术化的发展和相应的社会进步,人们对生活质量的要求越来越高,追求更加个性化的消费,这就要求企业必须提高适应性,运用高新技术向消费者提供更加多样化的产品和服务。于是企业面向的消费市场变化了,生产和服务的手段变化了,相应的产品和服务的成本也必须随之发生性质和结构的变化。

技术的进步必然伴随着生产过程的资本密集程度的提高。随着大量先进的制造设备的投入使用,企业中的产品成本构成发生了很大的变化。直接成本在总成本中所占的比例越来越低,而间接成本在总成本中的比重却大大提高,并且逐渐成为产成品的主体。在20世纪70年代以前,间接费用仅是直接人工费用的50%~60%,而今天却高达500%甚至1 000%。于是再以现在占比例很低的直接人工费用作为占绝大比例的间接成本分配的基础和依据,所得到的成本信息就没有多大的实用性了。因此引致作业成本法产生的主要原因是由于传统成本计算系统的局限性,其具体表现为:

(1)用产品成本中比重越来越小的直接人工分配比重越来越大的制造费用。在先进制造环境下,许多人工已被机器取代,因此直接人工成本比例大大下降,固定制造费用比例大大上升。产品成本结构如此重大的变化,使得传统的"数量基础成本计算"不能正确反映产品的消耗,从而不能正确核算企业自动化的效益,不能为企业决策和控制提供正确有用的会计信息。

(2)无法分配越来越多与工时不相关的作业费用,如质量检验、试验和机器调整准备费用等。

(3)忽略不同批量产品实际耗费的差异。另外顾客需求的变化又使得新产品的开发和定价对成本信息的准确性要求更高,因此采用新思路和方法更客观、更合理、更有依据地分配间接成本,确定产品成本信息就成为管理会计的迫切任务了。

企业管理层想用完全成本法取代变动成本法也是作业成本法产生的动因之一。在成本计量发展史上,先有完全成本法,后有变动成本法,用变动成本法取代完全成本法曾经是成本计量的进步。然而,在当今的制造环境中,变动成本法主要存在以下两方面的缺陷:

(1)设计变动成本法的初衷在于适应企业短期决策的需要。随着以网络经济为首的信息经济和知识经济的到来,以计算机为主导的智能化、自动化日益普遍,技术密集型产业占据主导地位,导致直接成本投入比例大大降低,许多企业的间接成本占绝大部分,这导致模型 $y = a + bx$ 即使在短期内和一定业务量下也失去了相关性。在变动成本法下,产品成本包括直接材料、直接人工和变动性制造费用。而在完全成本法下,产品成本不仅包括直接材料、直接人工、变动性制造费用,还包括固定性制造费用。在新的制造环境下,变动成本的比重越来越小,而且把固定费用作为期间费用归集处理,并不能为控制日益增长的固定费用提供良策。

(2)在变动成本法的存在基础——成本形态分析中,把成本习性划分为变动成本和固定成本,并且建立模型 $y = a + bx$,而这种成本的划分和模型的相关性是立足于短期经营、业务量无显著变化的假设上的。然而,20世纪70年代以后,企业要应对多变的市场风险,强调长远的可持续发展,而从长期经营的角度来看,绝大部分成本都是变动的;兼并浪潮、生产规模化、经营全球化,导致企业的业务量急剧上升,突破了模型 $y = a + bx$ 的业务量假定。管理人员通常以产品数量为基础划分固定成本和变动成本。这种分析方法使管理当局难以确认该项成本到底是如何变动的,从而在决策时无法考虑它所定义的固定成本和变动成本的界限,难以实现决策的科学化。

无论传统成本计算法将导致产品成本信息的严重扭曲,还是用变动成本法取代完全成本法无法逾越的障碍,都对原有的完全成本法和变动成本法提出了质疑。以这些成本计算法确定的成本信息为导向的成本控制、经营决策必将造成企业错误选择经营方向甚至失去扩大市场份额、提高竞争优势的机会。时代的发展需要一种能针对上述传统成本核算不适应新的制造环境的局面,解决传统信息失真问题的成本核算、管理方法,作业成本法应运而生。作业成本法把直接成本和间接成本(包括期间费用)作为产品(服务)消耗作业的成本同等对待,拓宽了成本的计算范围;分配依据是作业的耗用数量,即对每种作业都单独计算其分配率,从而把该作业的成本分配到每一种产品,使产品成本更准确、更真实。

二、作业成本法的形成

作业成本法的思想由美国会计学家埃里克·科勒(Eric Kohler)于20世纪30年代末提出。科勒的作业会计思想,主要来自于对20世纪30年代的水力发电活动的思考。在水力发电生产过程中,直接人工和直接材料(这里指水源)成本都很低廉,而间接费用所占的比重相对很高,这就从根本上冲击了传统的会计成本核算方法——按照工时比例分配间接费用的方法。1941年埃里克·科勒第一次将作业的观念引入会计和管理中,乔治·斯托布斯(George. J. Staubus)分别在1954年的《收益的会计概念》、1971年的《作业成本计算和投入产出会计》和1988年的《服务与决策的作业成本计算——决策有用框架中的成本会计》等著作中提出了一系列的作业成本观念,对作业、成本、作业会计、作业投入产出系统等概念作了全面系统的阐述,标志着作业成本法的萌芽和成型。对作业成本法给予明确解释的是哈佛大学的罗宾·库珀(Robin Cooper)和罗伯特·卡普兰(Robert S Klallam),他们发展了斯托布斯的思想,提出了以作业为基础的成本计算,简称作业成本计算。1988年,库珀在夏季号《成本管理》杂志上发表了《一论作业成本法的兴起:什么是作业成本法系统》。库珀认为:产品成本就是制造和运送产品所需全部作业成本的总和,成本计算的最基本对象是作业。同年,库珀又在秋季号和冬季号《成本管理》杂志上两论作业成本法,《二论作业成本法的兴起:何时需要作业成本法系统》、《三论作业成本法的兴起:需要多少成本动因并如何选择》。库珀在三论作业成本法的同时,与卡普兰联手在《哈佛商业评论》上发表了《正确计量成本才能做出正确决策》一文。1989年春,库珀又写了《四论作业成本法的兴起:作业成本法系统到底看起来像什么》。从

1988年夏季到1989年春，库珀通过讨论作业成本法兴起的四篇论文以及和卡普兰的合作，基本上对作业成本法的现实需要、运行程序、成本动因的选择、成本库的建立等做了全面分析与阐述，这些文献指出了作业成本计算的两阶段归集步骤，即产品消耗作业，作业消耗资源，并提出了"成本动因"理论。从此，作业成本法开始得到会计界的普遍重视。可以说，库珀与卡普兰的这些文献，标志着作业成本法的形成，基本上奠定了作业成本法的理论基础。随后，美国众多的大学会计界和公司联合起来，共同在这一领域开展研究。1991年 詹姆斯.A.布林逊（James Abramson）在所著的《作业会计：作业基础成本计算法》和1991年特尼（Peter B.B. Tunney）发表的《ABC的功效：怎样成功地推进作业基础成本计算》以及1992年挑选了八大公司进行实验，通过对试点报告的加工、整理写成的《推进作业基础成本管理：从行动到分析》，都对作业成本法的推行发展起到了关键的作用。

目前，作业成本法的应用已由最初的美国、加拿大、英国，迅速地向澳洲、亚洲、美洲以及欧洲其他国家扩展。在行业领域方面，也由最初的制造行业扩展到商品批发、电信业、零售业、金融、保险机构、医疗卫生等公共用品部门，以及会计师事务所、咨询类社会中介机构等服务行业，并且已不限于生产领域，在企业的客户管理中心、营销部门、票据结算中心等领域也有应用。据美国财务专家福斯特等研究，在企业内部会计和财务方面是使用作业成本法最多的部门。作业成本法已经被国外企业普遍认为是一种推动企业进步的基础方法，企业可以从实行作业成本法的项目投资中获利。对作业成本计算制度的研究，对其中所涉及的价值链、零存货、全面质量管理、成本动因以及多技能等各种新思维、新观念、新技术的研究与应用也日益广泛，作业成本法在我国的应用发展以及对企业的成本核算和控制的影响也日益显现出来。

三、作业成本法的概念与特征

（一）作业成本法的概念

作业成本法，即基于作业的成本计算方法，是指以作业为间接费用归集对象，通过资源动因的确认、计量，归集资源费用到作业上，再通过作业动因的确认、计量，归集作业成本到产品等对象上去的间接费用分配方法。作业成本法作为一种新的分配制造费用的方法，其计算所涉及的概念有资源、作业、作业中心、成本动因、成本对象等，其中资源、作业、成本动因、成本对象构成作业成本法的基本要素。

（二）作业成本法的特征

在电子技术革命的基础上产生了高度自动化的先进制造企业，带来了管理理念和管理技术的巨大变革；相应的产品成本结构发生了重大的变化，使得传统的"数量基础成本计算"不能正确反应产成品的消耗，不能为企业决策和控制提供正确有用的会计信息。作业成本法作为以作业为基础的成本计算方法，从根本上解决了传统成本法的缺陷，同时给企业成本管理创造了良好的基础。传统的以数量为基础的成本计算发展到现代的以作业为基础的成本计算，已成为成本会计科学发展的大趋势。适应新的技术经济环境的作业成本法,与单一的、直接的间接成本分配的传统成本计算方法相比,具有以下一些特征:

1. 作业成本法是一种间接的间接成本分配方法

作业成本法在间接成本分配的过程中引入了"作业"这个间接成本分配的中间环节,先以资源成本动因为依据将所消耗的资源由资源成本库分配计入作业成本库,再以作业成本动因为依据将所消耗的资源由作业成本库分配计入产品等成本对象,设计了以作业为中介的间接成本的二阶段分配程序,改变了传统成本法直接将间接成本直接分配给产品的做法。从作业成本法的运行过程分析,它对直接费用的确认与分配与传统成本计算方法并无不同,所不同的只是作业成本法对间接费用的分配是按将之分配到各产品,这比传统的以直接人工、生产工时、机器工时等单一的标准分配间接费用更具科学性。

2. 作业成本法是一种求本溯源的成本计量方法

作业成本法根据作业的资源消耗动因将作业所消耗的资源计入作业成本库,再根据产品的作业成本动因将产品所消耗的作业成本计入产品。也就是说,在被消耗的资源不能直接追溯于产品时,要寻找影响其消耗数量变化的关键因素作为分配基础,而作业和产品则需要根据它们所引起的动因数量来承担相应的间接成本。从而克服了传统的间接成本分配,人为地按照未必与产品所消耗的间接成本有关的产品的直接人工成本分配的主观性。

作业成本法根据不同的资源成本动因将所消耗的资源划归到不同的作业成本库,因而作业成本库是依作业对资源的消耗情况(资源动因)归集得到的。产品成本则是进一步根据产品对作业的消耗情况,按照不同的作业成本动因将作业成本库的成本追踪到产品成本之中去的。作业成本计算法通过设置多样化的成本库和采用多种成本动因,求本溯源地将间接费用按产品对象化,从而增加了成本的可归属性,使产品成本能够更加准确地反映产品对资源消耗的真实情况,并最终使管理者能够据以进行正确的经营决策。

3. 作业成本法是一种成本计算与成本控制紧密结合的成本管理方法

作业成本法所发现的成本动因是作业成本和产品成本形成的原因与方式,是决定作业成本和产品成本高低的关键因素。把握了这些因素就控制了成本形成的根源,就找到了成本控制的方式。作业成本法在产品成本计量的同时也计量了作业的成本,在寻找间接成本分配依据的同时也找到了控制成本的措施,因此作业成本法是一种成本计量与成本管理相结合的方法。

作业成本法不是简单的就成本论成本,而是对形成产品成本的前因后果进行全方位的索本求源,从前因看,成本是由作业引起的,形成各个作业的必要性如何,要追踪到产品的设计环节,从后果来看,作业的完成实际耗费了多少资源?这些资源的耗费可以对产品最终提供给顾客的价值做多大的贡献?因而作业成本法拓展了成本控制的范围和内容,使其从单纯的生产成本延伸到产品的整个寿命周期的成本。同时,作业成本法使企业的成本控制深入到作业层次。当企业管理深入到作业时就形成了作业管理,作业管理需要作业成本的信息,作业成本法由于其间接成本分配的中间环节是以作业为对象进行成本归集的,因此可以提供作业管理所需要的成本信息。作业管理依据作业成本法的信息将成本管理深入作业层面,将成本的计算与管理在作业层面形成了有机的结合。

4. 作业成本法是一种面向价值链的分析方法

作业管理对作业链上的作业进行分析、改进与调整,尽可能消除非增值作业,同时尽可能减少增值作业的资源消耗,由此促进企业价值链的价值增值,提高企业整体的经济效益。

作业成本法不仅仅是一个费用分配、成本计算的过程,更是一个依据因果关系分析资源流动的过程。作业成本法要求企业管理者正确分析产品生产需要哪些作业,区分出哪些是增值作业?哪些是非增值作业?尽可能消除非增值作业,完成这些作业需要消耗哪些资源?这些资源如何分配到作业成本库以及产品中去?可见,作业成本法不仅仅是一种成本计算方法,更是以作业管理为中心的现代管理方法。

5. 作业成本法是以"顾客价值"作为衡量增值标准作业的管理方法

作业成本法体现现代企业面向市场,以顾客需求作为组织生产经营出发点的观念,以作业成本法为基础实行作业管理有利于成本和效益统一的实现。作业成本法以"顾客价值"作为衡量增值与否的标准,除保留了某些有用的财务指标评价外,还引进了许多非财务评价指标与计量要素,如产品质量、机器效率、交货效率、顾客满意度等,通过综合运用多种尺度来评价和衡量企业各部门、各环节相关人员的工作业绩。

四、作业成本法的基本原理

作业成本法是继变动成本法之后,管理会计所采用的区别于财务会计完全成本法的另一种成本计量方法。变动成本法以成本性态分析为基础,回避固定生产成本在产品成本中的分摊,以变动成本计量产品成本,为产品贡献毛益测算提供条件的一种成本计量方法。而作业成本法则适应新的生产经营环境下成本构成的变化以及信息需求的变化,适应战略管理和作业管理的需要,以作业作为间接成本向产品成本归依的中介,以成本动因作为间接成本归集的依据的一种产品成本计量方式。

(一) 作业成本法的假设

以作业成本法为基础的成本计量与控制系统称为作业成本系统,作业成本系统是一个以作业为基础的管理信息系统和成本控制及作业管理系统。作业成本计算通过对作业及作业成本的确认、计量,最终取得和提供相对真实、准确的产品成本信息。作业成本法实施的基本假设是"资源被作业消耗,作业被产品所消耗"。该假设认为在很多情况下直接消耗资源的并不是产品本身,而是一些被产品所消耗的作业,作业是资源的直接消耗对象,基于成本核算的"谁受益谁承担"原则,作业应被确定为所消耗的资源的第一承担者。再进一步求本溯源,消耗作业的是产品,产品在其形成过程中消耗了作业活动,所以已经计入作业成本库的所消耗资源再经由作业最终计入产品。因此基于这样的作业成本法的假设,便形成了以作业为中介的间接成本核算方法。

(二) 作业成本法的核算原理

作业成本法的基本理论是成本动因理论,强调按照作业对资源、成本对象对作业的消耗的实际情况,找到最合适的直接成本动因,并按照符合"谁受益谁承担"的原则尽可能地进行直接分配。

作业成本法建立在"作业消耗资源,产品消耗作业"的基本假设之下,根据这样生产的假设,作业成本法的核算原理可以概括为:按照不同的成本动因分别设置成本库(cost pool);分别依据相应资源成本动因将所耗费的资源计入消耗该资源的作业并形成作业成本库,再分别依据相应作业成本动因将作业成本库中的成本最终计入消耗该项作业的产品,汇总各种产品的作业成本之总和,从而形成产品成本的单位成本和总成本。

由于作业成本法的基本逻辑是"产品消耗作业,作业消耗资源",因此需要在传统成本法的资源和成本对象之间增加作业这个分配中介。

作业成本计算将着眼点放在作业上,以作业为核心,依据作业对资源的消耗情况将所消耗的资源成本分配到作业,再由作业依据成本动因追踪产品成本的形成和积累过程,由此得出最终产品成本,如图8.1所示。

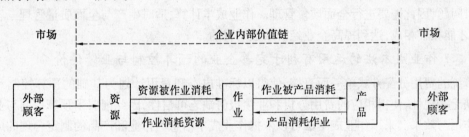

图8.1 作业成本法的核算原理

企业作业链与价值链的观念贯穿于作业管理的全过程之中。作业成本计算过程实际上是成本动因的分析过程。因此,不能单纯地将作业成本法视为一种成本计算方法,而必须深刻理解其给管理领域带来的变革与创新,作业成本计算的深远意义就在于它探索了成本的动因以及由此引起的作业链与价值链的改进与优化。

作业成本计量方法的出现对管理会计信息质量的提高,成本控制功能的发挥,战略管理支持作用的实施产生重要的影响与作用。

作业成本计算在成本核算上突破了产品界限,把作业作为资源和产品的中间环节,把着眼点放在作业上,以作业为核算对象,依据作业对资源的消耗情况将资源的成本分配到作业,再由作业成本依据作业成本动因追踪到产品成本的形成和积累过程,由此而得出最终产品成本。例如,材料采购部门发生的和"材料计划与订购"有关的费用,同材料的取得来源有着直接的关系,采购部门要和各个材料供应商打交道,进行函电联系、合同签订和货款结算等,因而其费用的多寡同材料供应商的数量有直接的关系，但和材料供应量的多少没有直接关系，这样，将"材料的计划与订购"定义为一个"作业"，发生的有关费用可以归入一个"成本库"；以材料供应商的数量为其作业动因，并以此为标准对该成本库汇集的成本进行分配。作业成本计算法通过选择多样化的作业动因进行制造费用分配，使成本计算特别是比重日益增长的制造费用比按产品对象化的过程大大明晰了，从而使成本的可归属性、可追溯性大大提高了，而将按照人为的标准间接分配于有关产品的成本比重缩减到最低限度，从而提高了成本核算信息的准确性。

五、实施作业成本法的意义

从作业成本法产生的背景和作业成本法基本特征的分析中，我们可以看到作业成本法的运用对于企业经营管理的重要作用。

（一）作业成本法的运用可为适时生产和全面质量管理提供经济依据

作业成本法支持作业管理，而作业管理的目标是尽可能地消除非增值作业和提高增值作业的效率。这就要求采用适时生产系统和全面质量管理。适时生产系统要求零库存，消除与库存有关的作业，减少库存上的资源耗费。零库存的基本条件是生产运行畅通无阻，不能有任何质量问题，因此需要进行全面质量管理。作业成本计算、适时生产与全面质量管理三者同步进行，才能相辅相成，达到提高企业经济效益的目的。

（二）作业成本法的运用有利于完善企业的预算控制与业绩评价

传统的费用分配方式单一而直接，使得以标准成本和费用计划为基础的预算控制和业绩评价缺乏客观性，使得相应的费用分析和业绩报告缺乏可信性，因此削弱了预算控制与业绩评价的作用与效果。采用作业成本法可以依据作业成本信息为作业和产品的制定合理的成本费用标准，可以从多种成本动因出发分析成本费用节约或超支的真实原因，结合多种成本动因的形成数量和责任中心的作业成本与效率评价责任中心的业绩，可以为作业活动的改进和产品成本的降低提供思路和措施。

（三）作业成本法的运用能够满足企业战略管理的需要

战略管理的核心是使企业适应自身的经营条件与外部的经营环境，使企业具有竞争优势，保持长久的生存和持续的发展。迈克尔·波特(Michael E. Porter)首先在其著名的《竞争优势》(Competitive Advantage)一书中所提出"价值链"理论认为，不断改进和优化"价值链"，尽可能提高"顾客价值"是提高企业竞争优势的关键。"价值链"理论是把企业看做是为最终满足顾客需要而设计成的"一系列"作业(a series of activities)的集合体，形成一个由此及彼、由内到外的作业链(activity chain)。每完成一项作业都要消耗一定的资源，而作业的产出(activities' output)又会形成一定的价值，再转移到下一个作业，按此逐步推移，直到最终把产品提供给企业外部的顾客，以满足他们的需要。作业成本法将通过提供作业信息、改进作业管理,来提升企业价值链的价值,从而提升企业的竞争力,实现战略管理的预期目标。

第二节 作业成本法的基本要素与一般程序

一、作业成本法的基本要素

成本对象(cost objects)是企业需要进行成本计量的对象,通常是企业生产经营的产品或提供的服务。根据企业的需要,可以把每一个批次作为成本对象,也可以把一个品种作为成本对象。根据管理的需要,成本对象可分为市场类成本对象和生产类成本对象(图8.2)。市场类成本对象的确定主要是按照不同的市场渠道和不同的顾客确定的成本对象,它主要衡量不同渠道和顾客带来的实际收益,核算结果主要用于市场决策,并支持企业的产品决策。生产类成本对象是企业内部的成本对象,包括各种产品和半成品,用于计量企业内部的生产成果。

图8.2 成本对象

资源(resources)是成本的源泉,一个企业的资源包括直接人工、直接材料、生产维持成本(如采购人员的工资成本)、间接制造费用,以及生产过程以外的成本(如广告费用)。资源是支持作业的成本、费用来源,是一定期间为了生产产品或提供服务而发生的各类成本、费用项目,作业执行过程中需要花费的代价。作业成本法下的资源是指为了产出作业或产品而发生的费用支出,即资源就是指各项费用的总和。在作业成本核算中,与某项作业直接相关的资源应该直接计入该项作业,但若某一资源支持多种作业,就应当使用资源动因将资源分配计入各项相应的作业中。资源成本信息的主要来源是总分类账,它提供诸如企业今年支付了多少工资,计提了多少折旧,应支付多少税等信息。资源与成本对象之关系如图8.3所示。

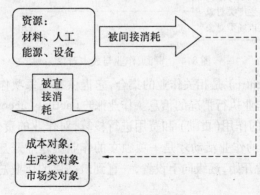

图8.3 资源与成本对象之关系

作业(activity)指的是一个组织单位对一项工程、一个大型建设项目、一个规划或重要经营事项的具体活动,是企业为提供一定量的产品和劳务所消耗的人力、技术、原材料、方法和环境等的集合体;或者说某一个部门的某一类活动。作业成本法的首要工作就是作业的认定。作业是工作的各个单位。作业的类型和数量会随着企业的不同而不同。

常见的分类方法是将作业按作业水平的不同,分为单位水平作业、批别水平作业、产品水平作业及设备水平作业四类。

(1) 单位水平作业(product-level activities)为每件产品而发生,是指每次生产单位产品时所从事的作业。例如,对于每件产品的加工、包装等作业。

(2) 批别水平作业(batch-level activities)为每批产品的生产而发生,是指生产每批产品每次所从事的作业。例如,每批产品的生产准备、检测、材料处理、发货等作业。

(3) 产品水平作业(unit-level activities)是指生产每种产品所从事的作业,是为支持整条产品线的运行所发生的作业。例如,产品设计、产品改良、机器设备维修等。

(4) 组织维护作业(organization-sustaining activities)是指不区分每一种、每一批、每一个产品时所执行的作业,也就是说与生产所有种类的产品、所有批次的产品及每一个单位产品都相关又都不直接相关的作业。例如,管理当局的一般性管理、厂房维修等。

资源、作业与成本对象如图 8.4 所示。

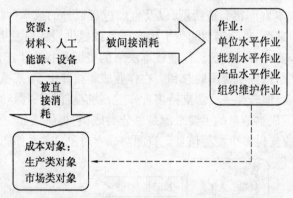

图 8.4　资源、作业与成本对象

作业中心(activity centre)是相关作业的集合,它提供有关每项作业的成本信息、每项作业所耗资源的信息以及作业执行情况的信息。作业账户(activity account)对每一项作业设置一个作业账户,对其相关的作用(贡献)和费用进行核算,对作业的责任人,要能进行控制,即是说,同一个责任人控制的作业活动才是一项独立的作业。作业账户的设置方法是,从最低层、最具体、最详细的作业开始,逐级向上设置,一直到最高层的作业总账,类似于传统科目的明细账、二级账和总账。

成本动因(cost driver)又称作业成本驱动因素,是对导致成本发生及增加,具有相同性质的某一类重要的事项进行的度量,是作业的量化表现。成本动因通常选择作业活动耗用资源的计量标准来进行度量。如研究开发费用的支出与研究计划的数量、研究计划上所费的工时或者研究计划的技术复杂性相关,那么它们就是研究开发费用的成本动因。按作业成本法的原理可将成本动因分为资源动因和作业动因两类,两类动因分别对作业消耗资源、产品消耗作业的原因与方式进行量化的描述。成本动因在间接成本分配中的作用如图8.5所示。

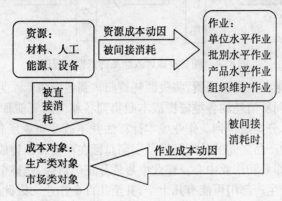

图 8.5　成本动因在间接成本分配中的作用

二、作业成本法的一般程序

与传统的完全成本核算方法相比,作业成本法增加了作业层次,把间接成本的一次分配变为两次分配,将单一的数量分配标准改变为按照实际消耗情况确定的多种成本动因的分配标准,因而能够非常精细地核算产品成本,能够比较真实地反映产品和作业对于企业资源的实际消耗情况。

在作业成本法下产品成本形成过程如图8.6所示。

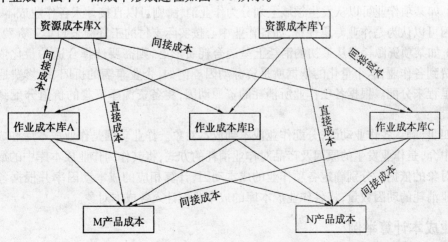

图 8.6　产品成本的形成过程

作业成本法下企业所耗费的资源计入产品的依据与程序如图8.7所示。

图8.7　耗费资源计入产品的依据与程序

第一步,确认和计量各类资源耗费,将资源耗费归集到各资源库。为企业每类资源都设立资源库,将一定会计期间所消耗的各类资源成本归集到各相应的资源库中。有关各类资源消耗的信息可从企业的总分类账得到。作业成本计算法并不改变企业所耗资源的总额,它改变的只是资源总额在各种产品之间的分配额以及资源总额在存货和销售成本之间的分配额。

第二步,确认主要作业和作业中心。作业中心划分正确与否,是整个作业成本系统设计成功与否的关键。在一个生产部门可能有几十个,甚至几百个作业。因此应按照成本-效益原则来进行作业的划分。作业的划分不一定和企业传统职能部门相一致。有的作业中心可能是跨部门的,有的部门可能完成好几项不同作业。按照作业中心披露成本信息,便于管理当局控制成本,评估业绩。

第三步,确定资源动因,建立作业成本库。资源动因反映了作业对资源的消耗情况,作业量的多少决定了资源的耗用量,资源的耗用量和最终的产出量没有直接关系。企业的资源耗费有以下几种情况:

(1) 某项资源耗费如直观地确定为某一特定产品所消耗,则直接计入该特定产品成本,该资源动因也就是作业动因,如产品的设计图纸成本。

(2) 如某项作业可以从发生领域上划分为作业消耗,则可以直接计入各作业成本库,此时资源动因可以认为是作业专属耗费,如各作业中心按实际支付的工资额来归集工资费用。

(3) 如某项资源耗费从最初的消耗上呈混合耗费形态,则需要选择合适的量化依据。将资源耗到各作业,这个量化的依据就是资源动因。例如,企业车辆的折旧、维修费通过车辆行驶的里程来分配。根据各项作业所消耗的资源动因,将各资源库汇集的价值分配到各作业成本库。

第四步,确认各作业动因,分配作业成本到成本对象。作业动因是作业成本库和成本对象联系的中介,是作业发生的原因及产品对作业消耗的方式,将其作为作业成本库中的成本分配到成本对象的依据。分别确定各项作业的成本动因,计算相应的成本动因率并根据各成本对象对作业消耗的动因数量,将各作业成本库的成本分配计入各成本对象。

二、作业成本计算举例

【例8.1】　某企业生产甲、乙、丙三种产品有关的间接成本按照资源属性分别计入不同的资源成本库,见表8.1。

表8.1 资源库与资源动因

资源库名称	电费	保险费	折旧费	一般管理
耗费资源金额/元	56 000	4 000	27 000	8 700
资源动因	用电度数	工资额	设备价值	作业成本

与甲、乙、丙有关的作业见表8.2。

表8.2 资源库与资源动因

作业 资源动因	备料	加工	组装	检验	合计
用电度数/千瓦时	5 000	54 000	17 000	4 000	80 000
工资额/元	3 000	5 000	11 000	1 000	20 000
设备价值/元	10 000	60 000	15 000	5 000	90 000

根据以上两表的数据可以确定各项资源动因率如下:

电费资源库的资源动因率 = 56 000 ÷ 80 000 = 0.7 元／千瓦时

保险费资源库的资源动因率 = 4 000 ÷ 20 000 = 0.2 元／元

折旧费资源库的资源动因率 = 27 000 ÷ 90 000 = 0.3 元／元

再结合各作业消耗的资源动因数量可确定各作业成本库的成本,见表8.3。

表8.3 作业成本库的成本

作业 作业成本/元	备料	加工	组装	检验	合计
电费	3 500	37 800	11 900	2 800	56 000
保险费	600	1 000	2 200	200	4 000
折旧费	3 000	18 000	4 500	1 500	27 000
合计	7 100	56 800	18 600	4 500	87 000

再将一般管理费用按照各项作业的成本总额分配计入各项作业,见表8.4。

表 8.4 资源库与资源动因

作业	备料	加工	组装	检验
作业成本/元	7 100	56 800	18 600	4 500
一般管理动因率	8 700 ÷ 87 000 = 0.1 元/元			
一般管理分配/元	710	5 680	1 860	450
作业成本合计/元	7 810	62 480	20 460	4 950

又已知各项作业的成本动因及各种产品的作业成本动因量见表 8.5。

表 8.5 各项的作业成本动因及各种产品的成本动因率

成本动因 产品	备料 材料成本/元	加工 机器小时/小时	组装 产品数量/件	检验 抽样件数/件
甲产品	55 000	2 800	700	33
乙产品	65 000	3 200	900	36
丙产品	36 200	1 810	446	30
合计	156 200	7 810	2 046	99
成本动因率	0.05 元/元	8 元/小时	10 元/件	50 元/件

由表 8.5 的成本动因率及各产品的成本动因数量最后计算出各产品应承担的间接成本,见表 8.6。

表 8.6 各产品间接成本分担

间接成本/元 产品	备料	加工	组装	检验	合计
	7 810	62 480	20 460	4 950	95 700
甲产品	2 750	22 400	7 000	1 650	33 800
乙产品	3 250	25 600	9 000	1 800	39 650
丙产品	1 810	14 480	4 460	1 500	22 250

三、传统成本法与作业成本法的比较示例

【例8.2】 某企业生产 A、B 两种产品,有关产量、机器小时、直接成本、间接成本数据见表 8.7,生产经营 A、B 两种产品的相关作业及其动因的数据见表 8.8。

表 8.7　A、B 两种产品的产量及成本资料

项　目	A 产品	B 产品
产量 / 件	100	8 200
单位产品机器小时 / (小时·件$^{-1}$)	3	2
单位产品人工成本 / (元·件$^{-1}$)	50	55
单位产品材料成本 / (元·件$^{-1}$)	95	90
制造费用总额 / 元	395 800	

表 8.8　制造费用作业资料

作业	作业动因	作业成本 / 元	成本动因		
			A	B	合计
机器调试	调试次数	16 000	10	6	16
签订订单	订单份数	62 000	15	10	25
机器运行	机器小时	233 800	300	16 400	16 700
质量检查	检验次数	84 000	30	20	50
合计	—	395 800	—	—	—

表 8.9　A、B 两种产品作业成本法的制造费用分配

作业	作业动因分配率	作业动因量		制造费用分配 / 元		
		A	B	A / 元	B / 元	合计 / 元
机器调试	1 000 元 / 次	10 次	6 次	10 000	6 000	16 000
签订订单	2 480 元 / 份	15 份	10 份	37 200	24 800	62 000
机器运行	14 元 / 小时	300 小时	16 400 小时	4 200	229 600	233 800
质量检查	1 680 元 / 次	30 次	20 次	50 400	33 600	84 000
合计	—	—	—	101 800	294 000	395 800

表 8.9 采用作业成本法对 A、B 两种产品进行制造费用的分配,其具体计算如下:

机器调试作业动因分配率 = 16 000 ÷ (10 + 6) = 1 000 元 / 次

分配给 A 产品的机器调试成本 = 1 000 × 10 = 10 000 元

分配给 B 产品的机器调试成本 = 1 000 × 6 = 6 000 元

签订订单作业动因分配率 = 62 000/(15 + 10) = 2 480(元/份)

分配给 A 产品的签订订单成本 = 2 480 × 15 = 37 200(元)

分配给 B 产品的签订订单成本 = 2 480 × 10 = 24 800(元)

机器运行作业动因分配率 = 233 800/(300 + 16 400) = 14(元/小时)

分配给 A 产品的机器运行成本 = 14 × 300 = 4 200(元)

分配给 B 产品的机器运行成本 = 14 × 16 400 = 229 600(元)

质量检查作业动因分配率 = 84 000/(30 + 20) = 1 680(元/次)

分配给 A 产品的质量检查成本 = 1 680 × 30 = 50 400(元)

分配给 B 产品的质量检查成本 = 1 680 × 20 = 33 600(元)

A 产品最终承担制造费用 = 10 000 + 37 200 + 4 200 + 50 400 = 101 800(元)

B 产品最终承担制造费用 = 6 000 + 24 800 + 229 600 + 33 600 = 294 000(元)

单位 A 产品承担制造费用 = 101 800/100 = 1 018(元)

单位 B 产品承担制造费用 = 294 000/8 200 ≈ 35.85(元)

传统制造费用以机器小时为数量基础将制造费用在 A、B 两种产品中分配,则

传统制造费用分配率 = 395 800/(3 × 100 + 2 × 8 200) ≈ 23.7(元/小时)

分配给 A 产品的制造费用 = 23.7 × (3 × 100) = 7 110(元)

分配给 B 产品的制造费用 = 23.7 × (2 × 8 200) = 388 680(元)

单位 A 产品承担制造费用 = 7 110/100 = 71.1(元)

单位 B 产品承担制造费用 = 388 680/8 200 = 47.4(元)

于是作业成本法下:

A 产品的单位成本 = 95 + 50 + 1 018 = 1 163(元)

B 产品的单位成本 = 90 + 55 + 35.85 = 180.85 元 ≈ 181(元)

而传统成本法下:

A 产品的单位成本 = 95 + 50 + 71.1 = 216.1(元) ≈ 216(元)

B 产品的单位成本 = 90 + 55 + 47.4 = 192.4(元) ≈ 192(元)

从上例看出不同的成本计算方法下小批量生产产品的产品成本相差得多么悬殊,人为地按照单一的数量化分配基础进行间接制造费用的分配会造成多么严重的产品成本扭曲。

第三节 成本动因与作业成本控制

一、成本动因的基本特征

首次提出"成本动因"概念的是美国人迈克尔·波特,之后很多学者都从不同的角度定义成本动因。简单地说成本动因就是引发成本的驱动因素。作为成本引发的驱动因素不但是作

业成本法的核心概念之一,而且是成本控制的关键要素。它是连接成本对象、作业和资源的中介,它实质性地揭示了资源被作业消耗、作业被成本对象消耗的原因,量化地描述了资源被作业消耗、作业被成本对象消耗的具体方式。成本动因具有以下基本特征:

1. 隐蔽性

成本动因是隐蔽在成本之后的驱动因素,一般不易直接识别。这种隐蔽性的特性要求对成本行为进行深入地分析,才能把隐蔽在其后的驱动因素识别出来。

2. 相关性

成本动因与引发成本发生和变动的价值活动高度相关,价值活动是引起资源耗费的直接原因,只有通过作业链分析其相关性,才能正确选择成本动因。

3. 适用性

成本动因寓于各种类型作业、各种资源流动和各类成本领域之中,具有较强的适用性,适用于分析各类作业、资源流动和成本领域的因果关系。

4. 可计量性

成本动因是成本驱动因素,是分配和分析成本的基础,一般易于量化。在作业成本法下,一切成本动因都可计量,因而可作为分配成本的标准。

二、成本动因的分类

根据不同的成本动因分类标准,可以得出不同的成本动因分类。

(一)按照成本分配的层次划分

根据作业成本法中被消耗资源的分配层次,可将成本动因分为资源动因和作业动因两类,如图8.8所示。

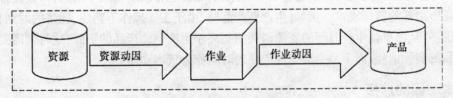

图8.8 成本动因按分配层次进行的分类

1. 资源动因

资源动因反映资源消耗与作业量的因果关系,是衡量资源消耗量与作业发生之间关系的某种计量标准,它反映了消耗资源的动因,是资源费用归集到作业的依据。这种引起资源耗用的作业驱动因素在被消耗的资源向作业的分配过程中起着关键的作用。由于资源是逐项分配到作业中去的,于是产生了作业成本要素,将每个作业成本要素相加形成作业成本库。通过对成本要素的分析,可以揭示哪些资源需要减少,哪些资源需要重新配置,最终决定如何改进和降低作业成本,因此资源动因可以用于评价作业使用资源的效率。

2. 作业动因

作业动因是引发作业的原因,反映作业耗用与最终产品形成之间的因果关系。将其作为作业成本库中的成本分配到成本对象的依据,不仅由于其为引起作业耗用的驱动因素,通过作业动因分析,可以揭示哪些作业是多余的,应该减少,哪些作业是关键作业,应密切注意其变化等,同时也因为作业动因能够量化地描述成本对象对作业消耗的具体方式,衡量成本对象消耗作业数量的多少,是成本对象引发作业并决定作业对资源消耗数量的关键因素。

(二) 按照成本发生的特点划分

根据作业中成本发生的特点,可将成本动因分为交易性成本动因、延续性成本动因和精确性成本动因。

1. 交易性成本动因

交易性成本动因用以计量作业发生的频率,而作业每发生一次所消耗的资源基本是相同的。例如,当处理一份订单或调试一次机器所耗费的资源和时间大体一致时,可以订单份数和机器调试次数作为成本动因。

2. 延续性成本动因

在单位作业时间资源的消耗相同时,作业时间的长短就与该项作业所消耗的资源多少有关,并与之成比例。延续性成本动因用以计量完成一项作业所需要的时间。例如简单的机器调整一次所需要的时间短、所消费的资源少,而复杂的机器调整一次所需要的时间长、所消费的资源多,这就需要选择机器调试的时间而不是调试的次数作为成本动因,后者是延续性成本动因,而前者是交易性成本动因。

3. 精确性成本动因

如果单位作业时间的资源消耗有明显的差异,则需选择精确性成本动因,即直接计算每次执行作业所消耗的资源成本。例如,生产新产品时,由于工人操作不熟练,耗费的时间长、消耗的资源也多,从而单位生产时间的资源消耗明显高于生产熟练产品的资源,这时就需要以生产一件产品的实际消耗,而不是生产一件产品的时间作为成本动因。

三、成本动因的选择

作业成本法的应用中,最困难的工作是确定成本动因。成本动因是隐藏在作业背后的东西,要通过科学系统的分析和辨识才能得到它,也只有在这个基础上才能有效地进行成本控制与作业管理。

成本动因的选择反映了精确性与实行成本之间的权衡,只有根据实际情况,运用科学的方法,在相对准确的理念下确定成本动因,才有可能达到两者的协调。

(一) 成本动因选择的影响因素

一般来讲,获取成本动因资料的成本越低,成本动因越易被选用;成本动因的相关程度越高越可能被选用;使用成本动因引入的有利行为越多、行为绩效越大,该成本动因越易被采用。以下因素共同影响着成本动因的选择。

1. 相关程度

在作业所消耗的资源向成本对象分配的过程中,假设分配资源的成本与成本动因的数量线性相关。在实际计算时,若存在多个成本动因,只有成本动因数量与分配总成本线性相关性最强的成本动因才是最恰当的成本动因,以这样的成本动因作为分配基础才能最好地保证成本信息的准确性。

2. 行为导向

不同的成本动因有不同的分配结果,不同的成本分配结果以及基于分配结果的管理决策会对企业员工的行为产生导向作用,因此科学地设置成本动因可以提高部门和员工的成本意识并影响其经济行为,企业可以利用成本动因的行为导向功能,将员工的行为导向有利于降低成本的方向。

3. 实行作业成本法的目标

如果企业实行作业成本法的主要目标是战略决策,通常采用"由上而下"的方法确定作业,其特点是作业口径较粗,成本动因数目较少;如果企业实施作业成本的目标包括管理控制,通常采用"由下而上"的方法,确定作业比较细,相应成本动因数目较多。

(二) 成本动因选择的方法

当存在多种成本动因时,可结合成本动因的分类和影响因素,采用合适的方法进行成本动因的选择,可供选择的方法有经验法和回归法。

1. 经验法

经验法是依靠作业中心负责人的经验,对所要选择的成本动因进行合理判断、估计的方法。

(1) 确定资源动因。 它是根据作业中心负责人的经验,确定各作业中心资源动因的方法。例如,在确定把车间动力费用分配到各作业中心的资源动因过程中,可以根据车间技术负责人多年的经验,在充分考虑各作业中心消耗动力的相关因素后,确定一个大致的分配比例作为资源动因。

(2) 确定作业动因。 它是依据作业中心负责人多年经验判断,采取评分方法,确定适当的作业动因为代表作业动因。其具体步骤为:① 每位负责人对各作业动因进行打分;② 依据每位负责人所在岗位、技术熟练程度等由 ABC 设计人员对多位负责人设定不同的权重;③ 加权计算各作业动因得分,选取分值高者为代表成本动因。

2. 回归法

在很多情况下,单凭经验很难准确而客观地识别成本动因,可以借助数学回归法来确定成本动因与目标成本的相关程度,其依据在于样本相关系数 r 的大小,r 的大小反映了变量之间线性相关的强弱。样本相关系数 r 的变动范围为 $-1 \leq r \leq +1$。当 $r = 1$ 时,说明变量之间存在着完全正相关关系;当 $r=0$ 时,说明变量之间不存在线性相关关系;当 $0<r<1$ 时,说明变量之间存在一定程度的正相关关系;当 $r=-1$ 时,说明变量之间存在着完全负相关关系;当 $-1<r<0$ 时,说明变量之间存在着一定程度的负相关关系。该方法具体步骤如下:

(1) 确定自变量及因变量。该方法要求对每一备选项进行统计回归分析,把成本动因视为自变量,成本作为因变量建立成本与可能成本动因之间的二元回归方程。

(2) 收集成本及相关成本动因的数据,并在图上描出数据。通过图形可以很直观地看出因变量与自变量之间的基本关系,可轻易地找到极端点,进而对其产生的原因进行分析,判断是数据记录错误还是发生了意外事件。

(3) 估测成本函数,检验回归方程,判断相关性。运用回归分析法,将已知数据输入能够进行回归分析的软件中,计算出 r 等指标,检验拟合方程对总体的代表性以及对样本数据的代表性,对比不同成本动因与目标成本的相关程度。

四、基于成本动因的作业成本控制

企业的成本控制经历了从"标准成本控制 — 责任成本控制 — 目标成本控制 — 作业基础的成本控制"的变迁历程。成本控制每到一个发展阶段都会诞生一个标志性的成本概念,而"作业基础的成本控制"阶段的标志性成本概念是"作业成本",这一概念来自于作业成本法和作业成本管理,它们是先进的成本核算方法和管理理念,能为成本控制提供准确的信息。作业成本计算方法的基本原理立足于全面成本管理与控制,着眼于成本费用产生的原因分析,从分析原因出发去寻找降低成本、节约资源的途径。因此,它是一种科学的成本计算和控制方法,可以在企业的成本控制中发挥重要作用。

(一) 作业成本控制的内涵与概念框架

作业成本控制是指为了实现组织竞争战略,增加顾客价值,在对作业及作业链全面分析的基础上,利用作业成本核算提供的信息,面向企业全流程的系统化、动态化和前瞻性的成本控制方法。作业成本控制是基于作业的全方位的成本管理,也可将其称为作业成本管理。作业成本管理实际上是价值链分析在企业内部成本管理中的应用,主要是根据产品消耗作业、作业消耗资源的原理,对企业的每项作业进行分析。通过考察作业变动与顾客价值变动的关系,将作业区分为增值作业和非增值作业,并将非增值作业剔除。

作业成本控制的基本概念框架如图 8.9 所示。

(二) 作业成本控制的基本原理

作业成本控制通过对作业及作业成本的确认、计量,最终计算产品成本,同时,将成本计算深入到作业层次,对企业所有作业活动进行追踪并动态反映,进行成本链分析,包括动因分析、作业分析等,为企业决策提供准确信息,指导企业有效地执行必要的作业,消除和精简不能创造价值的作业,从而达到降低成本、提高效率的目的。作业成本控制不是直接考虑产品成本或

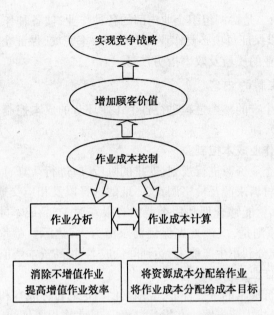

图 8.9　作业成本控制基本概念框架图

工时成本,而是首先确定间接费用分配的合理基础——作业,然后找出成本动因,具有相同性质的成本动因组成若干个成本库,一个成本库所汇集的成本可以按其具有代表性的成本动因来进行间接费用的分配,使之归属于各个相关产品。

进行作业成本控制的目的是要通过成本控制提高顾客价值,实现企业的成本领先或差异化的竞争战略。将作业过程的成本控制与作业管理密切结合,使作业活动与企业的竞争目标相联系,利用作业成本控制,强化作业管理,实现企业的竞争目标,同时也通过竞争战略在作业层次的实施,有效地控制作业成本,才能达成全面成本管理的目标,形成企业的竞争优势。

（三）作业成本控制的基本方法

要实现作业成本控制的基本思想,就必须借助于作业分析,进行作业分析时,成本分配就不能仅限于产品这一层次,而是深入到每一个作业。要降低成本首先要消除不必要作业,对于那些能为最终商品或劳务增加价值的作业,要进一步分析该类作业是否有改进的可能,其所消耗资源能否节约。作业成本控制的核心在于确定了"成本动因"概念,主张以成本动因作为分配间接成本的基础,利用成本动因来解释成本理念。这样,作业成本控制就将间接成本与隐藏其后的推动力相联系,通过确定较为合适的成本动因,进而能够合理地分配间接成本,有效地提高成本的归属性、计算的准确性、定价决策的科学性和灵活性。

作业成本控制的基本方法是价值链分析法。作业成本控制将成本看做"增值作业"和"不增值作业"的函数,并以"顾客价值"作为衡量增值与否的最高标准。价值链分析作为作业成本控制的基本方法,其主要作用在于:一是找出无效和低效的作业,为持续降低商品成本,提高企业竞争能力提供途径;二是协调组织企业内部的各种作业,使各种作业之间环环相扣,形成较为理想的"作业链",以保证每项必要作业都以最高效率完成,保证企业的竞争优势,进而为改善成本构成和提高作业的质量及效率指明方向。

(四) 作业成本控制的内容

按照产品从研发到生产的整个过程进行各个作业环节的成本控制,形成以下的作业成本控制内容:

1. 产品开发阶段的作业成本控制

产品开发阶段是对企业资源进行规划、安排的阶段,应进行认真、周密的市场调查。具体包括:市场需要量调查、材料来源及价格调查、厂址的选择以及相应交通运输条件的调查。在掌握以上情况的基础上,就能够合理利用企业的有限资源,产品成本才能得到事前的初步控制。规划、分配资源的原则是,应该首先保证需求潜力大,边际贡献率高的产品对资源的需要。要合理分配资源,充分利用生产能力,达到降低成本、提高资本增值效益的目的。

2. 产品设计阶段的作业成本控制

产品设计阶段是降低成本的重要环节,应根据已确定的目标成本和技术经济条件,通过产品设计,确定该产品的最优生产方案。在设计过程中,应考虑以下四个问题:

(1) 企业有限资源的利用是否能创造价值,有没有无效消耗和不增加价值的活动。在成本决策中,要尽量减少那些不增加价值的活动,增加那些创造价值的活动,以优化企业资源的配置。

(2) 设计方案能否保证用户对产品必要功能的要求,同时剔除过剩功能,以节约资源,降低成本。

(3) 设计方案的成本水平如何,是否能够达到该种或该类产品的社会成本水平。

(4) 设计方案的盈利水平如何,是否能够达到该种或该类产品的平均盈利水平。

在研究以上四个问题的基础上,还应具体计算各种方案对资源的需求,以选择最优方案,对将要投产的产品成本进行有效的控制。

3. 产品生产阶段的作业成本控制

在生产过程中,根据作业成本设计的基本做法可以将生产过程划分为生产准备阶段和生产两个阶段进行控制。

生产准备阶段有两项任务,即原材料的采购和工艺准备。原材料采购阶段是生产的物资准备阶段。在这一阶段,应采用作业成本计算法,分批次单独计算每批的采购成本,按采购材料的活动量汇集和分配费用,并按采购员的采购活动和采购批次研究如何节约资金,降低采购成本。具体做法是将材料采购任务分配给每个采购员,每人负责若干种主要原材料的采购。为了节约采购资金,降低采购成本,应为各种原材料制定标准成本,按照标准成本考核每个采购员经济责任的完成情况。在工艺准备阶段主要是做好技术准备,在这一阶段,应按成本驱动因素理论认真研究产品设计的各种要求,进行工艺设计,以最有效、最合理、最经济的先进工艺,生产出用户满意的产品。这个阶段的准备工作对产品投产后的质量和成本水平都有着重要意义。

生产过程中以成本驱动因素理论为依据,按照费用、成本产生的原因,分部门、分地点地进行成本控制,分别按作业或数量进行费用的汇集和分配。因此,在生产过程中可以建立两种成本中心,一种是以作业为基础的成本中心,另一种是以数量为基础的成本中心,分别汇集、分配费用。

【案例8.1】 作业成本控制。

某制造企业主要从事大型机器设备的生产,在行业中处于领先地位。企业管理者发现,目前在制造企业中存在一些问题,如成本数据准确性差、计算不准确;产品质量差、稳定性差、可靠性差;元器件质量差、寿命周期短,影响整体产品质量;研发费用低;生产计划与采购计划脱节,不能准时交货;人工管理信息,造成信息分散、传递不及时、不准确,从而影响管理决策的科学性;缺乏专业技术人员等。面对整个行业中存在的问题,企业管理者采取一系列措施,使企业尽量避免出现这些问题,或者尽可能地减少由于这些问题带来的损失。这些措施包括:

(1)采用目标成本法从设计阶段即建立成本降低目标,从而致力于在产品生命周期各阶段实现成本降低。企业通过运用目标成本法,有力地指导了管理者的经营决策,降低了产品整个生命周期的成本。

(2)加大质量控制力度,提高产品质量。在采购和生产中严把质量关,为顾客提供优质的产品,避免由于质量问题影响企业声誉和形象。在原材料的采购过程中要选择信誉好的供应商,选择质量优良、成本适中的原材料,保持与供应商的合作关系,实现互利共赢。

(3)加大研发费用支出,推动技术升级,产品更新换代,实现产品多样化。企业以市场为导向,开发高效低耗的大型成套设备和高新技术产品,开发有知识产权的产品,促进产品的专业化、系列化,提高对市场的适应能力,形成自我开发能力,打破行业、部门界限,树立全局观念,强化技术管理。

(4)推行生产计划控制方法,包括自主生产计划、物料需求计划、车间作业计划等。

通过采用这一系列方法缩短产品生产周期、采购周期,将生产与采购紧密结合,快速响应顾客需求,最大限度地降低库存和成本,提高售后服务水平。

(5)建立覆盖整个企业的基于计算机网络的管理信息系统,通过计算机实现信息化管理,将信息集中管理,提高信息传递的效率和准确性,运用统计分析工具,监督和提高质量水平。同时,建立以顾客为中心的动态信息反馈和监控体系,实现对每项任务从合同签订、设计、生产、采购、成本核算到成品发货、售后服务全过程的动态跟踪。

(6)选拔并聘用具有专业技术的人员,并且对其进行培训,加大培训费用支出,形成一支专业技术团队,提升企业的技术水平和创新能力。

假设该企业现准备生产三种不同类型的机器,它们的预计生命期为60年,欲利用目标成本法计算确定这三种机器投产的可行性。这三种类型机器的综合性数据见表8.10,对其成本的具体分析见表 8.11,表 8.12,表 8.13。

表 8.10 三种类型机器的综合性数据

	机器 1	机器 2	机器 3
预计生命周期内总产量/件	770 000	2 100 000	1 400 000
目标平均单位售价/元	7 800	4 500	6 000
目标平均单位利润/元	1 000	700	900
目标单位成本/元	6 800	3 800	5 100
根据现行条件的设计成本/元			
原材料成本/元	2 200	1 500	2 000
外购件成本/元	2 000	1 100	1 000
间接成本/元			
合计			

表 8.11 成本动因数据表

"单位"层次的间接成本					
成本项目	动因	单位动因成本/元	动因单位		
			机器 1	机器 2	机器 3
装配	装配小时	32	6	2	4
质量保证	检测小时	40	2	1	2
再加工	人工小时	30	3	1	3
原材料整理	整理小时	22	4	2	3
"批"层次的间接成本					
成本项目	动因	单位动因成本/元	动因单位		
			机器 1	机器 2	机器 3
搬运	搬运小时	45	5	4	3
准备	准备小时	235	7	3	6

表 8.12　产品间接成本分配数据表　　　　　　　　　　　　　　　　　　单位：元

成本项目	机器1 总成本	单位成本	机器2 总成本	单位成本	机器3 总成本	单位成本
"产品"层次的间接成本						
工程	57 750 000	75	52 500 000	25	49 000 000	35
监督	4 620 000	6	4 620 000	2.2	4 620 000	3.3

表 8.13　综合能力间接成本分配数据表

成本项目	动因	单位动因成本	动因单位		
			机器1	机器2	机器3
"综合能力维持"层次的间接成本					
综合性管理费用	人工小时	13	10	6	8
综合性制造费用	原材料成本／元	0.02	2 300	1 600	2 200

对以上诸表数据进行综合，可得到表 8.14 中各产品生命期内预计的目标成本、设计成本、目标利润、预计利润的对比情况。

表 8.14　各产品生命期内成本、利润比较表　　　　　　　　　　　　　　　单位：元

	机器1	机器2	机器3
生命期内总产量／件	770 000	2 100 000	1 400 000
单位售价	7 800	4 500	6 000
材料成本：	4 200	2 600	3 000
原材料成本	2 200	1 500	2 000
外购件成本	2 000	1 100	1 000
"单位"层次成本：			
装配	192	64	128
质量保证	80	40	80

续表8.14

	机器1	机器2	机器3
再加工	90	30	90
原材料整理	88	44	66
"批"层次成本：			
搬运	225	180	135
准备	1 645	705	1 410
"产品"层次成本：			
工程	75	25	35
监督	6	2.2	3.3
"综合能力维持"层次成本：			
综合管理费用	130	78	104
综合制造费用	46	32	44
间接成本合计：	2 577	1 200.2	2 095.3
总设计成本	6 777	3 800.2	5 095.3
预计利润	1 023	699.8	904.7
目标利润	1 000	700	900
预计利润与目标利润之差	23	-0.2	4.7

由计算可知：该企业选择生产机器1和机器3均可实现目标利润，具有可行性。

价值链分析方法认为企业的竞争优势来源于企业在设计、生产、营销、交货等过程及辅助过程中所进行的多种相互分离的活动，所有这些活动可以用价值链表现出来。价值可以表现为多种形式，如现金流、产品质量、服务品质、认可程度等。企业应通过对价值链中的各个环节进行管理来增加企业价值。该企业强调采购的作用，采购管理将影响外购投入的质量及生产成本、检查成本和产品质量。因此应加强采购管理，促进生产活动的顺利进行。同时注重研究开发的作用，积极开发高效低耗设备以开拓市场，满足顾客需求。企业在设计、采购、生产、交货等环节均采取了改进措施，很大程度上降低了成本，提高了企业价值。

本章小结

作业成本法是一种以作业为间接成本的分配中介、以成本动因为间接成本分配基础的成本计算方法，是一种通过对作业活动的追踪发现成本产生的作业动因，对成本的发生追根溯源和动态反映的成本计量系统。引致作业成本法产生的主要原因是传统成本计算系统对产品成本信息严重扭曲的局限性。作业成本计算不仅能够克服这种局限性，还可以为适时生产和全面质量管理提供经济依据，并且有利于完善企业的预算控制与业绩评价。

作业成本法建立在"作业消耗资源,产品消耗作业"的基本假设之下。作业成本法的基本理论强调按照作业对资源、成本对象对作业消耗的实际情况，找到最合适的作为分配依据的成本动因，并尽可能直接分配。

按照成本分配的层次成本动因可分为资源动因与作业动因,按照成本发生的特点,成本动因可分为交易性成本动因、延续性成本动因和精确性成本动因。作业成本计算中最困难的工作是确定成本动因。进行成本动因的选择可以结合成本动因的分类和影响因素,采用合适的方法进行成本动因的选择,可供选择的方法有经验法和回归分析法。

作业成本计算法虽然起源于正确计算产品成本的动机，但是其意义已经深入到企业作业链及价值链的重构，深入到企业的作业管理，而作业管理又使企业的战略管理深入到作业层面，因此作业成本计算直接支持企业的战略管理，是战略管理会计的主要方法。

自 测 题

一、思考题

1. 作业成本计算法与传统成本计算的区别是什么？
2. 如何进行作业层次的划分？
3. 如何进行成本动因的识别？

二、案例题

1. 某公司生产 A、B、两种产品,当月全部完工,有关资料见表 1。其中制造费用是由四种作业发生的,具体资料见表 2。

表 1 A、B 两种产品的生产及成本资料

项 目	A 产品	B 产品
产量	1 000 件	500 件
单位产品机器工时	3 小时/件	6 小时/件
单位产品直接人工成本	50 元/件	40 元/件
单位产品直接材料成本	100 元/件	90 元/件
制造费用总额	300 000 元	

表2 制造费用作业资料

作业	成本动因	作业成本/元	成本动因数		
			A产品	B产品	合计
机器调整准备	调整次数	12 000	8	4	12
生产订单	订单份数	8 000	6	2	8
机器运行	机器小时数	250 000	6 000	4 000	10 000
质量检验	检验次数	30 000	20	30	50
合计	—	300 000	—	—	—

要求:根据上述资料,分别采用作业成本法及传统完全成本法计算A、B两种产品的单位成本和总成本并比较说明它们的差异及其原因。

2.某超市应用作业成本法核算三大系列产品:食品、服装、家电。2006年该三大系列产品的销售收入、销售成本、服务成本及作业中心资料见表3。

表3 某超市2006年三大系列产品有关资料

财务数据	产品类别	食品	服装	家电
销售收入/元		100 000	60 000	40 000
购货成本/元		60 000	40 000	20 000
作业中心(成本动因)				
订购(订单数)		50	20	10
运输(运输次数)		50	30	20
上架/小时		100	50	50
客户服务(销售件数)		2 000	500	80

若每张订单成本为100元,每次运输成本为20元,每小时上架费10元,每件产品客户服务费1元。

要求:根据上述资料,采用作业成本法计算各产品系列的盈利能力。

第九章
Chapter 9

成本报表与成本分析

【学习要点及目标】

本章学习的目标在于了解成本报表的作用和特点;掌握成本报表的种类;了解按成本项目反映的产品生产成本表的基本结构;掌握按产品种类反映的产品生产成本表的基本结构和编制方法;掌握可比产品成本降低额和降低率的含义及其计算;了解主要产品单位成本表和制造费用表的基本结构;掌握成本报表分析的基本方法;掌握产品生产成本表和主要产品单位成本表的分析内容;了解各种费用明细表的分析内容。本章学习的重点是产品生产成本表的编制与分析。

【引导案例】

华旭文教用品股份有限公司是一家中型文教用品生产制造企业,同时面向国内市场和国际市场进行生产销售。近年来由于国际经济危机的影响,该企业从国外市场取得的订单日益下滑,同时国内市场竞争日趋激烈,企业的经营业绩受到了很大的影响。公司董事会经过研究做出如下应对策略:加大产品研发投入,推出新产品;进行营销推广树立品牌形象,联合地区销售商抢占市场份额。经过一段时间的努力,华旭公司的营业收入有较大幅度提高。但是提交给董事会的近期财务报告中,显示企业的利润并未有所提高,而是持续下滑。董事会经过分析,认为是近来的成本水平变动影响着企业的财务状况和经营成果。但在对外披露的财务报告中并没有提供详尽的企业成本资料。于是董事会就此事向财务主管询问,财务主管解释说成本信息是企业的内部机密,直接决定着企业的生命线,不属于对外披露财务信息的范畴,会计准则也并不要求企业向外部披露成本报表及相关信息。华旭公司一贯很重视产品成本的核算工作,但出于成本效益原则,并没有进行系统的成本报表编制和分析工作。董事会认为,企业内部经营决策者在了解企业财务状况和经营成果的基础上,还需要对本公司的成本信息有充分认识,应定期编制成本报表,及时揭示成本信息,并进行有效的成本分析工作,完善企业成本管理模式。董事会要求财务经理思考和回答如下问题:(1)企业的成本报表体系通常包括哪些内容?(2)对成本报表进行分析需要考虑哪些方面?(3)成本分析都可以使用什么方法?

第一节 成本报表的作用、种类和特点

成本报表是企业会计报表体系中的一部分,是根据成本核算资料以及其他有关资料编制的,用以反映企业一定时期资金耗费、产品成本构成及其升降变动,以及各项费用支出情况的一种会计报表。编制和分析成本报表是成本会计工作的一项重要内容。企业的日常会计核算工作是一个将大量的经济信息和会计内容进行分类、概括、综合并使之系统的过程,但是,日常会计核算所形成的会计资料仍然分散反映在账簿中,难以直观、系统地为管理工作提供企业的资源消耗、劳动效率、生产效益、技术水平、管理绩效等各方面的工作质量的数据资料。为了全面检查和总结企业经营活动的过程及其结果,反映、监督和考核企业产品成本和各项费用的计划执行情况,向有关方面提供决策帮助,就必须按照一定的格式要求,结合企业成本管理的实际需要,将日常成本核算的信息,编制成成本报表。企业应有一整套体系完整、数据真实、编制及时、适应管理的成本报表,才能满足企业了解、分析、考核企业的成本效益和管理水平的要求。

企业的会计报表一般由财务报表和成本报表两大类组成。财务报表是根据公认会计准则,概括反映企业财务状况、经营成果、现金流动及所有者权益变动的书面文件。主要有资产负债表、利润表、现金流量表和所有者权益变动表等,应定期对外报送披露。成本报表是企业的内部使用报表,在格式上没有统一要求,并不要求对外报送披露。它是成本核算的最终成果,也是成本控制、分析和考评的依据。通过成本报表,企业的各级管理层可以了解到费用预算的执行情况、各成本项目的变动趋势和成本降低任务的完成动态等资料,了解企业成本管理的现状和趋势,为企业的经营决策提供及时有效的依据。此外,通过对成本报表的分析,可及时找出经营管理中存在的缺陷,明确各责任部门的责任和业绩。

一、成本报表的作用

编制成本报表是企业成本管理的一个重要环节,其重要作用在于以下方面。

(一)成本报表综合反映企业报告期内的产品成本和费用水平

产品生产经营过程要发生各种耗费,产品成本和费用是综合反映生产耗费的指标。每一会计期间终了,通过成本报表提供的数据资料,可以清晰地反映报告期内成本费用水平与上期、本期计划等的差异情况,借以分析报告期内成本费用的变动情况,评价经济效益的好坏。还能够及时发现企业在生产、技术、质量、管理等方面取得的成绩和存在的问题,并在此基础上

进行成本费用分析,达到降低产品成本、提高经济效益的目的。

(二)成本报表是进行成本分析的直接资料来源

成本报表反映了企业在会计期间内完整、翔实的成本相关资料,并通过本企业成本报表的规范性和系统性特点保证了成本信息在不同期间的可比性,由此为成本分析工作提供了全面、可靠的资料来源。通过对成本报表资料的分析,可以揭示成本差异对产品成本升降的影响程度,以及发现产生差异的原因和责任,从而可以有针对性地采取措施,把注意力放在解决那些属于不正常的、对成本有重要影响的关键性差异上,从生产技术、生产组织和经营管理等各个方面挖掘和动员节约费用支出及降低产品成本的潜力,提高企业生产耗费的经济效益。

(三)成本报表是加强成本控制的重要工具

成本报表是企业成本控制的直接执行过程。成本费用的发生应当以预算、计划和定额为标准进行控制。通过编制成本报表,能够汇总成本费用信息资料,能够考核成本费用的合理性和合法性,能够为企业管理者及时提供成本信息,能够为企业制定标准化成本指标提供有益的参考,为企业制定将来的成本计划提供科学的依据,使管理者及时掌握成本计划执行的情况及存在的差异,对其进行监督、干预、控制和纠正。

(四)成本报表是企业生产经营预测和决策的信息依据

成本报表提供的产品成本和费用水平的资料,不仅可以满足企业、车间和部门加强日产成本、费用管理的需要,而且是企业进行生产计划、利润预测、产品价格决策等的重要依据。根据成本报表提供的成本费用的变化趋势以及报告期内的有关分析结果,并结合现行的政策、制度及市场变化原因,可对今后经济活动进行科学的预测和决策。

二、成本报表的种类

成本报表不是对外报送或公布的会计报表,是为满足企业内部经营管理的需要而编制的。在这种情况下,企业成本报表的种类、项目、格式和编制方法,国家不作统一规定,可以由主管企业的上级机构会同企业根据自己生产经营和管理的需要共同规定。主管企业的上级机构为了对本系统或集团下属企业的成本管理工作进行指导监督,也可以要求企业将其成本报表作为会计报表的附表报送。成本报表按其所反映的内容,可分为反映产品成本的报表和反映各种费用支出的报表两大类别。

(一)反映产品成本的报表

反映产品成本情况的报表主要有产品生产成本表和主要产品单位成本表等。这类报表主要反映报告期内各种产品的实际成本水平,通过将报告期与前期平均水平、历史最高水平和本期计划水平的比较,揭示企业为生产一定种类和数量的产品所花费的成本是否达到预定的目标,并了解企业产品成本发展变化趋势和成本计划完成情况,通过分析比较,找出差距,为进一步采取措施,挖掘降低成本的内部潜力提供必要资料。

(二)反映各种费用支出的报表

反映各种费用支出的报表包括制造费用明细表、管理费用明细表、销售费用明细表和财务费用明细表等。这类报表主要反映报告期内各项费用支出的合理性及变动趋势,有利于企业控制各项费用支出水平,考核相关部门和人员的责任,帮助企业正确编制费用预算,有效控制费用支出的范围。

三、成本报表的特点

(一)成本报表设计具有灵活性特点

成本报表提供的信息是为企业内部管理服务的。因此,成本报表应采取什么形式、填列哪些内容、按什么程序报送到哪些部门等,应由企业根据自身的特点和管理要求决定。成本报表所提供的信息能否满足企业经营管理的需要,是衡量成本会计工作质量的主要标准之一,为企业提供完整的生产业务信息是成本报表的主要功能。随着企业生产条件的改善和管理水平的提高,成本报表应随时进行修改和调整。因此,成本报表体现出较大的灵活性特点。

(二)成本报表时间具有及时性特点

从内部管理角度,要求成本报表内容具体明确,随用随报随取,能够灵活地为日常管理和成本控制提供及时有用的信息资料。因此成本报表的编制时间比较灵活,通常为年报、月报、旬报,甚至根据经营管理需要可以提供日报、班报等。此外,企业还可以编制不定期的成本报表,以应对一些临时性、突发性事件的处理。因此,对于企业生产过程的控制以及对经济前景的预测,成本报表有着不可替代的及时性特点。

(三)成本报表信息具有综合性特点

成本报表所提供的信息与企业特定的生产工艺特点、技术经济构成和生产组织形式有密切的关系,是会计核算资料与其他技术经济资料密切结合的产物。成本报表需要同时满足会计部门和各级生产部门、各级职能管理部门参与成本管理工作的要求,不仅要提供事后分析的信息资料,更要能提供事前计划、事中控制所需要的大量数据指标。因此,成本报表信息不仅包括大量翔实的财务数据,还应包含多方面的数量和质量信息数据,具有综合性的特点。

第二节 成本报表的编制

企业编制成本报表的前期工作,是需要归集和整理报告期的成本账簿资料、本期成本计划及费用预算资料、相关的统计资料及前期的成本报表。除了具有充足的编制依据,在编制成本报表时还应注意一定的编制要求。

一、成本报表的编制要求

（一）数据真实，内容可靠

编制成本报表的基本要求是会计记录和账务处理真实可靠。成本报表提供的各项指标数字必须真实可靠，没有差错和偏向。这就要求经济业务入账准确，结账对账工作认真仔细，不能随意调整数据。只有真实可靠的数据才能如实反映成本费用的发生情况，供企业管理者作为成本管理的依据。

（二）编报及时，决策相关

成本报表应按企业规定时间提交给使用者，必须及时编报，而且要满足临时性编报的即时需要。在编制报表时，要求编报人员根据成本报表的种类和指标，分工协作，尽快编制和报送报表。编制成本报表时，凡是与管理者决策相关的信息，应该尽可能完整地提供，要对成本影响较大、费用发生集中的部门和单位单独设置报表，体现报表对成本管理决策的支持。

（三）指标一致，各期可比

成本报表所提供的信息在会计处理方法上应保持前后各期一致，以满足使用者在不同时期进行经营状况和生产水平的比较。例如，存货计价方法、费用分配方法、成本计算方法应保持连贯性，一经采用不宜随意变更，如果因为方法变更引起成本费用波动，报表阅读者将产生误解。在客观情况发生变化，确实需要变更成本会计方法的，应以报表附注或其他形式加以说明，充分披露变化的必要性及影响程度。

二、全部产品生产成本表的编制

产品生产成本表是反映企业在报告期内生产的全部产品总成本的报表。根据产品成本表可以考核全部产品成本计划的执行情况和可比产品成本降低任务的完成状况，评价产品成本节约或超支情况，分析产品成本增减变化的原因。产品生产成本表一般分为两种：一种按产品种类反映，另一种按成本项目反映。两种报表有各自不同的结构和编制方法。

（一）按产品种类反映的产品生产成本表的编制

1. 按产品种类反映的产品生产成本表的结构

按产品种类反映的产品生产成本表，是按产品种类汇总，反映企业在报告期内所生产的可比产品和不可比产品的单位成本和总成本的报表。通过本表，可以了解企业全部产品成本计划的执行情况，以及可比产品成本降低任务的完成情况，对企业成本工作进行一般评价。

按产品种类反映的产品生产成本表的结构分为基本报表和补充资料两部分。基本报表的纵向内容按可比产品和不可比产品两大栏划分，横向内容按实际产量、单位成本、本月总成本和本年累计总成本四大列设置。补充资料列示可比产品降低额和可比产品降低率。该表格式见表9.1。

表9.1 产品生产成本表（按产品种类反映）

编制单位： 20××年12月 单位：元

产品名称	实际产量		单位成本				本月总成本			本年累计总成本		
	本月	本年累计	上年实际平均	本年计划	本月实际	本年累计平均	按上年实际平均单位成本	按本年计划单位成本	本月实际	按上年实际平均单位成本	按本年计划单位成本	本年实际
可比产品							4 600	4 400	4 360	57 200	54 600	54 580
甲	20	240	180	175	170	172	3 600	3 500	3 400	43 200	42 000	41 280
乙	10	140	100	90	96	95	1 000	900	960	14 000	12 600	13 300
不可比产品								1 500	1 580		15 000	16 000
丙	10	100		150	158	160		1 500	1 580		15 000	16 000
合计								5 900	5 940		69 600	70 580

在表9.1中，产品种类分为可比产品和不可比产品两大类。可比产品是指企业上一年度正式生产过、具有完整的成本资料可供比较，并在本年度继续生产的产品。不可比产品是指企业上一年度没有正式生产过、缺乏可比的成本资料、本年度初次正式生产的产品。对于可比产品而言，产品生产成本表不仅要列示本年度的计划成本和实际成本，而且要列示上年度的实际成本。而不可比产品因为没有上年度的实际成本可供比较，所以只列示本年度的计划成本和实际成本。

2. 按产品种类反映的产品生产成本表的编制方法

该表各主要项目的内容和填列方法如下：

（1）"产品名称"栏，按企业规定的可比产品和不可比产品的品种分项填列。

（2）"实际产量"栏，按成本计算单或产成品明细账等资料所记录的本月和从年初起到本月末止的各种主要产品实际产量填列。

①"本月实际产量"根据产品成本计算单或产品生产成本明细账的记录填列。

②"本年累计实际产量"根据本月实际产量加上上月本表的本年累计实际产量计算填列。

（3）"单位成本"栏，分别按上年度本表所列各种可比产品的全年实际平均单位成本、年度成本计划的有关数字以及本年度成本计算单的有关数字填列。

①"上年实际平均单位成本"根据上年度本表所列全年累计实际平均单位成本填列。

②"本年计划单位成本"根据本年度成本计划填列。

③"本月实际单位成本"根据表中本月实际总成本除以本月实际产量计算填列。

④"本年累计实际平均单位成本"根据表中本年累计实际总成本除以本年累计实际产量计算填列。

(4)"本月总成本"栏,按本月产品产量分别乘以上年实际平均单位成本、本年计划单位成本的积和本月实际成本填列。

①"按上年实际平均单位成本计算的本月总成本"根据本月实际产量乘以上年实际平均单位成本计算填列。

②"按本年计划单位成本计算的本月总成本"根据本月实际产量乘以本年计划单位成本计算填列。

③"本月实际总成本"根据产品成本计算单或产品成本明细账填列。

(5)"本年累计总成本"栏,按本年累计实际产品产量分别乘以上年实际平均单位成本、本年计划单位成本的积和本年累计总成本填列。

①"按上年实际平均单位成本计算的本年累计总成本"根据表中本年累计实际产量乘以上年实际平均单位成本计算填列。

②"按本年计划单位成本计算的本年累计总成本"根据表中本年累计实际产量乘以本年计划单位成本计算填列。

③本年累计实际总成本,根据本月实际总成本,加上上月本表的本年累计实际总成本计算填列。

(6)补充资料内容,可按下列公式计算后填列:

可比产品成本降低额 = 可比产品按上年实际平均单位成本的总成本 − 可比产品本年累计实际总成本

$$可比产品成本降低率 = \frac{可比产品成本降低额}{可比产品按上年实际平均单位成本计算的总成本}$$

以表 9.1 资料为例,计算结果如下:

可比产品成本降低额 = 57 200 − 54 580 = 2 620

可比产品成本降低率 = 2 620 ÷ 57 200 × 100% = 4.58%

(二) 按成本项目反映的产品生产成本表的编制

1. 按成本项目反映的产品生产成本表的结构

按成本项目反映的产品生产成本表,是按成本项目汇总,反映企业在报告期内发生的全部产品的生产费用构成情况的报表。该报表可按上年实际、本年计划、本月实际和本年累计实际分栏反映。这种报表的格式见表 9.2。

表9.2　产品生产成本表(按成本项目反映)

编制单位：　　　　　　　　　　20××年12月　　　　　　　　　　　　　　　单位:元

成本项目	上年实际	本年计划	本月实际	本年累计实际
直接材料	511 000	510 000	43 100	510 300
直接人工	110 100	110 000	9 600	113 800
制造费用	70 200	70 000	6 300	71 000
生产费用合计	691 300	690 000	59 000	695 100
加:在产品、自制半成品期初余额	54 000	53 000	7 300	55 000
减:在产品、自制半成品期末余额	44 000	43 000	6 700	45 000
产品生产成本合计	701 300	700 000	59 600	705 100

2.按成本项目反映的产品生产成本表的编制方法

(1)"上年实际"根据上年12月份本表的本年累计实际数填列。

(2)"本年计划"应根据成本计划有关资料填列。

(3)"本月实际"根据各种产品成本明细账所记本月生产费用合计数,按照成本项目分别汇总填列。

(4)"本年累计实际"应根据本月实际数,加上月份本表的本年累计实际数计算填列。

(5)"在产品、自制半成品的期初、期末余额"根据各种产品成本明细账的期初、期末在产品成本和各种自制半成品明细账的期初、期末余额分别汇总填列。

(6)"产品生产成本合计"根据表中的生产费用合计数,加、减在产品、自制半成品期初、期末余额求得。

三、主要产品单位成本表的编制

(一)主要产品单位成本表的结构

产品生产成本表在总体上反映了企业成本计划的完成情况,并且对情况原因做出概括分析。但企业应该进一步对各主要产品的单位成本进行分析,使全局性成本信息与主要产品单位成本信息相结合。因此还应编制主要产品单位成本表。主要产品单位成本表是反映企业在一定时期内主要产品生产成本水平、变动情况及构成情况的成本报表,它是对产品生产成本表的具体说明和补充。

主要产品单位成本表可以分为产量、按成本项目反映的单位成本和主要技术经济指标三部分。产量部分反映本月该产品计划产量和实际产量,本年累计计划产量和实际产量,产品规格以及销售单价。该表的单位成本部分可以分别反映历史先进水平、上年实际平均、本年计划、本月实际和本年累计实际平均的单位成本。该表的技术经济指标部分主要反映原料、主要材料、燃料和动力的消耗数量。其格式和内容见表9.3。

表9.3 主要产品单位成本表

编制单位： 20××年12月 单位：元

产品名称	甲	本月计划产量	16
计量单位	件	本月实际产量	19
产品规格	××	本年累计计划产量	190
销售单价	75元	本年累计实际产量	230

成本项目	历史先进水平	上年实际平均	本年计划	本月实际	本年累计实际平均
直接材料	38	39	39	38.5	38.8
直接人工	6.5	7	6.6	6	7.2
燃料动力	3.2	4.1	3.8	3.2	4.5
制造费用	13.3	14.9	14.6	14.8	13.7
产品单位成本	61	65	64	62.5	64.2
主要技术经济指标	用量	用量	用量	用量	用量
1. 主要材料(千克)	4.3	5	4.5	3.4	4.7
2. 工时(小时)	2.3	3	2.5	1.6	2.6

(二) 主要产品单位成本表的编制方法

该表各项目的内容和填列方法如下：

1. 产量

本月及本年累计计划产量应根据生产计划填列；本月及本年累计实际产量应根据产品成本明细账或产成品成本汇总表填列；销售单价应根据产品定价表填列。

2. 单位成本

历史先进水平单位成本，应根据历史上该种产品成本最低年度本表的实际平均单位成本填列；上年实际平均单位成本，应根据上年度本表实际平均单位成本填列；本年计划单位成本，应根据本年度成本计划填列；本月实际单位成本，应根据该种产品成本明细账或成本计算单填列；本年累计实际平均单位成本，应根据该种产品成本明细账所记年初起至报告期末止完工入库总成本除以本年累计实际产量计算填列。表中上年实际平均单位成本、本年计划单位成本、本月实际单位成本和本年累计实际平均单位成本，应与生产产品成本表该种产品的相应项目相符。

3. 主要技术经济指标

反映主要原料、动力等的消耗指标。应根据业务技术核算资料填列。

四、各种费用报表的编制

各种费用是指企业在生产经营过程中,各个车间、部门为进行产品生产、组织和管理生产经营活动所发生的制造费用、销售费用、管理费用和财务费用。其中制造费用是产品成本的组成部分,后三者属于期间费用。编制上述四种费用报表的作用在于反映各种费用计划的执行情况,分析各种费用变动的原因以及对产品成本和当期损益的影响。

(一) 制造费用明细表的编制

1. 制造费用明细表的结构

制造费用明细表是按制造费用明细项目反映企业报告期制造费用发生情况的报表。利用制造费用明细表可以考核企业制造费用计划或预算的执行结果,分析各生产单位为组织管理生产发生的各项费用构成及增减变动情况与原因;利用该表可揭示差异及原因,为节约支出降低产品成本服务。

制造费用明细表通常按照制造费用的费用项目分别反映各项费用的本年计划数、上年同期实际数、本月实际数和本年累计实际数。制造费用明细表的结构见表9.4。

表9.4 制造费用明细表

编制单位: 　　　　　　　　　年　月　　　　　　　　　　单位:元

费用项目	本年计划	上年同期实际	本月实际	本年累计实际
工资				
职工福利费				
折旧费				
修理费				
办公费				
取暖费				
水电费				
机物料消耗				
低值易耗品摊销				
劳动保护费				
租赁费				

续表9.4

费用项目	本年计划	上年同期实际	本月实际	本年累计实际
运输费				
保险费				
设计制图费				
试验检验费				
其他				
制造费用合计				

2. 制造费用明细表的编制方法

该表的本年计划数应根据本年制造费用计划填列；上年同期实际数应根据上年同期本表的本月实际数填列；本月实际数应根据制造费用总账科目所属各基本生产车间制造费用明细账的本月合计数汇总计算填列；本年累计实际数应根据这些制造费用明细账本月末的累计数汇总计算填列。本表本月实际数合计应与产品生产成本表中制造费用数一致。年终，表中上年同期累计实际数、本年累计实际数应与产品生产成本表制造费用上年实际、本年累计实际数相符。

（二）管理费用明细表的编制

1. 管理费用明细表的结构

管理费用明细表是反映企业管理部门在一定时期内为组织和管理生产经营所发生的费用总额及预算执行情况的报表。利用管理费用明细表可以反映和分析企业行政管理部门为管理和组织经营活动所产生的各项费用构成和增减变动情况。此表按管理费用项目分别反映各项费用的本年计划数、上年同期实际数、本月实际数和本年累计实际数。管理费用明细表的结构见表9.5。

表9.5 管理费用明细表

编制单位： 年 月 单位：元

费用项目	本年计划	上年同期实际	本月实际	本年累计实际
工资				
职工福利费				
折旧费				
办公费				
差旅费				

续表9.5

费用项目	本年计划	上年同期实际	本月实际	本年累计实际
运输费				
保险费				
修理费				
咨询费				
排污费				
诉讼费				
绿化费				
物料消耗				
长期待摊费用摊销				
业务招待费				
工会经费				
职工教育经费				
待业保险费				
劳动保险费				
房产税				
车船使用税				
印花税				
其他				
管理费用合计				

2. 管理费用明细表的编制方法

该表的本年计划数应根据公司或企业行政管理部门的本年度管理费用计划填列;上年同期实际数应根据上年同期本表的本年累计实际数填列;本月实际数应根据"管理费用"明细账的本月合计数填列;本年累计实际数应根据这些"管理费用"明细账的本月末累计数填列。

(三) 财务费用明细表的编制

1. 财务费用明细表的结构

财务费用是指企业为筹集生产经营所需资金等而发生的筹资费用,包括利息支出(减利息收入)、汇兑损益以及相关的手续费、企业发生的现金折扣或收到的现金折扣等。财务费用明细表是反映企业在报告期内发生的财务费用及其构成情况的报表。财务费用明细表可以对比本月实际与上年实际增减变动;按费用分析、考核年度计划执行结果,为下年财务费用计划提供依据。此表按财务费用项目分别反映各项费用的本年计划数、上年同期实际数、本月实际数和本年累计实际数。财务费用明细表的结构见表9.6。

表9.6　财务费用明细表

编制单位：　　　　　　　　　　　年　　月　　　　　　　　　　　　单位:元

费用项目	本年计划	上年同期实际	本月实际	本年累计实际
利息支出(减利息收入)				
汇兑损失(减汇兑收益)				
金融机构手续费				
其他筹资费用				
财务费用合计				

2. 财务费用明细表的编制方法

企业财务费用明细表本年计划数应根据本年财务费用计划填列;上年同期实际数应根据上年同期财务费用明细表的累计实际数填列;本月实际数应根据财务费用明细账的本月合计数填列;本年累计实际数应根据财务费用明细账的本月末累计数填列。

(四) 销售费用明细表的编制

1. 销售费用明细表的结构

销售费用明细表是反映企业销售部门在一定时期内在销售过程中所发生的费用总额及预算执行情况的报表。利用销售费用明细表可以考核产品销售费用计划或预算的执行情况,分析各项费用的构成及其增减变化的原因,以便节约开支,增加企业盈利。销售费用明细表的明细项目分别按本年计划数、上年同期实际数、本月实际数、本年累计实际数反映填列。销售费用明细表的结构见表9.7。

表9.7　销售费用明细表

编制单位：　　　　　　　　　　　年　　月　　　　　　　　　　　　单位:元

费用项目	本年计划	上年同期实际	本月实际	本年累计实际
工资				
职工福利费				
业务费				
运输费				

续表 9.7

费用项目	本年计划	上年同期实际	本月实际	本年累计实际
装卸费				
包装费				
保险费				
展览费				
广告费				
销售部门办公费				
委托代销手续费				
折旧费				
其他				
销售费用合计				

2. 销售费用明细表的编制方法

销售费用明细表按销售费用项目分别反映。本年计划数应根据本年度销售费用计划填列；上年同期实际数应根据上年同期本表的本年累计实际数填列；本月实际数应根据销售费用明细账的本月合计数填列；本年累计实际数应根据销售费用明细账的本月末累计数填列。

第三节　成本报表分析的作用和方法

一、成本报表分析的概念

成本报表分析是指为了满足企业各管理层次了解成本状况及进行经营决策的需要，以成本报表为主要分析对象，结合其他有关的核算、计划和统计资料，采用一定的专门方法对影响成本水平及其升降的各种因素进行对比和评价，全面了解成本变动的情况，找出存在的问题，寻求降低成本的途径，提出改进措施，促进成本降低的活动。

二、成本报表分析的一般程序

成本报表分析从广义程序而言，可分为事前分析、事中分析和事后分析。成本报表的事前分析是指成本的预测分析和决策分析，其核心思想是为企业寻求最佳成本方案；成本报表的事中分析也称成本控制分析，其目的是发现成本形成过程中的不利偏差和原因，以便及时采取控制措施，保证预定成本目标的实现；成本报表的事后分析是在定额和计划执行一个时期后，将核算资料和调查研究的情况结合起来,分析定额和计划执行情况,总结经验教训,为改进管理和调整下期计划提供必要资料。本章主要阐述事后成本分析的方法、内容等问题,即狭义的成本报表分析。

一般而言,狭义成本报表分析的程序可分为以下几个步骤:
(1) 制订成本分析计划,明确成本分析目标。
(2) 收集相关成本资料,掌握报表基本情况。
(3) 进行指标计算对比,揭示成本潜在问题。
(4) 分析存在问题原因,剖析因素影响程度。
(5) 提出有效解决措施,挖掘降低成本潜力。

三、成本报表分析的作用

(一) 查明成本计划和费用预算的执行情况

成本报表本身只能概括地反映成本状况,针对成本报表进行分析将进一步剖析成本报表的数据,更深入、更广泛地了解成本资料,从而使成本核算的数据能得到更充分的理解,其目的在于考核企业各项生产费用发生的升降情况,考核企业可比产品和不可比产品以及各种主要产品的成本计划执行情况,明确成本计划和费用预算的完成情况,为经营管理服务。

(二) 正确考核成本责任单位的管理业绩

成本报表分析的结果能够明确各部门、各环节履行成本责任的状况,发现成本形成过程中的差异,通过责任成本分析,找出成本差异的责任归属,并提出相应的激励约束机制,促进企业挖掘潜力,提高成本管理水平,提高经济效益。

(三) 揭示企业成本变动的趋势和规律

通过成本报表分析,可以揭示和确定各项成本、费用变动的影响因素及其程度,从而掌握成本变动的规律。分析结果可以为分析生产效率、生产消耗、生产能力利用情况提供依据,为以后制订成本计划、进行成本预测和决策提供重要的信息资料。

四、成本报表分析的方法

(一) 比较分析法

比较分析法,又称对比分析法或指标对比法,是通过成本指标的实际数与基数的对比来揭示实际数与基数之间的差异,借以了解成本管理的成绩和问题的一种分析方法。对比的基数由于分析的目的不同各有不同,对比分析可采取以下几种形式:

1. 本期实际指标与计划或定额指标比较

以成本的实际指标与成本计划或定额指标对比,分析成本计划或定额的完成情况。可以分析完成情况,发现差异,为纠正偏差服务。但在分析时还应检查计划或定额本身是否既先进又切实可行。避免因计划或定额太保守,或冒进不切实际造成比较失误。

2. 本期实际指标与上期或历史指标比较

以本期的实际成本指标与上期或历史的实际成本指标对比,反映企业成本动态和发展趋势,有助于吸取历史经验,改进以后的工作。

3. 本期实际指标与同行业先进水平比较

通过对比,可以反映本企业与国内、国际先进水平的差距,扬长避短,为企业明确努力方向、挖掘降低成本的潜力服务,推动企业改进经营管理。

比较分析法只适用于同质指标的数量对比,对比指标的计算口径、计算时间长短、计价标准、计算方法选择等都应建立在可比的基础上。若相比指标之间有不可比因素,应先按可比的口径进行调整,然后再进行比较。

(二) 比率分析法

比率分析法是指通过计算和对比与成本水平相关的比率,进行数量分析的一种方法。该方法是成本报表分析中的重要方法。采用这一方法,先要将对比的数值变成相对数,求出比率,然后再进行对比分析。具体形式有相关比率分析、构成比率分析和动态比率分析三种。

1. 相关比率分析

相关比率分析是通过将两个性质不同但又与成本相关的指标进行对比,计算出特定比率的一种分析方法。将比率实际数与其基数进行比较,可以反映企业经济效益的好坏。它是比率分析法中最重要、应用最广的分析方法。例如:

$$成本利润率 = \frac{产品销售利润}{产品销售成本} \times 100\%$$

$$销售成本率 = \frac{产品销售成本}{产品销售收入} \times 100\%$$

2. 构成比率分析

构成比率分析是通过确定某项成本指标的各个组成部分占总体的比重,观察其构成内容及其变化,以掌握该项成本的特点和变化趋势的方法。将不同时期的成本构成比率相比较,可以揭示成本构成的变动,掌握经济活动情况及其对成本的影响。例如:

$$材料成本比重 = \frac{单位产品材料成本}{单位产品生产成本} \times 100\%$$

$$可比产品成本比重 = \frac{本期可比产品成本}{本期全部产品成本} \times 100\%$$

相关比率分析指标的分子与分母没有包含关系,而构成比率分析指标的分子与分母性质相同,大小不同,分子部分所反映的经济内容被分母部分所包含。

3. 动态比率分析

动态比率分析也称趋势分析,是将不同时期的同一成本指标进行对比,求出比率,借以判断和分析成本的变动速度和变化趋势的方法。采用动态比率分析可以揭示和预测指标的发展趋势,从而了解企业成本发展的方向及可能存在的问题。依据对比标准的不同,可以分为定基比和环比两种具体方法。定基比是以某一时期为基数,其他各期指标均与基数期指标进行比较,所得到的比率称为定基指数。环比是分别以上一期为基数,下一期与上一期基数进行比较,所得到的比率称为环比指数。以表 9.8 的资料为例,列示针对某企业的销售成本率进行动态比率分析的过程。

表 9.8　销售成本率的动态比率分析表

	2008 年	2009 年	2010 年	2011 年
销售成本率	70%	66%	65%	60%
定基指数	100%	94.29%	92.86%	85.71%
环比指数	—	94.29%	98.48%	92.31%

(三) 因素分析法

企业利用比较分析法和比率分析法,可以反映实际数与基数之间的差异,但不能揭示产生差异的因素和各因素的影响程度。因而需要采用因素分析法作为深入分析的工具。因素分析法是将某一综合性指标分解为若干个相互联系的因素,根据分析指标与其影响因素之间的关系,按照一定的程序和方法,确定各因素对分析指标差异影响程度的一种技术方法。该方法根据其分析特点可分为连环替代法和差额计算法。

1. 连环替代法

连环替代法是因素分析法的最基本的形式,它是从数值上计算各个相互联系因素对综合经济指标的变动影响程度的一种分析方法。连环替代法的基本步骤如下:

(1) 确定分析对象。首先将某项综合指标的实际数与计划数或前期数进行比较,计算差额作为分析对象。

(2) 明确分析对象的影响因素及关系。应确定指标变动受哪些因素影响,根据指标与因素的依存关系,列出计算公式,同时列出各影响因素的排列顺序。其顺序排列原则为:先数量因素后质量因素,先实务因素后价值因素,先主要因素后次要因素。

(3) 连环顺序替代,计算替代结果。按照公式中所列因素顺序,逐次以各因素的实际数替换其基数,直到所有因素都变成实际数为止。每次替换都求出计算结果。

设某一指标 M 是由相互联系的 A、B、C 三个影响因素相乘的结果,计划指标 $M_0 = A_0 \times B_0 \times C_0$;实际指标 $M_1 = A_1 \times B_1 \times C_1$。上述连环替代过程可由下列公式表示。

分析对象:

$$M_0 = A_0 \times B_0 \times C_0 \qquad ①$$

第一次替代:

$$M_1 = A_1 \times B_0 \times C_0 \qquad ②$$

第二次替代：
$$M_2 = A_1 \times B_1 \times C_0 \qquad ③$$

第三次替代：
$$M_3 = A_1 \times B_1 \times C_1 \qquad ④$$

（4）比较替代结果，确定影响程度。将每次替换后所得结果，与其相邻近的前一次计算结果进行比较，两者的差额就是某一因素变动对综合经济指标的影响程度。根据上述替代计算的结果：

$$②-① = M_1 - M_0（是由于 A_0 被 A_1 替代的影响）$$
$$③-② = M_2 - M_1（是由于 B_0 被 B_1 替代的影响）$$
$$④-③ = M_3 - M_2（是由于 C_0 被 C_1 替代的影响）$$

（5）加总各因素替代结果并验算分析。上述替代结果之和应等于被分析指标实际数与基数的总差异数。

【例 9.1】 某公司有关材料的标准与实际资料见表 9.9。

表 9.9 材料费用标准与实际资料表

指 标	标 准	实 际
产品产量/件	1 000	1 100
单位产品耗用量/(千克·件$^{-1}$)	8	7
材料单价/(元·千克$^{-1}$)	5	6
材料费用/元	40 000	46 200

试用连环替代法分析各因素变动对材料费用的影响。

（1）确定分析对象：

材料费用变动 = 对象实际数 − 标准数 = 46 200 − 40 000 = 6 200 元

（2）明确对象的影响因素及关系：

材料费用 = 产品产量 × 单位产品耗用量 × 材料单价

（3）按顺序依次替换各个因素，计算各个因素对总的经济指标的影响程度：

标准产量 × 标准单耗 × 标准价格 = 1 000 × 8 × 5 = 40 000(元)　①
实际数量 × 标准单耗 × 标准价格 = 1 100 × 8 × 5 = 44 000(元)　②
实际数量 × 实际单耗 × 标准价格 = 1 100 × 7 × 5 = 38 500(元)　③
实际数量 × 实际单耗 × 实际价格 = 1 100 × 7 × 6 = 46 200(元)　④

②−① 得　　　44 000 − 40 000 = 4 000(元)　（数量变动的影响）
③−② 得　　　38 500 − 44 000 = −5 500(元)　（产品单耗变动的影响）

④ - ③ 得　　　　46 200 - 38 500 = 7 700(元)　（价格变动的影响）

三因素变动的总影响 = 4 000 + (- 5 500) + 7 700 = 6 200(元)

2. 差额计算法

差额计算法是连环替代法的一种简化形式，也属于因素分析法。它是利用各个因素的实际数与基数之间的差额，直接计算各个因素对综合指标差异的影响数值的一种技术方法。差额计算法的基本程序如下：

(1) 确定各因素的实际数与基数的差额。

(2) 以各因素的差额乘以计算公式中该因素前面的各因素的实际数，以及列在该因素后面的其余因素的基数，求得各因素的影响值。其计算过程可用如下公式表示：

A_0 向 A_1 变动的影响：$(A_1 - A_0) \times B_0 \times C_0$　　　　①

B_0 向 B_1 变动的影响：$A_1 \times (B_1 - B_0) \times C_0$　　　　②

C_0 向 C_1 变动的影响：$A_1 \times B_1 \times (C_1 - C_0)$　　　　③

(3) 将各个因素的影响值相加，其代数和应同该项经济指标的实际数与基数之差相符。

差额分析法的基本原理，仍用前例表示如下：

【例9.2】　承前【例9.1】资料，进行差额计算法：

数量变动的影响：$(1\ 100 - 1\ 000) \times 8 \times 5 = 4\ 000(元)$

产品单耗变动的影响：$1\ 100 \times (7 - 8) \times 5 = - 5\ 500(元)$

价格变动的影响：$1\ 100 \times 7 \times (6 - 5) = 7\ 700(元)$

各因素变动的总影响：$4\ 000 + (- 5\ 500) + 7\ 700 = 6\ 200(元)$

连环替代法的注意问题，在应用差额计算法时仍应注意。

差额计算法与连环替代法相比具有简便、直接的优点，所以在实际工作中应用比较广泛。

第四节　成本报表分析的内容

一、产品生产成本表的分析

产品生产成本表提供的数据是进行成本分析的基本资料。这类报表通常分别从成本项目和产品种类两个角度提供成本数据，以满足成本分析与管理的需要。利用产品生产成本表可以进行以下分析。

（一）全部产品成本计划完成情况的分析

全部产品成本计划完成情况分析是一种总括性的分析，该分析是将全部产品按本年实际产量调整的上年（或计划）总成本与实际总成本进行比较，计算出成本降低额和降低率，借以评价全部产品成本的升降情况的过程。因为全部产品的上年（或计划）总成本是按照各种总成本加总后的结果，这与本年实际总成本的比较基础不一致。为了排除产品产量的影响，单纯考虑成本水平变动对成本降低情况的影响,应将上年(或计划)总成本调整为按本年实际产量计算的上年(或计划)总成本。

全部产品成本计划完成情况分析具体可按产品种类分析和按成本项目分析两方面进行。

1. 全部产品成本计划完成情况按产品种类分析

按产品种类进行分析,是在将全部产品划分为可比产品和不可比产品的基础上,分别确定可比产品、不可比产品和全部产品的成本降低额和降低率。其计算公式为

$$成本降低额 = 计划总成本 - 实际总成本 = \sum[实际产量 \times (计划单位成本 - 实际单位成本)]$$

$$成本降低率 = 成本降低额 / \sum(实际产量 \times 计划单位成本) \times 100\%$$

【例9.3】 假设某企业本年产品生产成本表见表9.10。

表9.10 产品生产成本表(按产品种类反映)　　　　　　　　　单位:元

产品名称	实际产量		单位成本				本月总成本			本年累计总成本		
	本月	本年累计	上年实际平均	本年计划	本月实际	本年累计平均	按上年实际平均单位成本	按本年计划单位成本	本月实际	按上年实际平均单位成本	按本年计划单位成本	本年实际
可比产品	—	—	—	—	—	—	3 000	2 750	2 695	33 000	30 250	29 920
甲	200	2 200	10	9	8.8	8.9	2 000	1 800	1 760	22 000	19 800	19 580
乙	50	550	20	19	18.7	18.8	1 000	950	935	11 000	10 450	10 340
不可比产品	—	—	—	—	—	—	—	420	431	—	5 460	5 720
丙	10	130	—	42	43.1	44	—	420	431	—	5 460	5 720
合计								3 170	3 126		35 710	35 640

根据表9.10资料,可按产品种类进行全部产品成本计划完成情况分析,见表9.11。

从表9.11看出,全部产品总成本比计划下降了70元,降低率0.20%。企业完成了成本计划。其中可比产品成本下降了1 330元,下降率为1.09%,甲产品和乙产品均降低成本,成本控制较好。不可比产品成本超支260元,超支率为4.76%,应进一步进行分析,查明原因。

表 9.11 全部产品成本计划完成情况分析表(按产品种类)　　　　　　单位:元

产品名称	实际产量		实际与计划的差异	
	计划总成本	实际总成本	成本降低额	成本降低率/%
可比产品	30 250	29 920	330	1.09
甲	19 800	19 580	220	1.11
乙	10 450	10 340	110	1.05
不可比产品	5 460	5 720	-260	-4.76
丙	5 460	5 720	-260	-4.76
合计	35 710	35 640	70	0.20

2. 全部产品成本计划完成情况按成本项目分析

利用产品生产成本表,可以分析全部产品按成本项目汇总的计划完成情况。通过各项目的实际数与上年数、计划数比较,计算降低额和降低率,揭示各成本项目的变化情况。其计算公式为

成本降低额 =

$$\sum [实际产量 \times (某产品该成本项目的上年或计划单位成本 - 实际单位成本)]$$

$$成本降低率 = \frac{成本降低额}{\sum(实际产量 \times 某产品该成本项目的上年或计划单位成本)} \times 100\%$$

【例 9.4】 假设某企业根据成本计划和本年产品生产成本表,按成本项目进行全部产品成本的分析,见表 9.12。

表 9.12 全部产品成本计划完成情况分析表(按成本项目)

单位:元

成本项目	本年实际产量的总成本		实际与计划的差异	
	计划总成本	实际总成本	降低额	降低率/%
直接材料	26 540	26 218	322	1.21
直接工资	4 550	4 986	-436	-9.58
制造费用	4 620	4 435	185	4.00
合计	35 710	35 639	71	0.20

(二) 可比产品成本降低任务计划完成情况的分析

1. 可比产品成本降低任务计划完成情况的计算

可比产品一般在成本计划中规定了降低任务，可比产品成本降低任务包括计划降低额和计划降低率。计划降低额指可比产品计划总成本比计划产量的上年总成本的降低数额；计划降低率指降低额除以计划产量的上年总成本的比率。分析可比产品成本降低任务完成情况，就是按本年实际成本与实际产量和计划降低额、降低率比较，评价可比产品成本降低情况，确定各因素的影响程度，为降低成本服务。其计算过程为

$$可比产品计划成本降低额 = \sum [计划产量 \times (上年实际单位成本 - 本年计划单位成本)]$$

$$可比产品计划成本降低率 = \frac{可比产品计划降低额}{\sum (计划产量 \times 上年实际单位成本)} \times 100\%$$

$$可比产品实际成本降低率 = \sum [实际产量 \times (上年实际单位成本 - 本年实际单位成本)]$$

$$可比产品实际成本降低率 = \frac{可比产品实际降低额}{\sum (实际产量 \times 上年实际单位成本)} \times 100\%$$

【例9.5】 华旭电子有限公司（以下简称"华旭电子"）2010年度A、B两种可比产品成本降低任务和实际完成情况，见表9.13、表9.14。

表9.13 华旭电子可比产品成本计划降低任务

可比产品名称	计划产量	单位成本/元		总成本/元		计划降低任务	
		上年成本	计划成本	上年成本	计划成本	降低额	降低率
A	1 650	100	90	165 000	148 500	16 500	10
B	550	200	190	110 000	104 500	5 500	5
合计	—	—	—	275 000	253 000	22 000	8

表9.14 华旭电子可比产品成本实际完成情况

可比产品名称	实际产量	单位成本/元			总成本/元			实际降低情况	
		上年成本	计划成本	实际成本	上年成本	计划成本	实际成本	降低额	降低率
A	2 200	100	90	89	220 000	198 000	195 800	24 200	11
B	550	200	190	188	110 000	104 500	103 400	6 600	6
合计	—	—	—	—	330 000	302 500	299 200	30 800	9.33

可比产品成本降低任务完成情况的分析对象为

可比产品成本降低额 = 30 800 − 22 000 = 8 800(元)

可比产品成本降低率 = 9.33% − 8% = 1.33%

2. 可比产品成本降低任务完成情况的影响因素分析

在生产多种可比产品的条件下,影响可比产品成本降低任务完成的因素有三个,即产品产量、产品品种结构和产品单位成本。

(1) 产品产量变动的影响。成本降低计划是根据计划产量制订的,而实际降低额和降低率都是根据实际产量计算的。因此,当实际产量同计划产量不一致时,在品种构成不变、单位成本不变的条件下,产品产量的变动会引起成本降低额发生同比例的变动,但不会影响成本降低率的变动。其变动金额的计算公式为

产量变动影响可比产品成本降低额 =

$\sum [(实际产量 - 计划产量) \times 上年实际单位成本] \times 计划成本降低率$

按【例 9.5】资料,可比产品成本计划降低率为 8%,由于单纯产量变动对降低额的影响为

产量变动影响可比产品成本降低额 =

$[(2\,200 - 1\,650) \times 100 + (550 - 550) \times 200] \times 8\% = 4\,400(元)$

(2) 产品品种结构变动的影响。企业生产两种或两种以上产品时,如果各种产品产量变化不是同比例的,就会引起品种构成变动。由于各种可比产品的成本降低率不同,当品种结构发生变化时,就会使全部可比产品成本的降低率和降低额发生变化。若只有一种可比产品,不存在成本结构的变化,因而也不需分析品种结构变化的影响。产品品种结构变动对成本降低额和降低率的影响值可按下列公式计算:

品种结构变动影响可比产品成本降低额 =

$\sum [实际产量 \times (上年单位成本 - 本年计划单位成本)] -$

$[\sum (实际产量 \times 上年单位成本) \times 计划降低率]$

$$品种结构变动影响可比产品成本降低率 = \frac{品种结构变动对降低额的影响值}{\sum (本年实际产量 \times 上年实际单位成本)} \times 100\%$$

按【例 9.5】资料,产品品种结构变动对成本降低额和降低率的影响计算结果为

品种结构变动影响可比产品成本降低额 =

$[2\,200 \times (100 - 90) + 550 \times (200 - 190)] - [(2\,200 \times 100 + 550 \times 200) \times 8\%] = 1\,100(元)$

$$品种结构变动影响可比产品成本降低率 = \frac{1\,100}{(2\,200 \times 100 + 550 \times 200)} \times 100\% = 0.33\%$$

(3) 产品单位成本变动的影响。可比产品成本计划降低额,是以本年计划单位成本和上年实际单位成本比较来确定的;可比产品实际成本降低额是以本年实际单位成本与上年实际单位成本相比较来确定的。因此,本年实际单位成本与计划单位成本比较有所降低或提高时,必然会引起可比产品成本降低额和降低率的变动,实际单位成本越低,降低额和降低率完成情况越好。产品单位成本变动影响的成本降低额和成本降低率可用下列公式计算:

单位成本变动影响可比产品成本降低额 = $\sum [实际产量 \times (计划单位成本 - 实际单位成本)]$

$$单位成本变动影响可比产品成本降低率 = \frac{单位成本变动对成本降低额的影响值}{\sum(本年实际产量 \times 上年实际单位成本)} \times 100\%$$

按【例9.5】资料,由于单位成本变动对成本任务完成情况的影响程度可作如下计算:

单位成本变动影响可比产品成本降低额 = 2 200 × (90 - 89) + 550 × (190 - 188) = 3 300(元)

$$单位成本变动影响可比产品成本降低率 = \frac{3\ 300}{(2\ 200 \times 100 + 550 \times 200)} \times 100\% = 1\%$$

根据以上计算结果,可以对可比产品成本降低计划完成情况作出总括评价。华旭电子已经完成可比产品成本降低计划,实际比计划成本降低 8 800 元,或为 1.33%。原因主要是由于产品单位成本降低,使成本降低 4 400 元。此外,品种结构变动也使成本实际比计划降低 1 100 元,而产量增加使成本实际比计划降低了 3 300 元。成本降低任务之所以超额完成,主要原因是由于产量增加和产品单位成本比计划下降,这是企业的成绩所在。此外,品种构成变动也促使企业超额完成降低任务,但其影响程度是较小的。

二、主要产品单位成本表的分析

在对企业全部产品及可比产品成本减低任务完成情况进行全面分析的基础上,应对企业主要产品进行深入分析。分析主要产品单位成本,可以揭示各种产品单位成本及其各个成本项目的变动情况,确定产品结构、工艺和操作方法的改变以及有关技术经济指标变动对产品单位成本的影响,查明产品单位成本升降的原因,以便获取降低成本的具体途径。

主要产品单位成本表的分析主要依据主要产品单位成本表、成本计划表和各项消耗定额资料,以及反映各项经济技术指标的业务技术资料等,首先分析主要产品单位成本的一般差异,确定单位成本是升高还是降低了,升降幅度又是多少;然后再按成本项目分别进行比较分析,考察每个项目的升降情况;最后,可针对某些主要项目的升降情况,通过相关技术经济指标的配合,进一步分析引起项目成本升降的原因。

(一)主要产品单位成本的一般分析

【例9.6】 华旭电子有限公司(以下简称"华旭电子")A 种产品的主要产品单位成本表见表9.15。

表9.15 主要产品单位成本表

产品名称:A　　　　　　　　　产品规格:××
计量单位:件　　　　　　　　　本月实际产量:180 件　　　　本年累计实际产量:2 000 件

成本项目	历史先进水平	上年实际平均	本年计划	本月实际	本年累计实际平均
直接材料/元	67.10	67.30	67.00	68.00	67.00
直接人工/元	29.00	29.00	30.00	29.60	30.10

续表 9.15

成本项目	历史先进水平	上年实际平均	本年计划	本月实际	本年累计实际平均
制造费用／元	37.90	37.90	38.00	39.20	38.80
生产成本／元	134.00	134.20	135.00	136.80	135.90
主要技术经济指标	用量	用量	用量	用量	用量
主要材料／千克	4.2	4.1	4	3.4	3.5

下面通过最近5年的单位成本资料,对该种产品的成本进行趋势分析。其5年来的实际平均单位成本分别为:第1年(假定为历史先进年)134元,第2年134.60元,第3年135.20元,第4年134.20元,第5年(即本年)135.90元。现以第1年为基期,134元为基数,规定为100%,计算其他各年与之相比的比率如下:

第2年：134.60 ÷ 134 × 100% = 100.447 76%
第3年：135.20 ÷ 134 × 100% = 100.895 52%
第4年：134.20 ÷ 134 × 100% = 100.149 25%
第5年：135.90 ÷ 134 × 100% = 101.417 91%

再以上年为基期,计算各年环比的比率如下:

第2比第1年：134.60 ÷ 134 × 100% = 100.447%
第3比第2年：135.20 ÷ 134.60 × 100% = 100.44%
第4比第3年：134.20 ÷ 135.20 × 100% = 99.26%
第5比第4年：135.90 ÷ 134.20 × 100% = 101.266%

应该进一步查明这些变动的具体原因:是由于物价上涨而引起原材料费用增加等客观原因,还是由于成本管理工作弱化或强化等主观原因。

(二) 主要产品单位成本的分项目分析

1. 直接材料费用的分析

影响产品单位成本中材料费用的基本因素,为单位产品材料消耗量和材料单价。其变动影响的计算公式为

材料耗用量变动对成本的影响 = $\sum$(实际单位耗用量 - 基准单位耗用量) × 基准价格

材料单价变动对成本的影响 = $\sum$(实际单价 - 基准单价) × 实际耗用量

上式中的基准数指的是计划数、定额数、上年实际平均、历史或行业先进水平等数值。

假定A种产品本年成本计划和本月实际发生的材料消耗量和材料单价见表9.16。

表 9.16　直接材料计划与实际费用对比表

项　　目	材料消耗数量/千克	材料价格/元	直接材料费用/元
本年计划	4.0	16.75	67
本月实际	3.4	20.00	68
直接材料费用差异			+1

材料消耗数量变动对成本的影响 = (3.4 − 4) × 16.75 = −10.05(元)
材料价格变动对成本的影响 = (20 − 16.75) × 3.4 = +11.05(元)
两因素影响程度合计 = −10.05 + 11.05 = +1(元)

通过以上计算可以看出,该种产品的直接材料费用虽然只超支 1 元,差异不大,但分析结果表明:该种产品材料消耗的节约掩盖了绝大部分材料价格提高所引起的材料费用超支。材料价格的提高,则要看是由于市场价格上涨或者国家调升价格等客观原因引起的,还是由于材料采购人员不得力,致使材料买价偏高或材料运杂费增加的结果。

2. 直接人工费用的分析

直接人工费用多少取决于单位产品工时消耗和小时工资率。前者直接反映劳动生产率的高低,后者则反映工资水平。其变动影响的计算公式为

单位产品工资成本 =

单位产品工时消耗 × 直接人工工资总额／该产品直接人工总工时 =

单位产品工时消耗 × 小时工资率

工时消耗变动对成本的影响 =

∑(单位产品实际工时消耗 − 单位产品计划工时消耗) × 每小时计划工资率

小时工资率变动对成本的影响 =

∑(实际小时工资率 − 计划小时工资率) × 单位产品实际工时消耗

小时工资率也称工资分配率,可以说是每工时的"单价",其影响也可称为"价差",工时消耗的影响也可称为"量差"。其分析过程和直接材料类似。

同样,公式中的基准数指的是计划数、定额数、上年实际平均、历史或行业先进水平等数值。

假定上例企业实行计时工资制度。A 种产品每件所耗工时数和小时工资率的计划数和实际数见表 9.17。

表 9.17　直接人工费用计划与实际对比表

项目	单位产品所耗工时/小时	每小时工资率/(元·工时$^{-1}$)	直接人工费用/元
本年计划	15	2	30
本月实际	11.84	2.50	29.60
直接人工费用差异	-3.16	+0.50	-0.40

工时消耗变动对成本的影响 $= -3.16 \times 2 = -6.32$(元)

小时工资率变动对成本的影响 $= +0.50 \times 11.84 = +5.92$(元)

两因素影响程度合计 $= -6.32 + 5.92 = -0.40$(元)

以上分析表明:该种产品直接人工费用节约 0.40 元,完全是由工时消耗大幅度节约的结果,而每小时的工资费用则是超支的,它抵消了绝大部分由于工时消耗节约所产生的直接人工费用的降低额。应该进一步查明单位产品工时消耗节约和每小时工资费用超支的原因。

3. 制造费用的分析

产品单位成本中制造费用的分析,先要分析单位产品所耗工时变动和每小时制造费用变动两因素对制造费用变动的影响,单位产品工时消耗量越多,小时费用分配率越高,该产品负担的制造费用也越多。然后查明这两个因素变动的具体原因。单位产品工时消耗量和小时费用分配率对单位成本中制造费用变动的影响可用下列公式计算分析:

工时消耗量变动对成本的影响 =

(实际单位工时消耗量 - 计划单位工时消耗量)× 计划小时费用分配率

小时费用分配率变动对成本的影响 =

(实际小时费用分配率 - 计划小时费用分配率)× 实际单位工时消耗量

在进行上述产品成本计划完成情况分析时,需注意以下几个问题:

(1)成本计划本身的正确性。计划如果不正确、不科学,就难以作为衡量的标准和考核的依据。尤其是不可比产品,因为过去没有正式生产过,缺乏完整、可靠的历史成本资料作为制订计划的依据,所以在分析时更应注意计划是否合理。

(2)成本核算资料的真实性。如果成本计划是正确的,而成本核算资料不真实,也难以正确地分析和评价企业成本计划的完成程度及生产经营的经济效益。因此,在分析时,必须确保成本核算资料的真实性。检查成本核算资料是否真实,关键是看生产费用的归集和分配是否严格遵守了规定的成本开支范围,是否正确划分了各个月份、各种产品及完工产品与在产品之间的费用界限,有无乱计成本、少计成本等任意调剂成本的现象。

(3)为了分清车间或部门在降低成本方面的主观努力和客观因素影响,划清经济责任,在评价成本工作时,应从实际成本中扣除客观因素和相关车间、部门工作的影响。

(三) 单位成本的技术经济分析

所谓技术经济指标,是指与企业技术特点有内在联系的经济指标。技术经济指标对单位成本有着深刻的影响,影响的途径可概括为直接影响与间接影响。直接影响是通过直接影响总成本水平变动来影响单位成本,如炼钢的每吨能耗量。间接影响是首先影响其他指标,通过其他指标变动影响单位成本,如设备利用率。有些指标既直接又间接影响单位成本,如废品率,既影响质量,又直接影响单位成本。

这一方面分析主要是通过本月实际数和本年累计实际平均数与本年计划数、上年实际平均数和历史先进水平分别进行对比,揭示差异,进而查明发生差异的具体原因。产品成本集中反映了生产要素的利用情况,直接受技术经济因素变化的影响。分析技术经济指标变动对成本的影响,能及时掌握成本偏差,预测成本变动,控制产品成本。这种分析因技术经济指标本身的多样性而具有多样、灵活的特点。

1. 产量变动的影响分析

产品的总成本 = 固定成本 + 变动成本 = 固定成本 + 单位变动成本 × 产量

产品单位成本 = (固定成本 + 变动成本)/产量 = 固定成本/产量 + 单位变动成本

由于固定成本在一定范围内是不变的,产量增加,单位产品分摊的固定成本减少,若单位变动成本不变,则产品单位成本下降。

【例 9.7】 A 产品计划产量 40 件,固定成本总额 1 000 元,单位变动成本 15 元;实际产量 50 件,固定成本总额与单位变动成本不变。

$$A 产品计划单位成本 = 1\,000/40 + 15 = 40(元)$$

$$A 产品实际单位成本 = 1\,000/50 + 15 = 35(元)$$

由于产量上升 10 件,单位成本下降 5 元。

2. 质量对成本的影响分析

产品质量与产品成本关系密切,提高质量可以提高产品合格率,减少废品损失,从而降低产品成本;但一定技术条件下,提高质量也会使成本上升。因此,必须使成本与质量相统一。产品质量与成本的依存关系可以通过以下三个方面来分析:

(1) 产品等级系数的变动对成本的影响。等级系数是反映等级产品质量的重要指标,用同样的材料,同样的加工方法与过程,产品等级系数越高,则全部产品换算成一级品的有效量越大,即产出越大,产品的成本也就相应降低。

分析产品等级系数变动对成本影响的方法如下:

首先,确定计划和实际平均等级系数;其次,确定折合一级品产量的计划和实际单位成本;最后,确定等级系数变动对单位成本的影响。实际工作中可以用简单式计算等级系数变动对单位成本的影响。

$$\text{产品单位成本降低率} = \frac{\dfrac{1}{\text{原等级系数}} - \dfrac{1}{\text{变动后等级系数}}}{\dfrac{1}{\text{原等级系数}}} =$$

(变动后等级系数 - 原等级系数)/变动后等级系数

【例9.8】 某产品计划一级品率80%,二级品率20%,每个二级品可换算成90%的一级品,实际一级品90%,二级品10%。

产品等级系数:

计划产品等级系数 = 80% + 20% × 90% = 0.98

实际产品等级系数 = 90% + 10% × 90% = 0.99

产品单位成本降低率 = (0.99 - 0.98)/0.99 × 100% = 1.01%

(2) 废品率变动对成本的影响。企业通常以废品率反映生产工作的质量,废品率越高,废品损失越大,产品成本越高;反之亦然。通过计划废品率与实际废品率对单位成本影响的比较,可计算出废品率变动对单位成本的影响程度。其计算公式为

废品对产品成本的影响程度 = 废品率 × (1 - 可回收价值占原耗费成本%)/(1 - 废品率)

【例9.9】 某厂生产产品2 500件,单位成本1 000元(不含废品损失),计划废品率4%,实际废品率5%,废品可回收残值率10%,计算废品率对单位成本的影响。

计划废品率对单位成本的影响程度 = 4% × (1 - 10%)/(1 - 4%) = 3.75%

实际废品率对单位成本的影响程度 = 5% × (1 - 10%)/(1 - 5%) = 4.74%

废品提高1%(5% - 4%)对单位成本的影响程度 = 4.74% - 3.75% = 0.99%

(3) 产品质量成本分析。产品质量成本是企业为确保产品质量和实施全面质量管理而支出的费用,以及未达既定质量标准而发生的损失总和。质量成本可以区分为预防成本、检验成本和损失成本。控制质量成本应该使三种成本之和最小。

3. 劳动生产率变动对成本影响的分析

劳动生产率的高低,决定单位产品工时消耗的多少,从而影响单位成本。随着劳动生产率的提高,工资水平也会相应增长,从而影响成本变动。劳动生产率对单位成本的影响可按下列公式计算:

单位产品成本降低率 =

$$\left\{1 - \frac{[1 + (\text{实际工资增长率} - \text{基期工资增长率})\%]}{[1 + (\text{实际劳动增长率} - \text{基期劳动增长率})\%]}\right\} \times \text{生产工人工资占产品成本比重}$$

【例9.10】 某企业工资成本占总成本的40%,本年劳动生产率增长10%,工人平均工资增加15%,计算劳动生产率变动对单位成本的影响。

单位产品成本降低率 = [1 - (1 + 15%)/(1 + 10%)] × 40% = -1.8%

由此,单位产品成本上升1.8%。

4. 材料消耗量变动对成本的影响

材料消耗量的变动直接影响单位产品材料成本,减少材料消耗是降低产品成本的有效途径。降低产品材料消耗量,提高材料利用率,合理采用代用材料都能降低产品成本。

(1) 降低材料单位消耗量对单位成本的影响。

成本降低率 = 基期材料费用在单位成本中所占的比重 × 材料单耗平均降低% =

$$\text{基期材料费用在单位成本中所占比重} \times \left[1 - \frac{\sum(\text{某材料实际单耗} \times \text{实际产量})}{\sum(\text{某材料定额单耗} \times \text{实际产量})}\right] \times 100\%$$

【例9.11】 某产品计划单位成本1 000元,其中材料费600元,该产品耗用材料定额2 000千克,报告期单位产品材料消耗实际为1 800千克,则由于降低材料用量形成的节约额为

单位成本降低率 = 600/1 000 × (1 - 1 800/2 000) × 100% = 6%

单位成本降低额 = 1 000 × 6% = 60(元)

(2) 提高材料利用率对单位成本的影响。

单位成本降低额 = 基期单位成本材料费用 × (1 - 基期材料利用率/实际材料利用率)

单位成本降低率 = 单位成本降低额/基期单位成本 × 100%

三、各种费用报表的分析

企业的制造费用、销售费用、财务费用和管理费用,虽然各自的经济用途不同,但是,它们都是由许多具有不同性质和不同用途的费用组成的。对企业的各种费用明细表进行分析,应首先将各项费用本年实际发生数同本年计划数对比,了解完成计划的情况。也可以将各项费用本年实际发生数与上年同期实际数进行比较,揭示各项费用的变化趋势。在以上分析的基础上,进一步研究各种费用增减变化的具体原因。同时,要注意不同费用项目支出的特点。

(一) 制造费用明细表分析

对制造费用明细表进行分析,就是要查明制造费用预算(计划)的执行情况,分析超支或节约的原因,以便落实责任,考核奖惩,制定改进措施,促进成本管理工作水平的提高。

对制造费用明细表进行分析,主要采用比较分析法和构成比率分析法。在采用比较分析法进行分析时,通常先将本月实际数与上年同期实际数进行对比,揭示本月实际与上年同期实际之间的增减变化。在表中列有本月计划数的情况下,则应先进行这两者的对比,以便分析和考核制造费用月份计划的执行结果。如果该表是12月份报表,则本年累计实际数与本年计划数的差异,就是全年费用计划执行的结果。上述对比分析应该按照费用项目进行。

各项制造费用的性质和用途不同,不能简单地否认一切超支情况,也不能片面地强调节约的合理性。例如,机器修理费的节约,可能影响机器寿命,影响安全生产,应首先保证机器设备的维修质量和正常运转再考虑节约修理费。总之,应结合各项技术组织措施效果,结合各项费用支出的经济效益综合地进行分析和评价。

在采用构成比率法进行制造费用分析时,可以计算某项费用占制造费用合计数的构成比率,也可按惯例需要将制造费用进行归类,分别计算各大类制造费用占制造费用合计数的构成比率。

(二)销售费用、管理费用和财务费用明细表的分析

产品销售费用明细表、管理费用明细表和财务费用明细表的分析方法,与制造费用明细表的分析方法基本相同。这里就不再讲述。在进行这三种报表的分析时,通常是从总额入手分析整体水平的高低,进而了解各种费用对当期盈利水平的影响程度,也可采用相关比率分析法来辅助说明问题。为了满足内部管理的需要,各费用项目还需要进行详细、具体地分析。在项目分析上,既可逐项分析,也可挑选重点进行分析。通常而言,月份、季度进行重点项目分析,对其中费用支出占总支出比重较大的,或与计划相比发生较大偏差的项目着重进行分析。年度进行全面分析。

【案例9.1】 成本报表分析。

HX公司为满足企业成本管理的需要,近期面向应届毕业生招聘成本报表编制与分析人员。毕业生小陈应聘工作,并顺利进入笔试。

公司提出的笔试题目之一是:本公司多年以来生产的甲、乙产品为主要产品,其成本降低任务和实际完成情况见表9.18和表9.19。要求:根据所给资料,指出影响产品成本降低情况的因素,确定各因素对上述产品成本降低任务完成情况的影响,并进行分析评价。

表9.18 成本计划降低任务　　　　　　　　　　　单位:元

产品	产量	单位成本		总成本		降低任务	
		上年	计划	上年	计划	降低额	降低率
甲	60	800	700	48 000	42 000	6 000	12.5%
乙	36	1 000	840	36 000	30 240	4 760	16%
合计	—	—	—	84 000	72 240	11 760	14%

表9.19 实际完成情况　　　　　　　　　　　单位:元

产品	产量	实际单位成本	总成本			实际完成	
			上年	计划	实际	降低额	降低率
甲	50	740	40 000	35 000	37 000	3 000	7.5%
乙	62	800	62 000	52 080	49 600	12 400	20%
			102 000	87 080	86 600	15 400	15.1%

公司提出的笔试题目之二是:HX公司当期的制造费用明细表及其必要分析数据见表9.20。要求:根据所给资料,对HX公司本期制造费用进行分析。

表9.20　制造费用明细分析表　　　　　　　　　　　　　　　　　　　　　　　单位：元

费用项目	本期计划	本期实际	实际比计划		各项目占总体比重	
			降低额	降低率	计划	实际
工资	101 600	110 000	-8 400	-8.27%	37.83%	39.50%
折旧费	113 200	114 000	-800	-0.71%	42.15%	40.94%
修理费	3 900	4 100	-200	-5.13%	1.45%	1.47%
办公费	800	1 000	-200	-25.00%	0.30%	0.36%
水电费	5 300	5 500	-200	-3.77%	1.97%	1.98%
机物料消耗	5 800	5 600	200	3.45%	2.16%	2.01%
劳动保护费	7 650	7 450	200	2.61%	2.85%	2.68%
保险费	11 990	12 000	-10	-0.08%	4.46%	4.31%
设计制图费	14 700	15 000	-300	-2.04%	5.47%	5.39%
试验检验费	2 600	2 700	-100	-3.85%	0.97%	0.97%
其他	1 000	1 100	-100	-10.00%	0.37%	0.40%
制造费用合计	268 540	278 450	-9 910	-3.69%	100%	100%

小陈同学经过认真分析和仔细核算，完成了HX公司的笔试题目，进行的解答如下：

(1)HX公司主要产品成本降低任务完成情况分析见表9.21。

表9.21　主要产品成本降低任务完成情况分析表　　　　　　　　　　　　　单位：元

序号	指标	计算方法	成本降低数	
			降低额	降低率
①	按计划产量、计划品种构成、计划单位成本计算的成本降低额和降低率	降低额 = 84 000 - 72 200 降低率 = 11 760 ÷ 80 000	11 760	14
②	按实际产量、计划品种构成、计划单位成本计算的成本降低额和降低率	降低额 = 102 000 × 14% 降低率 = 按计划指标计算降低率	14 280	14
③	按实际产量、实际品种构成、计划单位成本计算的成本降低额和降低率	降低额 = 102 000 - 87 080 降低率 = 14 920 ÷ 102 000	14 920	14.63

续表9.21

序号	指 标	计算方法	成本降低数	
			降低额	降低率
④	按实际产量、实际品种构成、实际单位成本计算的成本降低额和降低率	降低额 = 102 000 - 86 600 降低率 = 15 400 ÷ 102 000	15 400	15
	产量变动影响	② - ①	2 520	0
	品种构成变动影响	③ - ②	640	0.63
	单位成本变动影响	④ - ③	480	0.47

根据计算结果对主要产品成本降低任务完成情况评价如下:HX公司主要产品成本降低任务超额完成了3 640元,是由于产量因素、产品品种构成和产品单位成本三个因素共同影响的结果,其中产量因素的影响最大,同时品种构成和单位成本变动也使降低任务超额完成,只是影响程度较小。应该说明,该公司主要产品品种构成变动是在没有完成计划品种的情况下,多生产乙产品引起的,这需要根据产品的销售情况正确进行评价。此外,甲产品单位成本有了超支,超支率为5.7%。由此可见,该公司并没有真正全面完成成本降低任务,还需结合生产实际进一步分析甲产品没有完成生产计划及其单位成本超支的原因。

(2)HX公司制造费用明细表分析如下:

从表9.20提供的计算数据可以看出,HX公司本期制造费用实际发生额比其计划数超出了9 910元,降低幅度为-3.69%,制造费用计划没有很好执行。

从表中看到,工资和折旧费是该公司制造费用中的两个主要项目,这两个项目的实际发生额比计划数都有所增加,但折旧费增加比重不大,而工资增加额和增加比率都很高,可以说是制造费用超支的主要影响因素。

修理费实际超支200元,上升百分比为5.13%。应进一步调查了解,落实具体原因。是因为外包修理,还是调整了修理用工用料,尤其要注意是否保证车间维修、固定资产正常运转。

表中办公费情况不理想,增幅达25%。虽然办公费在费用总额中比重很小,高增幅是由于其绝对数值很小所致,但是办公费有预算标准予以控制,本身应该力求节约。企业应采取相应的调整改进措施。

最后考虑其他费用,是一个弹性较大的项目,更应予以关注。表中显示HX公司的其他费用增幅达10%,在费用总额中的比重也呈上升态势。

本章小结

成本报表是企业会计报表体系中的一部分,正确、及时地编制和分析成本报表,对于综合反映企业报告期内的产品成本和费用水平,加强成本控制和为企业生产经营预测和决策提供信息依据起到重要作用。

成本报表按其所反映的内容,可分为反映产品成本的报表和反映各种费用支出的报表两大类。产品生产成本表是反映企业在报告期内生产的全部产品总成本的报表。产品生产成本表一般分为两种:一种按成本项目反映,另一种按产品种类反映。反映各种费用支出的报表包括制造费用明细表、销售费用明细表、管理费用明细表和财务费用明细表等。

成本报表分析是指为了满足企业各管理层次了解成本状况及进行经营决策的需要,以成本报表为主要分析对象,结合其他有关的核算、计划和统计资料,采用一定的专门方法对影响成本水平及其升降的各种因素进行对比和评价,全面了解成本变动的情况,找出存在的问题,寻求降低成本的途径,提出改进措施,促进成本降低的活动。

常用的成本分析方法主要有比较分析法、比率分析法和因素分析法等。

自 测 题

一、思考题

1. 什么是成本报表?编制成本报表的作用是什么?
2. 简述成本报表的分类。
3. 试述编制成本报表的一般要求。
4. 连环替代法的适用范围和应用步骤是什么?
5. 成本分析中常用的方法有哪几种?这些方法的特点是什么?
6. 产品生产成本表的分析包括哪些内容的分析?
7. 主要产品单位成本表的分析内容是什么?
8. 简述影响可比产品成本降低计划完成的主要因素有哪些?

二、案例题

1. 某企业生产 A、B、C 三种产品,前两种产品在上年度已生产过,后一种产品系本期新产品。本期各种产品产量和单位成本见表1。

表1 产品产量和成本资料表

产品	产量/件		单位成本/元		
	计划	实际	上期实际	本期计划	本期实际
A	800	900	160	151	137
B	2 000	2 000	62	60	58
C	900	1 000		100	102

要求:

(1) 根据上述资料,按产品类别分析全部产品成本计划的完成情况。

(2) 根据上述资料,确定可比产品成本的降低任务和实际完成情况。

2. W 公司可比产品成本有关资料见表 2 和表 3。

表 2　计划降低任务　　　　　　　　　　　　　　　单位:万元

产品	产量	单位成本		总成本		降低任务	
		上年	计划	上年	计划	降低额	降低率
甲	10	10	9	100	90	10	10%
乙	4	20	16	80	64	16	20%
合计				180	154	26	14.44%

表 3　实际完成情况　　　　　　　　　　　　　　　单位:万元

产品	产量	单位成本			总成本			实际完成	
		上年	计划	实际	上年	计划	实际	降低额	降低率
甲	8	10	9	8.5	80	72	68		
乙	6	20	16	16.5	120	96	99		
合计					200	168	167	33	16.5%

要求:对可比产品成本降低任务完成情况进行分析。

参考文献

[1] 顾全根. 成本会计[M]. 北京:中国财政经济出版社,2009.
[2] 李海波,刘学华. 新编成本会计[M]. 上海:立信会计出版社,2009.
[3] 鲁亮升. 成本会计[M]. 北京:经济科学出版社,2010.
[4] 中国注册会计师协会. 财务成本管理[M]. 北京:中国财政经济出版社,2011.
[5] 林莉. 成本会计[M]. 北京:中国财政经济出版社,2010.
[6] 霍恩格伦 T 查尔斯,福斯特 乔治,达塔 M 斯里坎特. 成本会计学[M]. 9版. 王立彦,王永梅,主译. 大连:东北财经大学出版社,2000.
[7] 欧阳清,杨雄胜. 成本会计学[M]. 大连:东北财经大学出版社,2003.
[8] 于富生,黎来芳. 成本会计学[M]. 5版. 北京:中国人民大学出版社,2009.
[9] 陈守文. 成本会计[M]. 3版. 沈阳:辽宁人民出版社,2009.
[10] 张宁,李兰田. 成本会计学[M]. 北京:首都经济贸易大学出版社,2006.
[11] 胡玉明,赖红宁,罗其安. 成本会计[M]. 北京:清华大学出版社,2005.
[12] 万寿义,任月君,李日昱. 成本会计习题与案例[M]. 2版. 大连:东北财经大学出版社,2010.
[13] 中华人民共和国财政部. 企业会计准则2006[M]. 北京:经济科学出版社,2006.
[14] 胡元木. 成本会计学[M]. 天津:南开大学出版社,2003.
[15] 万寿义. 成本会计[M]. 大连:东北财经大学出版社,2007.
[16] 程明娥. 成本会计[M]. 北京:清华大学出版社,2009.
[17] 田霞. 成本会计[M]. 北京:中国商务出版社,2005.
[18] 万寿义,等. 成本会计习题与案例[M]. 大连:东北财经大学出版社,2003.
[19] 徐哲,解建秀. 成本会计[M]. 北京:电子工业出版社,2007.
[20] 冯浩. 成本会计理论与实务[M]. 北京:清华大学出版社,2007.
[22] 于富生,黎来芳. 成本会计学[M]. 北京:中国人民大学出版社,2009.
[23] 周航. 管理会计[M]. 北京:科学出版社,2007.
[24] 希尔顿 W 罗纳德. 管理会计[M]. 北京:机械工业出版社,2003.

读者反馈表

尊敬的读者：

您好！感谢您多年来对哈尔滨工业大学出版社的支持与厚爱！为了更好地满足您的需要，提供更好的服务，希望您对本书提出宝贵意见，将下表填好后，寄回我社或登录我社网站（http://hitpress.hit.edu.cn）进行填写。谢谢！您可享有的权益：

☆ 免费获得我社的最新图书书目　　　　☆ 可参加不定期的促销活动

☆ 解答阅读中遇到的问题　　　　　　　☆ 购买此系列图书可优惠

读者信息

姓名＿＿＿＿＿＿　□先生　□女士　　年龄＿＿＿＿　学历＿＿＿＿

工作单位＿＿＿＿＿＿＿＿＿＿＿＿＿＿　职务＿＿＿＿＿＿＿

E-mail＿＿＿＿＿＿＿＿＿＿＿＿＿＿＿　邮编＿＿＿＿＿＿＿

通讯地址＿＿＿＿＿＿＿＿＿＿＿＿＿＿＿＿＿＿＿＿＿＿＿＿

购书名称＿＿＿＿＿＿＿＿＿＿＿＿＿＿　购书地点＿＿＿＿＿＿＿＿＿＿

---

1. 您对本书的评价

    内容质量　　□很好　　　□较好　　　□一般　　　□较差
    封面设计　　□很好　　　□一般　　　□较差
    编排　　　　□利于阅读　□一般　　　□较差
    本书定价　　□偏高　　　□合适　　　□偏低

2. 在您获取专业知识和专业信息的主要渠道中，排在前三位的是：

    ①＿＿＿＿＿＿　　②＿＿＿＿＿＿　　③＿＿＿＿＿＿

    A. 网络　B. 期刊　C. 图书　D. 报纸　E. 电视　F. 会议　G. 内部交流　H. 其他：＿＿＿＿

3. 您认为编写最好的专业图书（国内外）

书名	著作者	出版社	出版日期	定价

4. 您是否愿意与我们合作，参与编写、编译、翻译图书？

    ＿＿＿＿＿＿＿＿＿＿＿＿＿＿＿＿＿＿＿＿＿＿＿＿＿＿＿＿

5. 您还需要阅读哪些图书？

网址：http://hitpress.hit.edu.cn

技术支持与课件下载：网站课件下载区

服务邮箱 wenbinzh@hit.edu.cn　duyanwell@163.com

邮购电话 0451－86281013　　0451－86418760

组稿编辑及联系方式　赵文斌（0451－86281226）　杜燕（0451－86281408）

回寄地址：黑龙江省哈尔滨市南岗区复华四道街10号　哈尔滨工业大学出版社

邮编：150006　传真 0451－86414049